Behrendt

Mein Herz hat Sonnenbrand

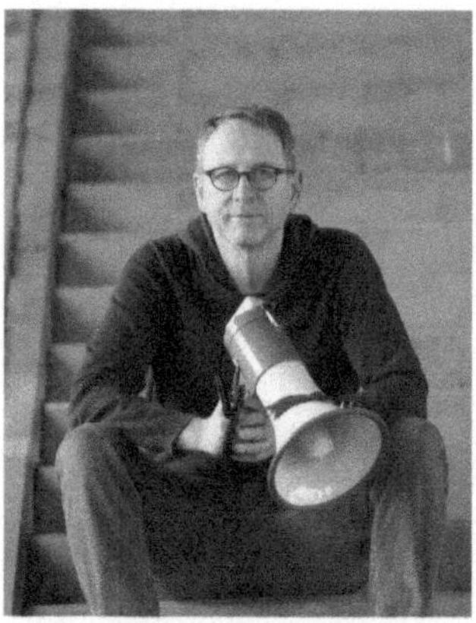

Michael Behrendt, geb. 1959, ist freiberuflicher Lektor, Musikjournalist und Sachbuchautor mit besonderem Blick auf Pop- und Rock-Lyrics. Zuletzt erschienen von ihm *I Don't Like Mondays. Die 66 größten Songmissverständnisse* (2017) und *Provokation! Songs, die für Zündstoff sorg(t)en* (2019). Michael Behrendt betreibt den Songblog *tedaboutsongs*.

MICHAEL BEHRENDT

MEIN HERZ HAT SONNENBRAND

Über schiefe bis irrwitzige Songtexte aus 60 Jahren deutscher Popmusik

RECLAM

Für Piraten der Akribik und Fans, die gelassen bleiben.
Und für Sanne.

2023 Philipp Reclam jun. Verlag GmbH,
Siemensstraße 32, 71254 Ditzingen
Dieses Werk wurde vermittelt durch die Literaturagentur Wildner, Wien.
Umschlaggestaltung: FAVORITBUERO
Umschlagabbildungen: © Paul Craft / Shutterstock (Hand mit Mikrofon);
© FAVORITBUERO (Herz, Kreise und Schmelz)
Autorenfoto: © Ernst Stratmann
Druck und buchbinderische Verarbeitung:
GGP Media GmbH, Karl-Marx-Straße 24, 07381 Pößneck
Printed in Germany 2023
RECLAM ist eine eingetragene Marke
der Philipp Reclam jun. GmbH & Co. KG, Stuttgart
ISBN 978-3-15-011434-6

Auch als E-Book erhältlich

www.reclam.de

MIX
Papier aus verantwortungsvollen Quellen
FSC® C014496

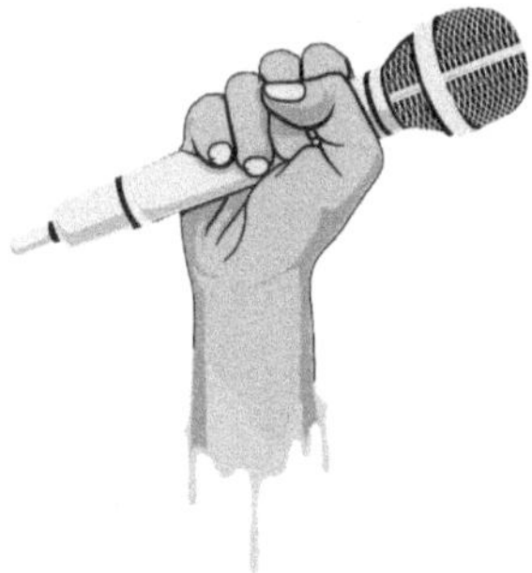

Inhalt

Playlist zum Buch

Wieso ist diese Textzeile vorher nie aufgefallen? Hat er das wirklich gesungen? Was hat die Band denn da geritten? Und können Verse, die auf Englisch so schön klingen, tatsächlich dermaßen danebenliegen? Zum Nachhören, Gegenchecken und Weiteranalysieren gibt es eine Playlist zum Buch. Sie enthält die Songs mit den schillerndsten Versen zwischen Anspruch und Auweia – und macht Lust auf Popmusik aus deutschen Landen. Denn trotz der einen oder anderen lyrischen Extravaganz: Ein Händchen für packende Beats, Melodien und Arrangements haben die hier versammelten Stars allemal.

Die Playlist finden Sie unter
https://www.reclam.de/sonnenbrand bzw.

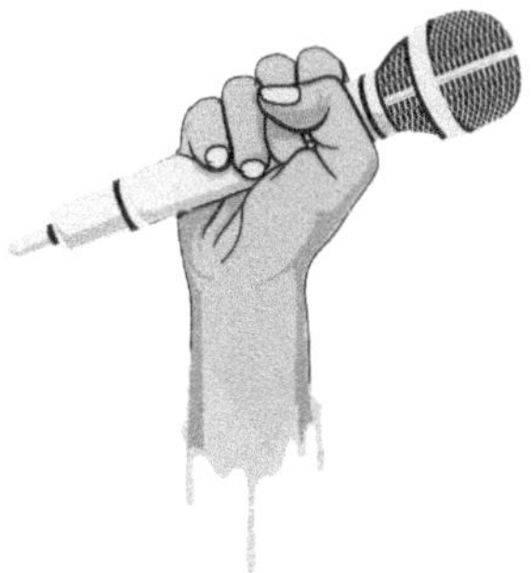

Vorwort
»Der Verstand verliert den Verstand«

Songtexte zwischen Anspruch und Auweia

Wenn der Mond die Sonne berührt und Willi Wucher den König von Scheißegalien trifft, wenn ein U-Boot kommt, um Verliebte aus dem Leuchtturm zu holen, wenn Herzen brennen und das Radio auch, wenn Gespräche Spalier stehen und im Bauch ganze Flugzeuge fliegen, kurz: Wenn wir alle aus Staub und Fantasie sind, dann horchen wir in eine andere Welt – die Welt der Songtexte.

In dieser Welt, die man alternativ Songlyrik, Songlyrics oder einfach nur Lyrics nennt, sind neben den physikalischen auch die sprachlichen Gesetze außer Kraft gesetzt. Nichts ist unmöglich, aber alles ist Klang. Wörter gehen Verbindungen ein, die sie sonst niemals eingehen würden, springen Salto, machen Metaphernfässer auf. Und nicht selten dient Sprache selbst als Material, das beliebig gedehnt und zerpflückt, manipuliert wird. Akrobatik und Spiel, Verfremdung, Provokation und Experiment sind die Motoren dieser Welt, in der nur eines zählt: Poesie. Sinn und Bedeutung? Gern mal Nebensache.

Die Welt der Songtexte umgibt uns wie selbstverständlich, sie durchdringt unseren Alltag. Gelegentlich tauchen wir ein, doch meist lassen wir sie sein – genießen ihre bloße Gegenwart. Vieles ist banal, nicht der Rede wert. Manches packt, ist solides Kunsthandwerk, vielleicht sogar an der Schwelle zu mehr. Nur weniges ist wahre Magie – tiefsinnig und berührend, auf den Punkt formuliert. Über das, was Magie ist, sind wir uns meist schnell einig. Über das, was banal ist, auch. Und über solides Handwerk sowieso. Warum? Weil Altbewährtes souverän neu kombiniert wurde. Weil Sorgfalt, Fantasie und ästhetisches Empfinden Hand in Hand gingen. Weil wahre Künstler:innen am Werk waren.

Ist also alles in Ordnung in der Welt der Songtexte? Nicht unbedingt. Denn es gibt sie auch hier, die Ecken, die Kanten. Und damit sind nicht die Keile und Widerhaken gemeint, wie sie Sprachrebellinnen oder poetische Anarchisten, lyrische Grenzgänger, Nonsens-Cracks oder manische Verbalgenies bewusst im Songuniversum platziert haben. Nein, gemeint sind kleinere und größere Anomalien – Auffälligkeiten, die stutzig machen: seltsam mäandernde Gedankengänge und irritierende Bilder. Abenteuerliche grammatikalische Konstruktionen und noch abenteuerlichere Reime. Paradox anmutende Zustandsbeschreibungen und kryptische Argumentationen. Bizarr verzerrte Redewendungen, verstörende Ambivalenzen. Wenn beispielsweise Bata Illic bekennt: **Mein Herz hat Sonnenbrand**, dann dürften dieses Sprachbild nicht wenige Menschen als schief empfinden, wenn nicht gar als irrwitzig. Songphilosoph Peter Maffay würde sagen: **Der Verstand verliert den Verstand …**

Um solche Auffälligkeiten soll es in diesem Buch gehen. Um das, was uns die Augenbrauen hochziehen lässt in eigentlich ernst gemeinten Texten: den rauen Charme des Unrunden und Verse, die nach hinten losgehen; um manierierte Manierismen und seltsames Storytelling; um Texte unter Originalitätsdruck; um schlüpfrige Verse mit Rutschgefahr; um grammatikalische Extravaganzen; kurz: um die wundersamen Seiten der songlyrischen Welt. Das alles mit Fokus auf den deutschsprachigen

Raum. Pop, Rock, Dance und Rap stehen als Genres ebenso auf dem Prüfstand wie der unverwüstliche Schlager. Und ihre schillerndsten Vertreter:innen: von Michael Holm bis zu den Toten Hosen, von Sido bis Helene Fischer, von Maffay bis The BossHoss, von Selig bis Bushido, von Frumpy bis Vanessa Mai. Aber singen einige dieser Stars nicht lieber auf Englisch? Richtig! Weshalb auch die Tücken der Fremdsprache Thema sind.

Solche lyrischen Auffälligkeiten haben nicht nur einen gewissen Unterhaltungswert, sie werfen auch Fragen auf. Fragen, über die sich trefflich streiten lässt: Ist das, was man da hört, einfach nur genial oder schlichtweg wahnsinnig? Ist es peinlich oder brillant? Coup oder Missgeschick? Und so leidenschaftlich man auch argumentiert, sosehr man dem eigenen Bauchgefühl vertraut: Die Antwort ist nicht leicht zu finden. Oft liegt sie sogar dort, wo man sie am wenigsten vermutet: im Ohr der Hörerin und des Hörers.

Die nachfolgenden »wundersamen« Textbeispiele erheben keinen Anspruch auf Vollständigkeit. Es handelt sich auch nicht um »Die 66 größten Lyrics-Verwirrungen« oder um »70 Songs, die für Schmunzler sorg(t)en«. Es sind Schlaglichter auf kleinere und größere Anomalien im songlyrischen Universum. Im besten Fall regen sie zum Nachhören an.

Dabei gilt: Ein schräger Vers macht noch keinen schrägen Songtext – die übrigen Lines des betreffenden Songs sind meist konsensfähig. Und: Ein zwiespältiger Text macht noch kein schwaches Songwriting – viele der im Folgenden genannten Künstler:innen haben unbestritten Sahnetexte geschrieben. Darüber hinaus: Was aneckt oder querliegt, darüber wird gesprochen. Das mag gelegentlich mehr einbringen als unauffällig durchrutschende Lyrics.

Übrigens: Die Widmung dieser kleinen Abhandlung – »Für Piraten der Akribik« – basiert auf einem naheliegenden Anagramm: Karibik/Akribik, got it? Mit ihrem feinen Cartoonband *Fluch der Akribik* schnappte sich die Bremer Cartoonistin Bettina Bexte 2017 die Poleposition für die kreative Sloganverwertung,

Respekt! Da die Verbindung mit »Piraten« nirgendwo sonst zu finden war und prima zur Idee der pointierten analytischen Schlaglichter auf Songtexte passt, war ich so frei.

Und jetzt Vorhang auf für schiefe bis irrwitzige Songtexte aus 60 Jahren deutscher Popmusik. Für Texte, die ruckeln, Verse, die knirschen. Für Lyrics am Limit, Lyrics »in limbo«. Für Songtexte zwischen *Holla!* und *Hallo!?*, zwischen gewagt und gekünstelt, zwischen punktgenau und knapp daneben. Songtexte zwischen Anspruch und Auweia.

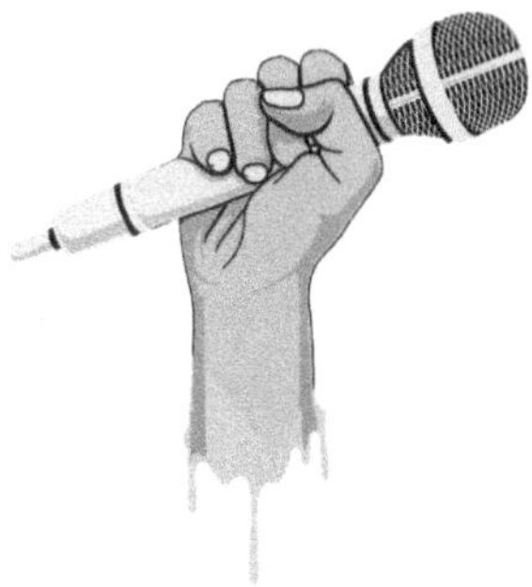

I.
Ein Pferd ohne Namen
Die wundersame Welt der Songtexte

Songtexte – braucht man die überhaupt? Wie entstehen Lyrics? Was kann dabei schiefgehen? Warum Nonsens-, Sauf- und indizierte Lieder nichts Wundersames an sich haben. Und: Will ich mir meine Lieblingssongs kaputtmachen lassen?

Strahlend blauer Himmel. Gleißende Sonne. Sand und Staub, so weit das Auge reicht. Nur da und dort ein Pflänzchen, gelegentlich ein Summen in der Luft. Ein Pferd. Ein Reiter. Langsam schaukelt das seltsame Paar durch die Wüste, ohne Plan, ohne Ziel. Nach zwei Tagen in sengender Hitze spürt der Reiter, der so froh ist, dem Regen entkommen zu sein, einen leichten Sonnenbrand. Am dritten Tag stößt er mit seinem Pferd auf ein ausgetrocknetes Flussbett. Der Reiter wird nachdenklich, die Szenerie erinnert ihn an den Tod. Nach neun Tagen entlässt er das Pferd, das keinen Namen trägt, in die Freiheit, denn aus der Wüste ist inzwischen ein Ozean geworden. Seltsame Gedanken treiben den Einsamen um: Erst in der Wüste konnte er sich an seinen eigenen Namen erinnern, schließlich gab es dort niemanden, der ihn verletzte. Auch der Ozean erscheint ihm nun wie eine Wüste, deren vielfältiges Leben sich gut geschützt am Meeresgrund entfaltet. Ein schillerndes Gegenbild zu den von Menschen geschaffenen Städten, in denen keine Liebe wohnt …

Dewey Bunnell heißt der Mann, der sich diese so einfache wie seltsame Geschichte ausgedacht hat. An einem regnerischen Tag, irgendwo in England. Bunnell singt und spielt Gitarre. Er und seine Bandkollegen Gerry Beckley und Dan Peek sind Söhne von Engländerinnen und in Großbritannien stationierten US-Soldaten. Bunnells melancholisch leichter *Desert Song* ist inspiriert von Familienfahrten durch Wüstengegenden in Amerika. **America**, so nennt sich auch das Trio Beckley/Bunnell/Peek, das 1971 mit einem wenig erfolgreichen Debütalbum im Gepäck nach einer Hitsingle sucht – einem starken Stück, das sowohl in Großbritannien als auch in den Staaten einschlagen könnte. Die drei kramen Bunnells *Desert Song* wieder hervor, nehmen ihn im Studio auf und bringen ihn im Januar **1972** unter neuem Titel heraus. ***A Horse With No Name*** wird ein Welterfolg – der Grundstein für eine große Karriere mit etlichen weiteren Höhepunkten in den Siebziger- und Achtzigerjahren.

»The heat was hot!«

A Horse With No Name ist ein zeitloser Song, der ständig wieder- und neu entdeckt wird. Er funktioniert in den unterschiedlichsten Stimmungen und Situationen. Etwas Tröstendes hat er und zugleich etwas Beschwingtes – der perfekte Soundtrack zum Autofahren, zum Kochen oder zum Sinnieren am Kamin, sogar zum Arbeiten. Wovon der Song erzählt, ist zweitrangig. Es ist die Gesamtatmosphäre, die mitreißt, weniger der Text. »Irgendein Typ, der durch die Wüste reitet« ist wahrscheinlich das, was die meisten Menschen gerade noch zusammenbekommen würden, sollte sie jemand fragen, um was es in *A Horse With No Name* geht.

Dabei wartet ausgerechnet der Text zu diesem Klassiker mit vielen Skurrilitäten auf. Vereinzelt wurden sie über die Jahrzehnte vor allem in britischen und US-amerikanischen Medien thematisiert, bis 2009 der britische Musikjournalist Johnny Sharp zum Rundumschlag ausholte. In einem Buch mit dem eher unfreundlichen Titel *Crap Lyrics* (›Schrott-Lyrics‹) unterzog Sharp neben rund 120 weiteren Songs auch *A Horse With No Name* einer schonungslosen Analyse: reißerisch und spitzfindig, aber zum Brüllen komisch.

Kopfschüttelnd hinterfragt Sharp schon die Ausgangssituation: Es regnet, und was macht der Protagonist in diesem Song? Wo jeder vernünftige Mensch nach drinnen gehen, irgendwo Unterschlupf suchen würde, schnappt sich dieser Typ ein Pferd und reitet in die Wüste – die ihm fürderhin als Heilmittel gegen Gedächtnisverlust dient. Kaum zu glauben, aber tatsächlich fällt ihm erst in der Abgeschiedenheit und unter sengender Hitze sein Name wieder ein: **In the desert you can remember your name, / 'cause there ain't no one for to give you no pain.** Apropos Hitze: Dass der Reiter erst nach zwei Tagen brachialer Sonnenbestrahlung eine leichte Hautrötung entwickelt (**After two days in the desert sun / My skin began to turn red**), grenzt nicht nur für Sharp an ein medizinisches Wunder, und dass die erwähnte Hitze als echt ›heiß‹ charakterisiert wird **(the heat was hot)**, markiert schon eine gewisse sprachliche Fahrlässigkeit. Dasselbe gilt für das überflüssige, wohl eher dem Sprachfluss geschuldete Wörtchen »for« in der Phrase **There ain't no one for to give you no pain** und die aufreizend unpräzise Beschreibung der Szenerie mit den Worten: **There were plants and birds and rocks and things.**

»... and things«? Echt jetzt?! Was für ›Sachen‹ gab es denn in der Einöde, lässt sich das präzisieren? Sharp hakt nach und sinniert überdies, wohin ein Pferd nach neun Tagen in der Wüste eigentlich noch laufen soll. Erst recht, wenn sich diese Wüste inzwischen, kein Witz, in ein Meer verwandelt hat: **The desert had turned to sea.** Dass aber ausgerechnet ein Ozean eine Wüste sein soll, die sich doch gerade dadurch auszeichnet, dass es in ihr kaum Wasser gibt, lässt Sharp endgültig um Fassung ringen.

Dichterische Freiheit gegen analytischen Blick

An Songs wie *A Horse With No Name*, aber auch an Kritikern wie Johnny Sharp scheiden sich die Geister. Natürlich verstehen sich die Lyrics zu diesem America-Klassiker als Poesie und »machen Sachen«, die sich im alltäglichen Sprachgebrauch verbieten würden – »Lyriksachen« eben. Aber deshalb sind sie nicht automatisch über jeden Zweifel erhaben. Der Hinweis auf Unzulänglichkeiten muss also erlaubt sein. Genauso lässt sich dem gnadenlosen Nörgler begegnen: Ja, da gibt es tatsächlich auffällige Textstellen, und womöglich lassen sie sich sogar als kleine Makel kennzeichnen. Aber muss man deswegen gleich den ganzen Text in die Tonne treten? Verhalten sich Johnny Sharp und andere kritische Geister mit ihren derben Sprüchen auf Kosten von Songs nicht wie arrogante Besserwisser? Sind sie nicht unangemessen respektlos gegenüber den Stars – wie auch gegenüber Millionen Fans, die die Lyrics als Poesie empfinden und diese Songs innig lieben?

Als Musikliebhaber und freiberuflicher Lektor kann ich beide Seiten verstehen: die romantische »Anything goes«-Sicht von Kunstschaffenden samt Fans ebenso wie den kritischen songanalytischen Blick. Allerdings sind beide Seiten nicht vor Fehleinschätzungen gefeit. Dichterische Freiheit ist fürwahr etwas Wunderbares, doch ihre bedingungslose Idealisierung kann den Blick verstellen auf weniger gelungene Textstellen – auf Grammatikpatzer, schiefe Bilder, missglückte Formulierungen. Und gefeierte Rezensent:innen, die große Stücke auf ihr Urteilsvermögen halten, erliegen gern einer besonderen Versuchung: ihre ganz persönlichen Vorlieben und Abneigungen zum objektiven Maßstab aller Dinge zu machen. Zeit, die Dinge ein wenig zurechtzurücken.

Nicht ganz einfach
Text und Musik müssen zueinanderfinden

Mal ehrlich: Hören wir Songs, dann achten wir doch nur selten wirklich auf den Text. So dominant sind oftmals Rhythmus, Sound und Harmonien, so prägend die Stimmen und die Ausstrahlung der Vortragenden, dass wir Lyrics höchstens bruchstückhaft wahrnehmen. Die Tiefe und die Qualität von Songtexten erschließen sich uns nur im Einzelfall – schon gar nicht auf Anhieb. Dasselbe gilt für songlyrische Unebenheiten, für sprachliche Schwächen, für poetische Pannen.

Aus künstlerischer Sicht ist beim Texten neben Sinn und Bedeutung noch ein ganz anderer Aspekt von Belang, egal welche inhaltliche Tiefe angestrebt wird: Die Lyrics müssen sich gut singen lassen. Von daher wird schon mal ein wohlklingendes Wort einem inhaltlich angemesseneren Begriff vorgezogen, aus Geschmeidigkeitsgründen ein eigentlich überflüssiges Füllwort oder eine Gaga-Silbe hinzugefügt, für den »Flow« die Grammatik strapaziert und zurechtgebogen. So manche Lyrics offenbaren ihren Ballast, ihre kleinen Schönheitsfehler oder

Ungereimtheiten, ohnehin erst ohne die Musik – das heißt, wenn man sie auf dem Papier oder am Bildschirm liest. Und natürlich sind in etlichen Songs die Texte von vornherein nur klingendes Beiwerk: damit eine zwingende Melodie nicht in schnödem La-la-la untergeht – damit Stars etwas vorzutragen haben und über den stimmlichen, gesanglichen Ausdruck glänzen können.

Zu guter Letzt: Gerade Songs und Songlyrics entstehen auf die unterschiedlichsten, auch bizarrsten Arten und Weisen – da sind sprachliche Unebenheiten geradezu programmiert. Mal haben Songwriter:innen ein paar Verse in ihrem Notizblock und warten, bis ihnen eine schicke Melodie dazu einfällt, mal haben sie eine Melodie samt harmonischem Gerüst entwickelt und schreiben erst nach und nach den Text. Sprache und Musik müssen zueinanderfinden. Und dann wieder setzen sich Künstlerseelen aus einem Gefühl, einer Stimmung heraus ans Klavier oder greifen zur Gitarre, um Lyrics und Musik parallel zu erarbeiten. Da geht es erst in zweiter Linie um Dinge wie präzises Formulieren und inhaltliche Geschlossenheit.

Musik und Text Hand in Hand – auf diese Weise arbeiten auch Songwriting-Duos zusammen. Wobei es kein Nachteil ist, wenn beide Beteiligte sowohl Musik komponieren als auch texten können. John Lennon und Paul McCartney von den Beatles waren sowohl Solo- wie auch Team-Songwriter – sicher einer der Gründe, warum die Beatles so viele Hits und Evergreens hervorgebracht haben.

Und dann sind da noch jene Bands, die Songs im Kollektiv entwickeln: Man improvisiert und erarbeitet sich ein harmonisches Gerüst, parallel dazu wirft der Mensch am Mikrofon ein paar vorgefertigte oder spontan gefundene Wörter in den Ring – so lange, bis ein halbwegs vernünftiger Text steht. Manchmal muss dabei ein provisorisches La-La-La herhalten, das im Nachgang durch einen brauchbaren Text ersetzt wird. Und das erweist sich häufig dann als schwierig, wenn die textende Person das zentrale Thema erst noch entwickeln muss und nicht schon von vornherein ein ganz bestimmtes Gefühl vermitteln oder eine ganz bestimmte Geschichte erzählen wollte.

»Du ahnst ja nicht, wie dieses Lied entstanden ist …«

Apropos **Paul McCartney**: Von ihm wissen wir, dass ihm die Melodie zum späteren Welthit ***Yesterday*** (1965) im Traum eingefallen war. Am nächsten Morgen wachte er damit auf, setzte sich ans Klavier und hatte rasch die Musik für den kompletten Song zusammen. Der provisorische Text dazu? »Scrambled eggs«, zu Deutsch: RÜHREI! Wer den Spielfilm *Rocketman* (2019) kennt, hat eine lebendige Vorstellung davon, wie die großen Erfolge von **Elton John** entstanden sind: Der noch unbekannte Elton John will als Komponist, Pianist und Sänger groß herauskommen. Ein Produzent, bei dem er sich vorstellt, hört ein paar feine Melodien und drückt ihm die Lyrics eines gewissen **Bernie Taupin** in die Hand. Der kann zwar wunderbare Liedtexte schreiben, hat aber kein Händchen für die musikalische Umsetzung. Elton John gefällt, was er da liest. Also setzt er sich zu Hause ans Klavier, spielt, singt und bringt so die Verse des fremden Autors auf wunderbare Weise zum Klingen. Es sind die Anfänge eines der berühmtesten Songwriting-Duos der Popgeschichte, das bis heute nach dem Prinzip der Vertonung einer Textvorlage arbeitet.

Ein besonders prägnantes Beispiel für die Entstehung von Songs im Bandkollektiv lieferten **The Guess Who**. Bei einem Konzert der kanadischen Rocker reißt dem Gitarristen Randy Bachman mitten im Set eine Saite. Der versierte Musiker zieht während der Zwangspause eine neue Saite auf und stimmt sein Instrument. Gedankenverloren improvisiert er ein Riff, das das Publikum elektrisiert. Bachmans Kollegen spüren, dass etwas Außergewöhnliches passiert, und reagieren. Erst steigt Drummer Garry Peterson ein, dann Bassist Jim Kale, zum Schluss Sänger Burton Cummings. Mit seiner markanten Reibeisenstimme deklamiert er über dem Dampfhammer-Riff die folgenden Zeilen: **American woman, stay away from me. / American woman, mama let me be. / Don't come hangin' around my door, / I don't wanna see your face no more ...** Nun ja, was einem gefeierten Rocksänger eben spontan in den Sinn kommt. Irgendwann findet die Improvisation unter donnerndem Applaus ein Ende, und die Musiker wissen: Dieses Stück müssen sie im Kopf behalten. Zum Glück gelangen sie an das Band eines Konzertbesuchers, der das Ganze mit einem Kassettenrekorder aufgezeichnet hat. Im Studio rekonstruiert die Band das Grundgerüst des Stücks und entwickelt daraus einen Song. Auch die erweiterten Lyrics bleiben reichlich krude, werfen eher unbeholfen Beziehungsfrust, Sozialkritik und ein Antikriegsplädoyer zusammen. Was soll's! **1970** erscheint das Endergebnis als ***American Woman***, erreicht Platz eins der US-Charts und wird zum Welterfolg.

Ein weiterer Faktor, der sich auf die Qualität eines Songs auswirkt, kann Zeitdruck sein. Der Studiotermin steht an, aber noch immer fehlen die Lyrics zu dem Stück, das gleich aufgenommen werden soll. Da wird schon mal schnell noch etwas auf der Studiotoilette niedergepinnt – nicht unbedingt die beste Voraussetzung für einen gelungenen Text. Dass sich Zeitdruck aber auch produktiv auswirken kann, bewiesen **1987 Mike Stock, Matt Aitken** und **Pete Waterman**, ein britisches Produzententeam, das Acts wie Rick Astley, Bananarama und Kylie Minogue diverse Hits bescherte. Eben jene **Kylie Minogue**, damals noch kein Superstar, war offenbar durch Versäumnisse auf Produzentenseite in die Situation geraten, dass sie vor ihrem Rückflug nach Australien nur noch wenige Stunden in London zur Verfügung hatte, aber noch einen Song aufnehmen sollte. In Windeseile zimmerten Stock Aitken Waterman eine Melodie, ein Arrangement und einen Text zusammen, stellten Kylie Minogue vors Mikrofon und hatten kurze Zeit später ein Ergebnis, das sich hören lassen konnte: Der Instant-Welthit ***I Should Be So Lucky*** war geboren! Mit simpelster Liebeslyrik, die vielleicht auch das lange Warten der Interpretin auf den Studiotermin spiegelte: **It's a crazy situation, / You always keep me waiting, / Because it's only make-believe** ... Humor haben sie, die Briten.

Das gilt glücklicherweise auch für deutsche Acts, um die es in diesem Buch vor allem gehen soll. Als Mitte der Neunzigerjahre die Senkrechtstarter der Göttinger Hardcore-Crossover-Band **Guano Apes** gebeten wurden, einen Song für die Snowboardweltmeisterschaften in Fieberbrunn zu schreiben, zögerten sie keine Sekunde – obwohl sie reichlich wenig mit Snowboarding am Hut hatten. Das Quartett erfand die herrlich bescheuerte Geschichte von einem kleinen grünen Männchen – **little green man** –, das sich als Snowboard-Ass erweist, integrierten wie gewünscht den Wettbewerbs-Slogan **»Lords of the Boards«** und machten ihn gleich noch zum Songtitel – fertig war der Szene-Evergreen.

Und noch etwas hat in der Rockgeschichte zu dem einen oder anderen seltsamen Songtext geführt: der Einfluss von Drogen. Scherzkekse in Internet-Chatforen behaupten ja, jeder zweite Song und sogar Schlager würden unter dem Einfluss bewusstseinserweiternder Substanzen geschrieben – anders ließe sich das gelegentliche Tiefstniveau nicht erklären. Das ist sehr böse – und arg weit hergeholt. Andererseits haben vermutlich weitaus mehr Songs einen Drogenhintergrund, als man denkt. Wobei es nicht zwangsläufig auch um die textliche Thematisierung von Drogenerfahrungen gehen muss. Sogar Americas *A Horse With No Name* wurde schon in Richtung Drogensong interpretiert – schließlich sei »Horse« ein Slang-Ausdruck für Heroin. Doch *Ein Pferd mit keinem Namen* hat höchstwahrscheinlich keinen Rauschmittelbezug. Und der Text wurde auch nicht unter Einfluss von Cannabis oder ähnlichen Substanzen geschrieben. Das haben America immer wieder glaubhaft versichert. Dafür ist der Song – ebenso wie das America'sche Gesamtwerk – viel zu sinnhaft.

Der Kritikerblick ist nicht der Fanblick

Wir sehen: In der Welt der Popmusik gibt es wenig Regeln. Songs und Songtexte entstehen auf die absurdesten Weisen, und kaum jemanden kümmert es, ob Lyrics eine bestimmte Wertigkeit besitzen. Dennoch gibt es Songtexte von hoher lyrischer Qualität, wie nicht nur der 2016 an Bob Dylan verliehene Literaturnobelpreis unterstreicht. Über Dylans Songs wurden unzählige Bücher geschrieben, seit Jahrzehnten sind sie Gegenstand der Literaturkritik. Der analytische Blick auf Lyrics hat also Tradition – und warum sollte sich dieser Blick nur auf anerkannt Hochwertiges richten? Schließlich erfüllen Kritiker:innen als Vermittler:innen zwischen Song und Publikum generell eine wichtige Funktion: Sie ordnen ein, erklären, wie Musik und Texte funktionieren, weisen auf Besonderheiten hin. Sie filtern mögliche Botschaften heraus, auch im gesellschaftlichen Kontext. Da darf dann ebenso das Wundersame an Lyrics in den Fokus der Betrachtung rücken – ein Vers auch mal auf die Goldwaage gelegt werden, um seinen Blechgehalt zu entlarven. Songanalyse ist Detektivarbeit, hat aufklärerischen Charakter, lotet Untiefen aus – und macht einen Riesenspaß.

Schlager, Fremdsprachenfallen und die üblichen lyrischen Verdächtigen

Für den analytischen Blick bieten sich natürlich nicht nur amerikanische, britische, neuseeländische oder australische Songproduktionen an, sondern auch Hits, die im deutschsprachigen Raum erschienen sind. Neben den global-universalen »üblichen Verdächtigen«, was ungenaues, ungelenkes, kryptisches Formulieren angeht, gibt es im mitteleuropäisch geprägten Songuniversum zwei Phänomene, die eine Betrachtung besonders lohnend machen: zum einen den Schlager mit seinen ganz spezifischen lyrischen Untiefen und feinen Stilblüten jenseits der üblichen Klischees und Versatzstücke; und zum anderen den Korpus von auf Englisch verfassten Lyrics. Denn – **my mother learned me to say** – von Nichtmuttersprachlern ersonnene Liedtexte entfalten gelegentlich einen ganz eigenen ästhetischen Reiz ... Um all diese Facetten – Schlager, Fremdsprachenfallen und die weite Welt der unrunden Texte – soll es hier gehen.

Verse durchleuchten

Die für das vorliegende Buch gewählte Herangehensweise ähnelt dem Durchleuchten von Gepäck am Flughafen: rauf aufs Fließband mit der Texttasche – und dann am Röntgenschirm nach Auffälligkeiten schauen. Natürlich gibt es erst mal Erleichterung, denn der Großteil der Lyrics geht als ordentliches Textmaterial durch. Aber dann ... Halt, Moment mal! Ist das kleine Schwarze da links im Bild möglicherweise ein stumpfer metaphorischer Gegenstand? Das krumme Ding dort drüben vielleicht grammatikalischer Sprengstoff? Handelt es sich bei den kleinen Klumpen in der Mitte eventuell um Wörter, die laut Zollbestimmungen gar nicht mitgeführt werden dürfen?

Beim Röntgen von Texten hilft es mitunter, die Musik vorübergehend auszublenden und die Verse nur zu lesen. Denn: Gesungen wirken Lyrics meist ganz passabel – erst auf dem Papier oder am Bildschirm offenbaren sie ihre möglichen kleineren und größeren Schwächen. So wie jene Refrainzeilen aus dem **2017** veröffentlichten Song ***Kreise***, in denen sich **Johannes Oerding** die Gesetze der Geometrie und auch die der Sprache unsanft zurechtbiegt: **Ey, wenn sich alles in Kreisen bewegt, / Dann gehst du links, dann geh ich rechts, / Und irgendwann kreuzt sich der Weg, / Wenn wir uns wiederseh'n.** Das ist schwer nachzuvollziehen. Denn ey, wenn sich alles in Kreisen bewegt, dann gibt es weder Anfang noch Ende, weil jeder Punkt des Kreises denselben Abstand zum Mittelpunkt hat. Dann kreuzen sich weder Linien noch Wege. So wie sich auch kein einzelner Weg zweier Menschen, die in entgegengesetzte Richtung loslaufen, selbst kreuzen kann und »rechts« und »links« kaum relevante Kategorien sind. Wenn zwei Menschen im und gegen den Uhrzeigersinn loslaufen, stoßen sie irgendwann zusammen. Aber wie trist ist das Bild, dass wir Menschen auf vorbestimmten Wegen nur im Kreis laufen?

Betrachtungen dieser Art muten ähnlich krude an wie der folgende Doppelvers aus ***Click Click***, einem **2014** erschienenen Track des Skandalrappers **Kollegah**. Dort heißt es: **Ein Abteil weiter, Handflächen knallen auf Booties, / Groupies lassen die Hüllen fallen wie 'ne ballernde Uzi.** Was ist da los? Strippen die Damen so fix, wie die Maschinenpistole feuert? Es wäre ein groteskes Bild – erst recht, wenn man von nur wenigen Kleidungsstücken pro Groupie ausgeht. Oder scheitert hier vielleicht der Versuch, das Fallen der Hüllen mit dem Fallen von Patronen***hülsen*** zu vergleichen? Ein wenig präzises sprachliches Vexierbild, das dem unsauberen Haudraufreim »Booties/Uzi« unterworfen wird und eher Missverständnisse produziert, als zu zünden. So wie Zimmerwände einfach Zimmerwände und keine glotzenden Gesprächsverweigerer sind, auch wenn **Ricky Shayne** seinen reumütigen Sünder **1971** in ***Mamy Blue*** noch so bitterlich klagen lässt: **Die Wände seh'n mich schweigend an / Oh Ma, was hab' ich dir getan?**

Eine Ungenauigkeit scheint sich dann auch in ***Du kannst noch nicht mal richtig lügen*** **(2010)** von **Andrea Berg** geschlichen zu haben, einen Song, in dem eine betrogene Frau dem verlogenen Lover unfreiwillig ein Paar Ersatzhände spendiert: **Jetzt streichelst du sie mit den gleichen Händen, / Die auf meiner Haut nie ein Ende finden** – tatsächlich kann der Herr ausschließlich »mit *denselben* Händen« streicheln. Ebenfalls nicht ganz sauber hört es sich an, wenn **Silbermond** in ihrem Song ***Krieger des Lichts*** **(2009)** die Mutigen, die Beständigen, die Aufrechten, die Ehrlichen dazu aufrufen, gemeinsam die Welt zu verändern – und das mit den Worten: **Wo seid ihr? // Ihr seid gebraucht hier!** Klar verstehen alle, was gemeint ist. Aber: Gebraucht sind vielleicht mein Taschentuch und der alte Schuhschrank, den ich noch schnell im Internet verhökern will. Aber doch hoffentlich *nicht* die Krieger des Lichts, die sich hier den lustigen Bautzener Musikanten anschließen sollen. Oder ist bei diesen Versen höhere Poesie im Spiel? Wiederholt das »seid« aus »Ihr seid gebraucht hier« vielleicht ganz bewusst das »seid« aus »Wo seid ihr«? Um den Appell zu verstärken? Ihm mehr »Gravitas« zu verleihen? Möglich wär's. Und doch *werden* meines Erachtens die Krieger des Lichts gebraucht, um den Traum von einer besseren Welt zu verwirklichen. »Ihr werdet« hätte wiederum von der Silbenzahl nicht gepasst. So werfen Stefanie Kloß & Co. in ihrem wirklich schönen Song Fragen auf, die den einen oder anderen *Krieger des Lichts* irritieren könnten.

Mindestens ebenso irritierend ist es, wenn **Sarah Connor** von einem heißen Flirt, einer ersten gemeinsamen Nacht mit einer aufregenden Bekanntschaft erzählt und über einem dramatisch donnernden Groove in kryptisches Schwärmen gerät. **Wir vermischen unsre … Ah Ma-Ma-Ma**, seufzt sie vielsagend unvollendet an einer Stelle, und dann, im Refrain: **Du bist das Licht in meiner Wunde, / Oh, / Alles in mir will zu dir.** Das ist mitreißend arrangiert und gesungen, keine Frage, und auf jeden Fall kommt rüber, dass da zwei Menschen aufeinander abfahren. Aber was, oh Ma-Ma-Ma, »vermischen« die beiden Liebenden da bloß so proaktiv? Ihre Drinks? Oder doch ihre Körperflüssigkeiten? Es klingt ungenau – dazu nach Chemieunterricht. Und welchen Zweck soll ein Licht in einer Wunde erfüllen? Hoffentlich nicht den, die Folgen einer Verletzung auszuleuchten. Auch im Sinne eines Wegweisers in eine glücklichere Zukunft scheint mir dieses sprachliche Bild zu nebulös, zu zwiespältig konstruiert: Der neue Lover hat nichts in der Wunde der Sprecherin zu suchen, definitiv nicht. Und auch die Titelzeile weckt eher befremdliche Assoziationen. »Ich will zu dir«, »Es zieht mich hin zu dir«, »Ich spüre ein starkes Verlangen nach dir« – all das wäre plausibel, vielleicht ergänzt durch »mit jeder Faser meines Körpers«. Sogar »Alles in mir schreit« oder »Alles in mir sträubt sich«

hat man in Songs schon gehört, ohne sich zu wundern, weil es um Signale des Körpers an das mit ihm verbundene Bewusstsein geht. Erhalte ich ein lukratives Jobangebot im Ausland, dann mag ich gespalten sein, bis ich spüre: Alles in mir sagt Ja. Ganz bestimmt nicht denke ich: Alles in mir will ins Ausland. Es ist die Tatsache, dass hier das Körperinnere zur selbstständig entscheidenden und handelnden Institution neben dem Bewusstsein erklärt wird, die bei Sarah Connor irritiert. Und wenn dann noch, oh Ma-Ma-Ma, mysteriöse Dinge vermischt werden, wird es kompliziert … Dass das, was drin ist im Menschen, irgendwohin will – dass Blut, Knochen, Muskeln und Sehnen, Gelenke und Organe, vielleicht sogar der Mageninhalt mit aller Macht zum Geliebten streben, scheint mir eher unglücklich formuliert.

Unfreiwillig doppeldeutige Zeilen wie diese erinnern an verunglückte Therapie- und Betreuungsangebote, wie sie psychologische Beratungsstellen mancherorts schon gemacht haben: »Unterstützungsgruppe für schlagende Männer« etwa oder: »Hilfe bei Gewalt gegen Frauen«. Nicht grundsätzlich falsch, aber doch sehr schmerzhaft kontraproduktiv auf den Weg gebracht. Noch ein Beispiel aus dieser Kategorie, gefunden in Bastian Sicks feinem Büchlein *Happy Aua*: die Werbung eines Schützenvereins. Auf der Werbetafel heißt es: »werde Mitglied – lerne schießen – treffe Freunde«. Da kann man als Freundin oder Freund nur in Deckung gehen. Doch zurück zu Sarah Connor: ***Alles in mir will zu dir*** **(2021)** bleibt natürlich ein mitreißender Song.

Tatsächlich sind es die sprachlichen Bilder, die vielen Texten im Weg stehen, und wenn es nur ein kleines bisschen ist. So wie im Song ***Immer wenn wir uns sehn*** **(2018)** von **Lea**, in dem das verliebte Ich etwas arg lässig bekennt: **Ich würd' so gern mit dir hängen, / aber trau' mich nicht zu fragen.** Wie bitte … »hängen«? Hat es hier mit der Szenesprache nicht geklappt? Geht es um einen neuen Freizeittrend? Oder lässt der Western-Klassiker *Hängt ihn höher* (1968) unfreiwillig grüßen?

Kleine Kratzer auf den sprachlichen Bildern verzeichnet auch ***Manchmal möchte ich schon mit dir***, ein Hit von **Roland Kaiser** aus dem Jahr **1982**. Musikalisch liegt ein Hauch von *Griechischer Wein* in der Luft, aber textlich geht es um unerfüllbares Verlangen und emotionale Zerrissenheit: Ein Mann liebt die Freundin oder Frau seines Freundes, und die Liebe scheint erwidert zu werden. Tragisch! Es kann dann auch nicht sein, was nicht sein darf – und so muss der Verliebte einsam vor sich hin schmachten. Zwei Verse sind es, die aus dem ansonsten solide gearbeiteten Text herausstechen. Wenn der Kaiser flötet: **Und die Sehnsucht macht sich breit auf meinem Kissen**, dann kann man sich ob der Vorstellung einer outgesourcten Emotion, eines lustigen kleinen Sehnsuchtswesens, das da unverschämt auf dem Kopfkissen rumlümmelt, ein Schmunzeln kaum verkneifen. Und wenn der liebestolle Sprecher scheinbar mutig rauslässt: **Manchmal möchte ich schon mit dir / Eine Nacht das Wort »Begehren« buchstabieren,** dann sagt er genau genommen nicht das, was er tatsächlich sagen wollte. »Buchstabieren« steht bildlich dafür, etwas auszuleben oder zu verwirklichen. Und das Wort »Begehren« buchstabiert doch schon der ganze Song: »Manchmal möchte ich schon mit dir …«, oder nicht? Hätte es an dieser Textstelle nicht endlich um die Umsetzung des Begehrens gehen müssen – darum, eine Nacht lang »Liebe« oder, expliziter, »Sex« zu buchstabieren? Ich meine: Ja. Aber alles halb so wild. Was da kaiserlich suggeriert werden soll, fantasiert sich das Fanherz auch so zusammen.

Und damit kommen wir schon zu Lyrics, die zwar spektakulär klingen, aber auch den merkwürdigen Eindruck vermitteln, als würden sie sich unbeabsichtigt gegen das Song-Ich, sogar gegen die vortragende Person wenden – als würden sie schlicht nach hinten losgehen. Für ihr Album *Aus der Sicht und mit den Worten von …* holte sich die schillernde Frankfurter Rapperin **Sabrina Setlur 1999** ein paar Kolleg:innen ins Studio, darunter **Illmatic** und **Bruda Sven**. Letzterer steuert im Track ***All meine Liebe*** das folgende glühende Bekenntnis bei: **Was mich zum Texten treibt, mich dazu bringt, dass ich stets schreib', / Sind verschiedene Emotionen wie Liebe, Hass, Wohlstand und**

Leid. Was den Kritiker aufhorchen lässt, frei nach dem Motto: Welches Wort passt nicht in diese Reihe? Ja, Liebe, Hass und Leid kann man durchaus als Emotionen durchgehen lassen. Aber Wohlstand? Ist doch eher ein Zustand, ein Lebensstandard und kein Gefühl, oder? Vielleicht ist das ja ein rhetorisch äußerst raffinierter Move, eine bewusste tiefschürfende Provokation, wer weiß. Aber vielleicht ist es auch einfach nur der Patzer eines Künstlers, der sich selbst als leidenschaftlichen Poeten zeichnet.

Die Meisterin selbst langt dann in einem Battle-Rap-Track mit dem schwer Patois atmenden Titel ***No Test the Empire*** ordentlich hin und dabei tief in die Trickkiste, wenn sie die Konkurrenz mit dem folgenden krassen Statement in die Schranken weisen will: **Ich bin wie 'ne Alte mit Aids, mit mir zu ficken is 'n Fehler.** Ficken? Ja, klar, geht nicht um Sex, sondern um Konfrontation. Im Sinne von: Leg' dich bloß nicht mit mir an! Aber diese Auseinandersetzung letztlich doch mit einer gemeinsamen erotischen Erfahrung zu assoziieren, wirkt nicht unbedingt stimmig. Und sich selbst mit einer Aidskranken zu vergleichen, die möglicherweise qualvoll dahinsiecht, dabei andere infiziert, scheint erst recht kontraproduktiv: Läuft es nicht der Intention des Tracks, nämlich Stärke, Selbstbewusstsein und Überlegenheit zu demonstrieren, zuwider? »Ich bin krank, lass die Finger von mir!« ist dann beinahe schon ein fürsorglicher Rat von Frau Setlur – und alles andere als eine furchteinflößende Kampfansage. Krawallig getextet, aber letztlich daneben.

Warum Stimmungs-, Nonsens- und indizierte Lieder nichts Wundersames an sich haben

Diese ersten Beispiele zeigen schon, wohin die Reise gehen soll. Im Blick stehen Lyrics und Verse, die eine gewisse Ernsthaftigkeit an den Tag legen, aber ungewollt aus dem Gleichgewicht geraten: grammatikalisch, semantisch, mit Blick auf inhaltliche Geschlossenheit. Der Nippel und mein Baby Baby Balla Balla, zehn kleine Jägermeister, der alte Holzmichel und die Sennerin vom Königssee sind hier weniger von Interesse, ebenso Kinderlieder, Nonsens-, Novelty- und Experimentalsongs sowie von der Bundesprüfstelle indizierte Stücke. Warum? Weil sie alle schon erklärtermaßen mit Sprach- und Sinnstiftungskonventionen brechen. Deshalb wäre es müßig, hier vermeintliche Unebenheiten, Pannen, Ungereimtheiten oder kriminelle Verse zu identifizieren.

Die kleinen Ausrutscher, Nachlässigkeiten und Missverständlichkeiten in eigentlich ironiefreien Formulierungen sind darüber hinaus viel spannender als der bewusst lärmende Klamauk oder die unter die Gürtellinie zielende sprachliche Provokation, werfen sie doch ein Licht auf die Tücken und die Brüchigkeit der menschlichen Kommunikation, auf ungewollt sich einschleichende Ambivalenzen, verzweifelte Sinnstiftungsversuche, unkontrollierbare Projektionen. Auch in dieser Hinsicht sind Songs und Songlyrics ein Spiegel ihrer Zeit.

»Ich lass' mir doch nicht meinen Lieblingssong kaputtmachen!«

Und weil das so ist, wecken Lieder wie Texte die unterschiedlichsten Assoziationen und Emotionen. Was dem einen unmittelbar aus der Seele spricht, ist für die andere überflüssiges Geschwurbel. Und was die eine als Gipfel der Poesie feiert, tut der nächste als Unsinn, vielleicht sogar Sprachmüll ab. Interessant, aber auch schwierig kann es werden, wenn Fans und Kritiker in eine wie auch immer geartete Auseinandersetzung geraten: wenn sie auf einer Party zufällig miteinander ins Gespräch über Musik kommen, wenn es Kritiker in ein Chatforum verschlägt oder wenn Fans mit einem Buch wie diesem hier konfrontiert werden.

Für mich persönlich ist diese Auseinandersetzung vor allem bereichernd. Und ich versuche, gelassen zu bleiben. *A Horse*

With No Name von America beispielsweise ist auch einer meiner persönlichen Allzeit-Songfavoriten. Aber hat mir Johnny Sharps bissige Analyse den Spaß an diesem Evergreen verdorben? Nicht im Mindesten. Ich höre das Stück noch genauso gern wie früher. Nur mit mehr Nerdwissen im Kopf – und einem fröhlichen »Shit happens«-Lächeln im Gesicht.

Dennoch bin ich mir bewusst, dass Kritik an einem Lieblingslied oder -star manchen Fans sauer aufstoßen kann. Als ein mir unbekannter User auf Facebook einmal ausgerechnet einen jener Songs pries, die ich auf den folgenden Seiten unter die Lupe und auch aufs Korn nehme, kommentierte ich den Post spontan mit dem Hinweis auf unrunde Stellen im Songtext. Zurück kam die verwunderte und gleichzeitig entnervte Aufforderung, doch bitte genauer hinzuhören, es sei einfach ein unglaublich toller Text. Mein nächster Einwand, ich hätte doch genau hingehört, blieb unkommentiert – doch durch den virtuellen Raum hindurch konnte ich die Empörung meines Gegenübers beinahe körperlich spüren. War ich nun ausgerechnet selbst als einer dieser arroganten Besserwisser in Erscheinung getreten? Oder konnte da ein glühender Fan mit einer kleinen Kritik nicht umgehen?

Um es klarzustellen: Anderen Menschen ihre Lieblingssongs madig zu machen, ist nicht die Intention dieses Buchs. Und Stars zu dissen schon gar nicht. Aber einfach die Klappe halten? Kann auch keine Lösung sein. Dazu bietet die Welt der Songtexte einfach zu viel Sonderbares, unfreiwillig Komisches und Groteskes, kurz: zu viel Wundersames. Und das will ausgelotet werden. Staunen ist angebracht, ebenso wie kritisches Hinterfragen, gelegentlich auch Fremdschämen und ein rhetorischer Bodycheck. Das können und müssen Stars, das kann und muss unsere Fanokratie aushalten.

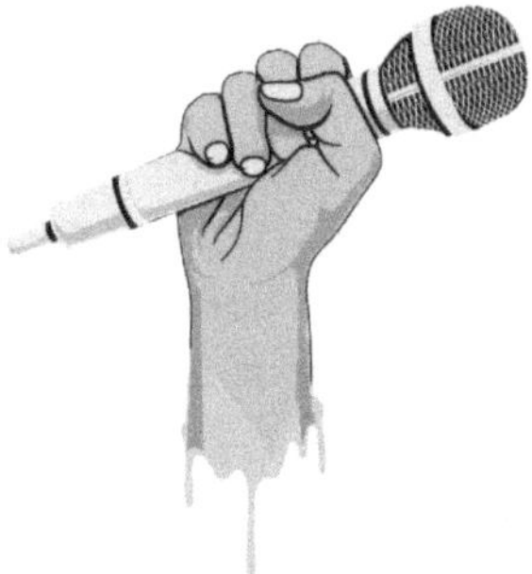

II.
»Denn die Zeit ist das, was bald geschieht«

Hinkende Verse, bunte Stilblüten:
Schlaglichter aus Pop, Rock, Schlager, Dance und Rap

Wenn dem Herz was fehlt
Wortendungs-Blues und Sprache in Bewegung

Gesellschaft verändert sich – und mit ihr die Sprache. Man vergleiche deutschsprachige Texte der Minnesänger aus dem Mittelalter mit einem Goethe-Text aus dem frühen 19. Jahrhundert, Texte aus der Weimarer Republik mit Texten der heutigen Zeit und hier wieder Texte aus der Tageszeitung mit Texten aus sozialen Netzwerken, mit Business- und Szenesprech. Alles Deutsch, doch mitunter beschleicht einen das Gefühl, es mit verschiedenen Sprachen zu tun zu haben.

Lautverschiebungen und grammatikalische Veränderungen, neue Begrifflichkeiten und Entlehnungen, extreme sprachliche Verkürzungen oder fachsprachliche Anpassungen sind die Auswirkungen – geschichtliche Umwälzungen die Ursachen: Völkerwanderungen und Kriege, der Aufstieg der Jugend, die Globalisierung, technologische Innovationen oder der Siegeszug der sozialen Medien, um nur einige zu nennen. Nicht umsonst kommen regelmäßig neue Duden-Ausgaben heraus, mit immer neuen Stichwörtern und schon wieder geänderten Empfehlungen zu Schreibweisen und Sprachgebrauch. Das kann ganz schön nerven, zumindest ordentlich verwirren: Was einige Duden-Auflagen zuvor noch als völlig falsch galt, wird schon kurze Zeit später als umgangssprachliche Form geführt – in der aktuellen Auflage gilt es plötzlich als Standardgebrauch, zumindest als gleichberechtigte Variante.

Und wo sich Sprache nicht von selbst, gewissermaßen organisch verändert, da wird mitunter durch bewusste Regelungen versucht, sie geänderten Verhältnissen und Befindlichkeiten anzupassen. Aktuelles Beispiel: das Gendern, das auf neue Forderungen nach Geschlechtergerechtigkeit reagiert, aber auch einen veränderten Sprachgebrauch forciert, mit dem sich nicht jeder Mensch anfreunden kann. Puh …

Man darf gespannt sein, wie sich das Gendern in deutschsprachigen Songtexten niederschlagen wird, substanzielle Aussagen dazu können noch nicht getroffen werden. Und bis es so weit ist, blicken wir auf ein anderes Phänomen, das schon seit einigen Jahren in Lyrics grassiert. Hier im Schnelldurchlauf nur ein paar wenige Beispiele: ***G mein Weg*** heißt ein Track von Rapper **Sido** (2004), **Ich brauch kein' Kompass / Und keinen Sextant**, schmachtet **Philipp Poisel**, sein Song heißt ***Halt mich*** (2008). **Xatar**, der alte Gangsta-Rapper, findet: **Ein Dieb kann kein Dieb beklauen** (2008), und **Feine Sahne Fischfilet** bekennen in feinstem Punk-Idiom: **Ich mag kein Alkohol, nur das Besoffensein** (2018). Die Band **Selig** wiederum gibt in ***Die Besten*** (1994) zu Protokoll: **Der Pfeil traf tief und hinterließ einen Comicheld in einer grauen Welt** – so als wären Comics per se in Farbe. Am häufigsten für das sprachliche Phänomen herhalten muss vermutlich das Herz: **Und die Blüten ihrer Liebe sind wie Schnee auf deinem Herz (Michael Holm), Die fucking Benzo ist für immer in mein'm Herz (Sevi Rin)** oder: **Sitzen im Dreck bis zum Hals, haben Löcher im Herz (Sido & Andreas Bourani)**. Sogar anspruchsvollere Bands hält das Herz auf diese Weise in Atem: **Berlin in meinem Herz** heißt es im **MIA**-Song ***Je dis aime / Ich sag Liebe*** (2006), **Auf einem Platz in meinem Herz steht dein Name an der Wand** im **Tomte**-Stück ***Ich sang die ganze Zeit von dir*** (2006). Da kann man schon skeptisch werden und wie **Xavier Naidoo** in ***Blut, Schweiß und Tränen*** (2019) fragen: **Warum sollst du dich quäl'n für einen Mensch, der dich nicht liebt?** Oder wie derselbe Naidoo in ***Anmut*** (2019) als Meister des schrägen Vergleichs delirieren: **Ich ahnte nicht, dass dein Gesicht mehr Eindruck auf mich macht / Als das Taj Mahal auf einen Tourist.**

So unterschiedlich – und teilweise auch seltsam – die Botschaften sind, die diese Verse übermitteln, so unzweifelhaft haben sie eines gemeinsam: An irgendeiner Stelle fehlt stets die bislang übliche Endung »-en«. Da stellt sich zunächst die Frage: Ist das dichterische Freiheit? Oder hintergründiges Spiel mit der Sprache? Ich persönlich finde in beiden Fällen: Nein. Denn so eine Endung macht keinen Dreck und nichts kaputt, da kann man sie auch unbesorgt hinzufügen. These: Fehlt sie, geschieht das entweder aus Nachlässigkeit, des Reimes wegen oder weil die Urheber ahnungslos waren, frei nach dem Motto: Fack ju, Duhden! Der Effekt bleibt für die Sprachsensibleren unter uns derselbe: Sie kriegen den Wortendungs-Blues. Denn der Vers klingt unrund, irgendwie falsch. Und vielleicht kommt ihnen schmerzhaft ein **Mine-&-Fatoni**-Refrain in den Sinn: **Ich hab' Aua in mei'm Herz.**

Damit diese Sprachsensibleren keine bleibenden Schäden erleiden, hier schnell die Berichtigung der oben genannten Beispiele: »meinen Weg«, »keinen Sextanten«, »einen Dieb« oder »keinen Dieb«, je nachdem, »keinen Alkohol«, »einen Comichelden«, »deinem Herzen«, »in meinem Herzen«, »Löcher im Herzen«, »Berlin in meinem Herzen«, »Auf einem Platz in meinem Herzen«, »für einen Menschen«, »auf einen Touristen« und, na klar, »Aua in mei'm Herzen«.

Nur: Angesichts der Häufung dieser Fälle stellt sich allmählich eine andere Frage: Ist es überhaupt in Ordnung, sie mit einem entschiedenen »Basta!« zu berichtigen? Sind wir vielleicht schon Zeug:innen eines schleichenden Sprachwandels, dessen Resultat demnächst Standard wird? Denn sogar in journalistischen Beiträgen renommierter Medien fehlt immer häufiger die Endung »-en«. Da wird berichtet, dass ein Politiker lieber in Deckung geht und seinen »Referent_« vorschickt, dass einem »Kandidat_« das Wasser bis zum Hals steht – oder dass dem »Repräsentant_« eines umstrittenen Unternehmens überraschend der rote Teppich ausgerollt wurde. Sprachwandel erfolgt auch aus Bequemlichkeit oder um den Sprachgebrauch zu erleichtern. Vielleicht wird ja die Endung »-en« im Dativ und im Akkusativ bei einigen Wörtern zunehmend als Ballast empfunden?

Tatsächlich erlaubt der Duden zumindest für das Herz schon den eigenwilligen Dativ, aber nur in einem ganz speziellen Bereich: »medizinisch auch stark gebeugt: …«, heißt es in der Sprachbibel, »… dem Herz«. Das bedeutet: In der Poesie gelten immer noch andere Spielregeln, zumal sich Sido oder Xavier Naidoo bisher nicht als Kardiologen hervorgetan haben. Aber wenn das so weitergeht und das Weglassen der Endung in jeder Lebenslage Standard wird, dann werd' auch ich meinem »Herz_« irgendwann einen Ruck geben und von Ausführungen wie diesen hier absehen. Für den Moment jedoch appelliere ich noch an die geschätzten Künstler:innen: mehr Mut zur korrekten Endung, bitte. Das fordert nicht nur heraus und verursacht weniger Schmerzen, es macht Texte auch gleich ein wenig eleganter und charmanter.

»My mother learned me to say ...« In der Fremdsprachenfalle

Wenn hier großspurig von der Fremdsprachenfalle die Rede ist, dann ist tatsächlich nur die Englischfalle gemeint. Denn Englisch ist, das kann man guten Gewissens behaupten, die Weltsprache der Popmusik. Wohl kaum ein spanischer Star würde versuchen, international auf Finnisch zu reüssieren. Aber: Englisch hat seine Tücken. Und so hat das krampfhafte Bemühen, als irgendwie britisch oder amerikanisch wahrgenommen zu werden, auch schon einige deutsche Stars ziemlich, nun ja, deutsch klingen lassen. Zwei Aspekte sind dabei entscheidend: die Aussprache und die Grammatik.

Was die Aussprache betrifft, ist für mich Frank Bornemann der tragische Englischfallentapser schlechthin. Als Gründer, Kopf, Gitarrist und Frontmann der Hannoveraner Artrockband Eloy ist er seit Jahrzehnten berühmt für seinen ausdruckslosen Gesang und, noch mehr, für seine absolut unbritische Artikulation: kaum Thie-Äitsch, seltsame Betonungen – »native speakers« sind eher »not amused«. Eloy machten und machen gar keine schlechte Musik. Und noch heute bin ich der Meinung, dass ihnen der weltweite Durchbruch gelungen wäre, wenn Bornemann einen charismatischeren Sänger mit besserem Englisch ans Mikrofon gelassen hätte. Doch was mische ich mich da ein, that's not my business!

In puncto Grammatik wage ich die These, dass es gerade die frühen deutschen Rockbands wesentlich schwerer hatten als ihre heutigen Nacheiferer. Englisch wurde in den Schulen der Sechziger- und Siebzigerjahre zwar flächendeckend unterrichtet, aber nicht alle Schüler:innen dürften Sprachtalente gewesen sein. Und was da mit der Pop- und Rockmusik an exotischen neuen Vokabeln und Ausdrucksweisen in deutsche Jugendzimmer schwappte, fand sich in Klassenzimmern bestimmt nicht wieder. Weil Songtexte nur selten gedruckt vorlagen, mussten sich junge Musiker die Lyrics mühsam heraushören oder besser: herausahnen, und andererseits – neben der Wort-für-Wort-Übertragung – viel Fantasie und lautmalerisches Geschick beim Verfassen und Vortragen eigener englischsprachiger Songverse aufbringen.

Eine andere Erklärung habe ich nicht für Songs wie ***Poor Boy*** von **The Lords**, der **1966** mit kruden Zeilen wie diesen aufwartete: **When I was born, you know, / I couldn't speak and go. / My mother worked each day, / And she learned me to say: / Mother and father and son, // Sister and uncle are one. / And she learned me to say: / Life is so hard each day. // Poor boy, you must know: / Poor boy's life is a hard row. / Poor boy, poor boy, you must say: / Life is very hard to stay.**

Abgesehen von der banalen Feststellung, dass man als Baby weder sprechen noch laufen kann, lässt sich nur diese mütterliche Weisheit als Songbotschaft identifizieren: Mein armer Junge, das Leben ist hart! Ansonsten rätselt man über die sprachlichen Ungenauigkeiten, die die munteren Berliner hier am Fließband zu produzieren scheinen: »I couldn't go« statt »I couldn't walk«, »She learned me to say« statt »She taught me to say«, »Life is very hard to stay« statt »It's very hard to live« oder gar »… to survive«. Handelt es sich um eine halbwegs schlüssige Nachempfindung der Arme-Leute- und Sklavensprache aus dem Amerika des frühen 19. Jahrhunderts? Das könnten Wendungen wie »learned me to say« und »life is a hard row« (als Kurzform von »life is a hard row to hoe«) durchaus suggerieren … Oder haben die Lords hier doch nur ein paar fette »Wir wussten's nicht besser«-Klöpse zum Besten gegeben?

Für die Fette-Klöpse-These spricht, dass manche Wendungen so dahingenuschelt sind, dass man sie auch anders verstehen könnte, etwa: **I couldn't speak: *I'll go.*** Oder: **Mother and father and son, sister and uncle *are fun*** *beziehungsweise* ***have fun***. Oder aber: **poor boy's life is *hard to go.*** Mit anderen Worten: Die Botschaft, die der Text vermittelt, bleibt nur vage, beinahe beliebig. Und Sänger Ulli Günther soll einmal behauptet haben, Aussprache und Grammatikfehler seien der Truppe egal, nicht so wichtig. Darüber hinaus kultivierten die Lords im Bandnamen wie in ihren Outfits ein Spaß-Image, das – ganz im Gegensatz zum vermeintlichen US-Underdog-Englisch des Textes – vor allem auf die britische Aristokratie anspielte. So gesehen und gehört wirken der Hit *Poor Boy* und seine Präsentation wie ein vielschichtiges Gesamtkunstwerk an anglogermanisch-amerikanischer Sprach- und Kulturverwirrung – samt knackigem Rhythmus, zwingender Melodie und einem selbstbewussten Vortrag, vor dem man einfach kapitulieren muss.

Eine ähnliche Unbekümmertheit legte die Hamburger Band **The Rattles** in ihrem größten Hit ***The Witch*** an den Tag. Der **1969** erschienene und ursprünglich von Henner Hoier, dann, 1970, noch einmal von Edna Béjarano eingesungene Song kreist um etwas, das man auch nicht jeden Tag erlebt: die Belästigung durch eine Hexe. Hui! Die Band rockt vorzüglich, die schrillen Streicherpassagen sind innovativ, doch am Ende ist es nicht etwa die Hexe, sondern das Englisch, das einem eiskalte Schauer über den Rücken jagt: **Can't you see my death fear? / I can hear her voice shoutin' everywhere. / Who know what I've could done. / It must be so bad that a witch does care.** Da singen sie in offensichtlicher 1:1-Übersetzung des Wörtchens »Todesangst« von »death fear« statt von »fear of death«. Da schwören sie: »I can hear her voice shoutin' everywhere« statt »I can hear her shoutin' everywhere« oder auch »I can hear her voice everywhere«. Und last but not least heißt es zur möglichen Schuld des Sprechers:

»Who know what I've could done« statt »Who knows what I could've done«, falls ich es korrekt rausgehört habe. Egal. Denn was immer man heraushört, es will keinen ordentlichen Satz ergeben. Dass Briten das »that« in der letzten Zeile eher weglassen würden – »so bad a witch does care« –, geschenkt. Auch hier gilt, was für The Lords gesagt wurde: mitreißender Rock, fantastisch gespielt und betörend gesungen – das ist die Hauptsache. Den Text soll doch der Teufel holen.

Kniffliger wird es, wenn man den Fans tatsächlich etwas mitteilen möchte. So wie die Hamburger Heavy-, Hard- und Artrockband **Frumpy**, die sich in ihren Texten trotz offensichtlich limitierter Englischkenntnisse an hochkomplexe Themen und Zusammenhänge wagte. Bei Frumpy ging es oft um Freiheit, aber genauso um das Leid der Menschen und um eine bessere Zukunft. Edle Absichten, die man allerdings sehr frei formulierte. Das aus mehreren Teilen bestehende Miniepos ***Take Care of Illusion*** aus dem Jahr **1971** etwa erzählt von einem nächtlichen Brand in der Nachbarschaft! Die Erzählerin rennt los, um Leben zu retten, und stößt auf eine hilflose Menschenmenge, die mitansehen muss, wie alles verloren geht. Grund genug, über die Schicksale der Opfer nachzudenken – und darüber, wie schnell alles vorbei sein kann. Aber dann die Schlusswendung: Die Hausbewohner haben überlebt! Weshalb man wohl immer an seinen Träumen festhalten sollte … so in etwa.

Wieder stoßen kraftvolle, virtuose Rockmusik und starker Gesang (Inga Rumpf) auf fast kindlich-naiv anmutende englischsprachige Holperverse, die selten zusammenpassen. Da ›scheinte‹ – erzählt wird in »epischem Präteritum« mit wenig motivierten Ausflügen ins Perfekt und ins Präsens – ›das Feuer mächtig hell‹, und die Erzählerin ›hat ein Warnzeichen gefühlt, in verwirrter Furcht‹. Sie wollte los, ›dem blutroten Glanz folgen‹, ›die schlafenden Kinder und Ehefrau retten‹, dabei rannte seltsamerweise ›sie selbst um ihr Leben‹ – und, ›yeah, es war schon ein großer Jammer‹, was da passierte. Da ›war das Weinen laut, denn alles brennt nieder‹, und irgendwie ›ist da viel Schmerz, wenn alles umsonst war‹. Im O-Ton: **I saw the light tonight, / it shined mighty bright / […]. / So I have been in confused fear. / Got up and followed that blood red shine, / 'cause I felt a warning sign. / Yeah, it seemed to be … / Yeah, big misery! / […]. / I was running for my life / to save the sleeping children and wife. / […]. They watched the flames and their crying was loud. / […]. / It's burning down, it's burning to the ground. / It's a lot of pain when you see it was all in vain.**

Auch die Schlusswendung mutet unpassend an, inhaltlich wie grammatikalisch: ›Oh, alle sind am Leben gewesen und öffneten bald ihre Augen auf …‹, so als wäre der Cast einfach aus einem Traum erwacht: **Oh, they have been still alive, / And soon they opened up their eyes. / As they remembered they began to moan. / No, that man was not wrong.** Aber okay, wenn ›dieser Mann‹, wo immer er herkommt, nicht ganz falschlag, dann wollen auch wir es mal dabei belassen.

Was uns ins darauffolgende Jahrzehnt und zu **Camouflage** nach Bietigheim-Bissingen führt. Sound und Arrangement von deren Superhit ***The Great Commandment* (1988)** haben durchaus eine klare Botschaft. Die da lautet: »Hey, wir möchten klingen wie unsere Vorbilder von Depeche Mode.« Auf der Lyrics-Ebene läuft der Vergleich mit Depeche Mode dagegen ins Leere, waren und sind die britischen Superstars doch textlich wesentlich sortierter als Camouflage, die sich hier vor allem begrifflich selbst ein Bein stellen.

Beim ersten Hören wirken die Lyrics noch recht zünftig: **Some people suppress you, / They parch you and reap a disaster. / Reeducation for the infants / Who demanded for an innocent instance.** Alles spektakuläre, wohlklingende englischsprachige Begriffe, ganz sicher. Aber was zum Teufel sollen sie in dieser Reihung bedeuten? Ins Deutsche übertragen liest sich das Ganze nämlich so: ›Manche Menschen unterdrücken dich, sie dörren dich aus und ernten eine Katastrophe. Umerziehung für die Säuglinge, die nach einem unschuldigen Umstand verlangten.‹ Auch der Refrain bringt kein Licht, sondern noch mehr

Finsternis ins verbale Dunkel: **The great commandment / Shows the contempt / Between the world and their embarrassing pavement. / Believe the scholars, read the readings, / Realize the man who says anything.** Zu Deutsch: ›Das große Gebot zeigt die Verachtung zwischen der Welt und ihrem beschämenden Gehweg. Glaube den Gelehrten, lies die Lesungen, erkenne den Menschen, der irgendwas sagt.‹ Nein, ich werde weder die Lesungen lesen noch den beschämenden Gehweg benutzen – letzterer hat sich schon für zu viele Songdeuter:innen in Chatforen als Holzweg erwiesen.

Zu den größten Englisch-Radebrechern der deutschen Rock- und Popmusik gehört wohl Ernst Ulrich Figgen, besser bekannt als **Phillip Boa**. Zusammen mit seiner Band **The Voodooclub** schrieb er Indierockgeschichte, doch an seinen Texten, geschweige denn seiner Aussprache kann es kaum gelegen haben. Denn etliche der dahingegrummelten, dahergeleierten und in die Menge geraunzten Boa-Lyrics aus der ruhmreichen Phase der Band, den Achtziger- und Neunzigerjahren, wirken krude, surreal und rüde collagiert, zum Teil wie blanker Nonsens. Aber: Mit dem fantastischen Bandnamen, einer schrillen Besetzung, zu der die geheimnisvolle Co-Sängerin Pia Lund gehörte, mit einer krachenden, aber unglaublich melodiösen Musik, kurz: mit verführerischem Flair zwischen Wildheit, Zärtlichkeit und dunkler Romantik gelang es dem Exzentriker Boa und seinen Leuten, aus den internationalen Einflüssen so etwas wie die Essenz des Rock 'n' Roll herauszufiltern und sie in langlebige Szenehits wie *This Is Michael, Fine Art in Silver* oder *Kill Your Ideals* zu gießen.

Auch im ersten großen Erfolg der Band, ***Container Love*** aus dem Jahr **1989**, gibt Meister Figgen den Rock-Schamanen zwischen göttlicher Erleuchtung und geistiger Umnachtung. Es geht um einen glücklichen 40-Jährigen, dem plötzlich die geliebte Gattin wegstirbt, weshalb er einen beispiellosen Absturz erlebt. Jahre später ist er mit dem Alkohol verheiratet, putzt in einem Club, wo er die letzten Reste aus den Gläsern der Gäste trinkt, und lebt in einem Müllcontainer im Hinterhof. Der etwas abgründige »Clou« des Songs: Der Mann pflegt zu diesem Container eine gewisse erotische Beziehung. Deshalb auch der Titel: *Container Love.*

Die Story ist an eine wahre Ruhrpottfigur angelehnt, doch das Englisch, in dem sie erzählt wird, wirkt frei erfunden. Die Leidenszeit des Protagonisten nach dem Tod der Frau wird humorlos als ›drei Jahre Schrei und Schrecken‹, **3 years of cry and horror,** beschrieben, und rund um die Zuneigung zum Müllcontainer heißt es kryptisch: **He fell in love not far from death, decation grows** – ein Vers, der nicht nur grammatikalisch unübersichtlich bleibt, sondern auch eine kühne Boa'sche Wortschöpfung enthält: Den Begriff ›decation‹ findet man tatsächlich in keinem seriösen Wörterbuch. Wo »native speakers« für das ›Austrinken‹ die Wendung »to drink up« verwenden würden, berichtet Boa: **He drank out empty glasses,** und wo andere Texter auf zeitliche Kontinuität achten würden, mixt der Voodoo-Chef munter Gegenwart und Vergangenheit: And **when the summer begins / He slept in the container.** Jeder Vers ein Stich ins »English Grammar«-Herz. Aber drauf gepfiffen – all diese lyrischen Kratzer und Dellen werden durch einen flotten Rockabilly-Sound, einen betörenden Refrain und den charmanten Kontrast zwischen Boas aufgeregtem Gegrummel und dem scheinbar teilnahmslosen Mädchengesang von Pia Lund mehr als wettgemacht.

Sprachlich auf der sichereren Seite wären all die deutschen Songwriting-Asse wohl, würden sie beim Englischtexten so vorgehen wie **Dieter Bohlen.** Ob für eigene Projekte wie Modern Talking und Blue System oder für Schützlinge wie Daniel Küblböck, der »Poptitan« ist ein Meister im Aneinanderfügen von englischsprachigen Lyrics-Versatzstücken. Und das fängt schon bei den Songtiteln an: *Brother Louie, My Bed Is Too Big, She's a Lady* oder *Love Is in the Air* kennt man so oder ähnlich von Hot Chocolate, The Police, Tom Jones oder John Paul Young. In den Strophen und Refrains werden dann gern – »Listen to your heart«, »I get up, I get down«, »tired of playing games«, »on the wings of love«, »talkin' in the sleep«, »I hear your heartbeat next to mine«, »should I stay or should I go« – bekannte Wendungen und Bilder aus vielen anderen Songs zu immer neuen plakativen Geschichten um Liebe, Lust und Leiden kombiniert. Das eklektische Prinzip der kreativen Textverwurstung treibt viele Bohlen-Songs, aber selten wirkt es so offensichtlich wie im Küblböck-Song ***Heartbeat*** aus dem Jahr **2003**. Hier klingen, alle Achtung, in einer Ministrophe mindestens Kiss, Dean Martin, David Bowie und Elvis Presley an: **Baby, baby, call me Dr. Love. / Baby, I can't get enough. / Wham, bam, oh thank you, madame, / Do you want to play a game? / Don't tell me lies like a devil in disguise!** Das musikalische Arrangement dazu wirkt ebenso eklektizistisch, es erinnert stark an *New York Groove*, einen Welthit der britischen Band Hello, die sich ihrerseits 1975 am typischen Beat des amerikanischen R&B-Stars Bo Diddley orientiert hatte. Verboten ist das alles nicht, dreist aber schon.

Ganz sicher sind es nicht die Texte, sondern vor allem die Ausstrahlung und die musikalische Kraft, die den Erfolg einer Band ausmachen. Das stellten um die Jahrtausendwende auch die bereits erwähnten **Guano Apes** unter Beweis. Gitarre, Bass und Schlagzeug zündeten ein Feuerwerk an betörenden Riffs und Melodien, und was Sandra Nasić sang, klang nicht nur amtlich, sondern auch nach vollendeter Poesie. Dabei mühte sich so mancher Guano-Apes-Songtext eher durch die fremde englische Sprache, als virtuos mit ihr zu arbeiten. Bei allgemein gehaltenen Texten zu gewöhnlichen Befindlichkeiten fiel das kaum ins Gewicht – bei der Auseinandersetzung mit schwierigen Themen wie sexueller Gewalt zuckte man als Fan allerdings zusammen. So scheint in ***Anne Claire*** **(2000)** die Protagonistin Rache an ihrem Peiniger nehmen zu wollen und droht ihm mit den folgenden Worten: **Lay down on your feet / And pray for all your sins. / Be ready to join your last lesson, / Be ready to join your last kiss.** Ja, englisch klingt das nach knackigen Songlyrics, doch auf Deutsch wirkt es schon etwas verschwurbelter: ›Leg dich auf deine Füße und bete für all deine Sünden. Sei bereit, an deiner letzten Lektion teilzunehmen. Sei bereit, an deinem letzten Kuss teilzunehmen.‹ Oje! Da kommt es tatsächlich zu unmöglichen Körperstellungen, da fließen Wendungen unglücklich ineinander, von »Leg dich mir zu Füßen!« bis »Auf die Knie!«, und wenn Menschen beten, beten sie in der Regel für jemand anders (»to pray for someone«) oder für die Vergebung aller Sünden (»to pray for forgiveness«), aber ganz bestimmt nicht für die Sünden selbst. Ganz zu schweigen von der »Teilnahme an« oder »dem Beitritt zu« einem letzten Kuss. Und dennoch: Die arme Anne Claire verdient unser Mitgefühl!

Sprachlich sehr gewagt gehen die Apes auch im Song ***Break the Line*** **(2004)** zu Werke – bizarre Ausgangssituation, umständliche Beschreibungen und rhetorische Verwechslungen inklusive. Dass man schnelles Autofahren thematisiert, ist in Rocksongs nichts Ungewöhnliches. Aber dass hier das Auto selbst zu seinem Fahrer oder seiner Fahrerin spricht, bricht schon mit der Konvention. Am Ziel der Raserei, so das gesprächige Gefährt, warte etwas, was jeder Mensch sich erträume: **I'll show you a place / Where we can be and everyone is dreaming of …** Doch als aufmerksamer Fan vermutet man, wohl zu Recht, den Unfalltod. ›Du kannst es kriegen‹, flötet das Auto verführerisch, ›komm und steig unter meine Haut. Lass es hinter dir, indem du mich auf eine Überholspur drückst.‹ Wer oder was ist ›es‹? Darauf gibt es keine Antwort. Aber egal. ›Los, weg von hier‹, lockt das Auto weiter, ›niemand kennt dich so wie ich. Wir werden dran vorbeifahren, lass die Reifen den Boden küssen.‹

Im Original hört sich dieser suggestive Monolog etwa so an: **You can get it, / Come and climb under my skin. / Overtake it, / Pushing me on a fast lane. / Come, let's get away, / No one knows you like I do. / We will pass it, let the tires kiss the ground.** Das klingt bereits hier reichlich kantig, und sprachlich flutscht es nicht wirklich. Endgültig aus den Fugen gerät das Ganze im Refrain, wenn Sandra Nasić singt: **Break the line, / We have to go, / 'cause there's no way back / Where we're**

coming from. Dass man eher »back ***to*** where we we're coming from ...« sagen würde – na ja. Doch über den Schlüsselvers »break the line« muss geredet werden. Gemeint ist wohl, dass eine Linie durchbrochen werden soll. Nur: Die Wendung »to break the line« gibt es mit dieser Bedeutung nicht. Im Plural, »to break the lines«, kann man vielleicht die Linien eines Feindes durchbrechen, ansonsten bezeichnet »to break the line(s)« vor allem den »line break« – den Zeilenumbruch in einer Tabelle oder einem Text. Wenn Sandra Nasić also leidenschaftlich shoutet: ›Umbrich die Zeile!‹, dann hat das schon etwas unfreiwillig Komisches. Vielleicht war ja doch »to cross the line« gemeint? Und möglicherweise sogar eine »red line«, eine rote Linie? Wenn es dann noch heißt: **And all I try is to break the thin line,** ist die Verwirrung perfekt. Denn die »thin line« ist wiederum der ›schmale Grat‹, und den durchbricht man für gewöhnlich nicht, auf dem wandelt man – was ebenfalls seine Tücken hat.

Aber was sind all diese Bands gegen die wahren deutschen Helden der anglophilen Sprachverwirrung – **The BossHoss**? Die so rührend um eine Rock-'n'-Roll-Aura US-amerikanischer Prägung bemühten Berliner machen vor allem auf ihren Alben ***Do or Die*** **(2009)** und ***Liberty of Action*** **(2011)** ein verbales Tollhaus aus der englischen Sprache. Wohl kaum eine andere Band vertut sich schon beim Niederschreiben ihrer Songtitel so, wie es den auf Countryrock und Rockabilly geeichten Jungs bei ***Boon and Bain*** gelingt, einem Titel, der eigentlich »boon and **bane**« (›Segen und Fluch‹) meint. Das Wörtchen »bain«? Gibt es einfach nicht, schon gar nicht in dieser Verbindung. Ebenfalls zum Schmunzeln: das euphorische Besingen einer ›Glanzzeit‹ (»heyday«), die im Songtitel jedoch als ›Heutag‹ (***Hayday***) angegeben wird. Kleines Missgeschick, kann passieren ... Aber nachgerade ballaballa wirkt das wortspielerische Beschwören einer vermeintlich coolen ***21st Century Buttkickin' Love Affair***. Ganz sicher meinten The BossHoss so etwas wie eine »kick-ass«-Liaison, eine supertolle Liebesaffäre. Nur was sie dann vor allem andeuten, ist, dass sich die leidenschaftlich Liebenden bevorzugt gegenseitig in den Hintern treten. Ein gesellschaftskritischer Kommentar – zu Ellenbogenmentalität und übertriebenem Individualismus in Zeiten von Bankenkrise und Globalisierung – war wohl eher nicht beabsichtigt.

Überhaupt die bosshossigen Wortspiele: Hier agieren die vor Selbstbewusstsein strotzenden Freizeit-Cowboys wie Spielkinder, die im Rock-'n'-Roll-Sandkasten mit Sprachförmchen um sich schmeißen – und sich regelmäßig selbst schwindelig spielen. So ignorieren sie in ***Last Day*** kurz entschlossen das Hier und Jetzt, um sofort den morgigen Tag hinter sich zu lassen (**leave tomorrow behind**). Oder beschließen, etwas nicht zu tun, das ohnehin unmöglich wäre – nämlich keinen zweiten Versuch für eine bereits vergangene Sekunde zu starten: **A second gets no second try**. Das darf man gern mit Stirnrunzeln kommentieren, auch wenn es zur Not noch als lyrische Spielerei durchgeht.

Doch wenn die Truppe in ***Break Free*** wild mit dem Wörtchen »round« herumfuchtelt, wird es endgültig surreal: **And you'll be running 'round in circles, / Because the world is round. / If you don't turn around and face it / You'll spin around like a merry-go-round. / And the only way to break it: / You gotta break free ...** Übersetzt: ›Und du wirst im Kreis herumrennen, weil die Erde rund ist. Wenn du dich nicht umdrehst und der Wahrheit ins Auge siehst, wirst du dich im Kreis drehen wie ein Karussell. Und der einzige Weg, diesen Kreislauf zu durchbrechen, ist: Du musst dich losreißen.‹ Nein, man kann sich gar nicht entscheiden, weil: Is' alles so schön rund hier. Und durchbrich' den Teufelskreis, indem du den Teufelskreis durchbrichst? Schon klar! Ein bosshossiger Rat so weise, dass wir uns kurz schütteln, dann zügig losreißen und zum nächsten Thema übergehen.

»Lüg' mir zu oft ins Gesicht ...« Der raue Charme des Unrunden

Man kann dieses Kapitel mit eigenen Worten anmoderieren. Man kann aber auch die wunderbare **Sabrina Setlur** vorschicken und aus ihrem Track ***Keine macht S besser*** **(2003)** zitieren. Denn die atemlos-verschrobene Eleganz, mit der Sabs dort Lyrik und Prosa eins werden lässt, den *Star Trek*-Käpt'n Picard zum Energieprügelknaben macht, ohne Not Horror-Blockbuster zitiert und dem Publikum buchstäblich unter die Haut fährt, vermittelt schon viel von dem, was auf den folgenden Seiten Thema sein soll: semantische Verwirrungen, grammatikalische Verrenkungen, stilistische Schmerzfreiheit und die Lust am kaum noch zu rettenden Sprachbild.

Also los, Schwester S: **Weil ich dir Rhymes in die Ohren drück' wie'n Schlag / Mit Energie, als wär' ich Jean-Luc Picard, / Komm' ich schnell nach vorn und entzück', wenn ich sag', / Was ich fühl', denn from dusk till dawn drück' ich harte / Prosa, die vor Zorn verrückt spielen mag, / Aber in deinen Poren die Glückspickel parkt.** Besser kann man's nicht sagen, oder? Und damit zum ersten Songbeispiel ...

Ted Herold & Lil Babs, *Wir jungen Leute* (1962)

We are stardust, we are golden! No, you won't fool the children of the revolution! We're not gonna take it! Here we are now, entertain us! Tonight we are young, so let's set the world on fire! Uns gehört die Nacht! ... Seit Jahrzehnten kommen Statements der Jugend selbstbewusst, abgedreht und mit Schmackes daher. 1962 in Deutschland allerdings beherrschte man diese Disziplin noch nicht souverän. Da kleideten Ted Herold und Lil Babs ihren kleinen Rebellionsversuch noch in die folgenden Hammerverse: **Wir jungen Leute von heute sind oho, / Dass wir so jung sind, das macht uns froh.** Ho, ho! Kaum zu glauben, dass dieser liebliche Mix aus vorsichtiger Anmaßung und kindlichem Gleichklang damals trotzdem einigen älteren Herrschaften übel aufstieß. Dass die Jugend plötzlich aufbegehrte, war offenbar schon Skandal genug.

Bata Illic, *Mein Herz hat Sonnenbrand* (ca. 1968)

Vorsichtig ausgedrückt: ein Text zum Schmunzeln. Weniger rücksichtsvoll formuliert: Lyrics zum Fremdschämen. Vielleicht ist das der Grund, warum man das Stück heute kaum noch in einer Albumtitelliste findet. Aber Bata Illic hat es gesungen, da gibt's kein Vertun, diverse Uploads auf Youtube belegen es. Worum geht es? Ein Liebeskranker trauert einer Strandaffäre hinterher, und beinahe muss man an Frauen als Jahreswagen denken: **Ich such' die Sonne im Süden / Und das Mädchen vom vorigen Jahr.** Exakt dieses »Mädchen« hatte ihn am Ende des Sommers wohl einfach abserviert. Beim Besäufnis in der Taverne empört sich unser Held noch einmal bitterlich über das, was ihm damals widerfuhr: **Es war im letzten Sommer, / Sie hat mir ganz gehört. / Ich wollte für sie sterben, / Doch das hat sie nicht gestört!** Der angedrohte Suizid hat sie nicht gestört? Na, ist ja unerhört!

Noch unerhörter sind allerdings die Bilder, die der zutiefst Getroffene wählt, um seinen Zustand zu beschreiben: **Mein Herz hat Sonnenbrand**, gibt er allen Ernstes zu Protokoll, **Ich suche Sonne an dem Strand, / Doch sie ist nicht mehr da.** Herrje! Und: **Wo ich die Liebe fand, / Da ist Einsamkeit, / Und mir tut mein Herz so leid.** Ja, ist denn das zu fassen? Das eigene Herz ein Fremdkörper, der irgendwo herumliegt und Mitgefühl weckt? Vielleicht da vorn an der Straßenecke, mit Bettlerhut und fordernder Ansage: »Haste ma'n Euro?« Oder so wie der glühende Strandnachbar, den man nur noch bedauern kann: »Ey, Herz, du bist ja schon ganz rot – crem' dich bitte mal ein, hörst du?!« Es ist ein groteskes Motiv, das auch das Publikum in Kollapsnähe bringt – und förmlich danach schreit, von Hape Kerkelings Kunstfigur »Horst Schlämmer« aufgegriffen zu werden. Im Stile von: »Mein Herz hat Rücken. Mein Herz hat Kreislauf …«

Barry Ryan, *Zeit macht nur vor dem Teufel halt* (1971)

Today hieß ein nachdenklicher, leicht melodramatischer Song, den der Brite Paul Ryan für seinen Zwillingsbruder Barry geschrieben hatte. Und weil Barry zusätzlich auf Deutsch sang und damit in Deutschland höchst erfolgreich war, musste für *Today* eine Coverversion her, die auch Fans von Dieter Thomas Hecks *Hitparade* mühelos verstanden. Um den deutschen Text dieses für Schlagerfreaks eigentlich zu rockigen Gassenhauers kümmerte sich damals eine gewisse Miriam Frances. Die hieß richtig Waltrud Franzes und ließ den Originaltext lässig Originaltext sein. Lediglich Schlüsselwörter wie »dancer« und »father« griff sie auf und verrührte sie mit eigenen Motiven zu einem – man muss es so sagen – kruden Geschwurbel über das Thema Vergänglichkeit.

Im Mittelpunkt steht dabei die Zeit, die vor allem eines macht: Sie trennt, und das konsequent. Konkret: **Die Zeit, die trennt nicht nur für immer Tanz und Tänzer, / Die Zeit, die trennt auch jeden Sänger und sein Lied.** Oder: **Die Zeit, die trennt nicht nur für immer Traum und Träumer, / Die Zeit, die trennt auch jeden Dichter und sein Wort.** Und: **Die Zeit, die trennt nicht nur für immer Sohn und Vater, / Die Zeit, die trennt auch eines Tages dich und mich. / Denn die Zeit, die zieht den längsten Strich.** Spätestens hier ist klargeworden, dass es eigentlich nicht die Zeit ist, die diese Trennungen bewirkt, sondern vor allem der Tod. Irgendetwas und irgendwer wird immer überleben, während irgendwer oder irgendetwas anderes längst gestorben ist.

Die Zeit? Der Tod? Hm … Dass es hier nur bedingt um Schlüssigkeit oder gedankliche Tiefe ging, lassen Verse wie die folgenden vermuten: **Denn die Zeit läuft vor sich selber fort,** und, noch spektakulärer, **Denn die Zeit ist das, was bald ge-**

schieht. Jesses! Da fällt man doch vom Glauben ab. Denn vermutlich hat die Zeit kein psychisches Problem. Und ganz sicher wartet sie nicht noch einen Moment, bevor sie demnächst geschieht. Weshalb auch der Refrain-Behauptung mit großem Misstrauen begegnet werden darf: **Zeit macht nur vor dem Teufel halt, / Denn er wird niemals alt, / Die Hölle wird nicht kalt. / Zeit macht nur vor dem Teufel halt ...** und, aber hallo, **Heute ist schon beinah' morgen!**

Mensch, Waltrud ... Gestern war schon beinah' heute! Und morgen ist schon beinah' übermorgen! In Wirklichkeit ist es doch so: Zeit ist unendlich, von mir aus auch so unendlich wie der Teufel und die Hölle, und alle zusammen können prima koexistieren. Haltmachen ist schon aus Gründen der Physik einfach nicht vorgesehen. Und welche Funktion hat der Zusatz »Heute ist schon beinah' morgen« – außer jener, den noch benötigten Abschlussvers zu liefern, der am Ende genauso schön wie das langgezogene »Tomorro-oh-oh-oh-oh-ow« aus dem englischen Originaltext klingt? All das ist so unumstößlich wie banal, dass es die Lyrics eher ad absurdum als in Richtung Bedeutsamkeit führt. Trotzdem: starke Melodie!

Wolfgang Petry, *Wahnsinn* (1983)

Freezing in Hell heißt ein wunderbar atmosphärischer Rocksong aus dem Jahr 1978, gesungen von Mitch Ryder. Da schmachtet einer der Geliebten entgegen, die ihn allerdings nicht erhört – ob aus Desinteresse oder weil er sie verletzt hat, bleibt offen. Auf jeden Fall geht der Sprecher durch die Hölle, wo außerdem Gericht über ihn gehalten wird, und das erklärt, weshalb er zu frieren beginnt. Von solchen Subtilitäten weit entfernt ist fünf Jahre später Wolfgang Petry: Der lässt in seiner flotten Schlagerhymne *Wahnsinn* einen offensichtlich verlassenen Liebhaber ebenfalls durch die Hölle gehen, montiert aber das paradoxe Kältemotiv eher lieblos hinein: **Wahnsinn, warum schickst du mich in die Hölle? / Eiskalt lässt du meine Seele erfrier'n.**

Auch sonst geht Petry irrsinnig großzügig mit Bildern und ihren Implikationen um. Etwa in den Versen **Das ist Wahnsinn, du spielst mit meinen Gefühlen, / Und mein Stolz liegt längst schon auf dem Müll.** Als wäre Stolz ein alter Haushaltsgegenstand, den man einfach so entsorgt – vergleichbar mit dem Herzen von Bata Illic, das uneingecremt, mit Sonnenbrand irgendwo in der Hitze brät. Spaziergänger im Vorbeigehen: »Jetzt kippen sie schon überall ihren Stolz hin, einfach unglaublich!«

Ebenfalls wahnsinnig mutet es an, wenn der liebeskranke Sprecher, der eben noch als armes Würstchen **im Kreis** gelaufen ist, plötzlich zum zähnefletschenden Raubtier mutiert: **Wie ein Wolf renn ich durch die Stadt, / Such hungrig uns're Kneipen ab. / Wo bist du? / Sag mir, wo bist du?** Dass Wölfe eher streichen, hetzen oder jagen als rennen – geschenkt. Aber dass man ausgerechnet bei Liebeskummer zum hungrigen Jäger wird, können wohl nur Psychopathen bestätigen. Nein, in *Wahnsinn* passt kaum etwas zusammen, am wenigsten die »Ballermann«-artige Stimmungsmusik und der todtraurige Text. Eigentlich sollte man Tony Hendrik, Karin Hartmann und Kim Merz, die Macher dieses Songs, im Feuer der Arktis schmoren lassen. Oder vielleicht auch nicht: Das schmerzfreie Trio würde womöglich selbst darüber noch einen nervtötenden Ohrwurm raushauen.

Roland Kaiser, *Ich glaub es geht schon wieder los* (1988)

Oh ja, der Unsinn geht schon wieder los. Und zwar gleich, wenn Roland Kaiser bedeutungsschwanger anhebt zu singen: **Ich glaub, es geht schon wieder los, / Das darf doch wohl nicht wahr sein, / Dass man so total den Halt verliert.** Haltlos ist hier mächtig untertrieben, denn die Songwriter – Franz Bartsch, Peter Wagner und Roland Kaiser persönlich – haben allen möglichen Irrsinn in diesen Song gepackt. Es geht schon damit los, dass der von der Liebe enttäuschte Sprecher eigentlich allein bleiben wollte, **um keinem Gefühl verpflichtet zu sein**. Und während man noch fieberhaft darüber nachdenkt, wie das geht – einem Gefühl verpflichtet zu sein –, tragen sich im Schlafzimmer bereits Naturwunder, Seelenakrobatik und schwerste sittliche Vergehen zu: **Du hast mir gezeigt, / Wie nachts die Sonne aufgeht / Und Herz über Kopf Vernunft in Lust untergeht, / Traumhaft, sündhaft, / Bis nichts mehr zwischen uns steht.**

Sonne in der Nacht? Nur als Maffay-Zitat geht die Sache mit der Sonne durch, ansonsten ist es ein merkwürdiges Bild. Auch die Sünde, die da plötzlich mit im Bett liegt, wirkt sich störend aus: Was, bitteschön, soll denn verwerflich daran sein, wenn zwei Menschen die Nacht miteinander verbringen und sich am Ende gar verlieben? Oder soll hier in schlagertypisch verklemmter Manier so etwas wie »schmutziger Sex« suggeriert werden? Oje … Dann heißt es auch noch: »bis nichts mehr zwischen uns steht« – und spätestens an dieser Stelle wird es unfreiwillig komisch. Nein, so genau wollten wir es wirklich nicht wissen.

Aber egal, wir sind bei Roland Kaiser, da muss es emotional funzen, bis die Synapsen durchknallen. Auch wenn dabei die eigentliche Botschaft unterlaufen wird. Es geht schon wieder los? Das darf doch wohl nicht wahr sein? Das klingt nach Nachbarn, die schon wieder die Musik zu laut haben, oder nach der dritten Mieterhöhung in zwei Jahren. Aber doch nicht nach einer zärtlich entflammenden neuen Liebe.

Doch irgendwann ist mal wieder alles zu spät, / Wenn eine wie du auf einmal vor einem steht ist noch so ein Zweizeiler, bei dem wirklich alles zu spät ist. Denn was sich im ersten Moment wie ein Kompliment anhört, geht nach hinten los, und das gleich in zweifacher Hinsicht: »Wenn eine wie du vor einem steht«, das beschwört distanzierend einen männermordenden Vamp herauf – und spricht nicht gerade für den frisch Verliebten, der sich mal wieder für »so eine« zum Affen macht. Klassischer Fall von falscher Code! Am Ende versucht der Protagonist noch einmal, die große Liebe zu beschwören, doch auch das nur mit mäßigem Erfolg: **Fühlst du so wie ich? Nur noch Gefühl …** Gleich zwei Menschen auf einmal fühlen so viel Gefühl? Das darf doch wohl nicht wahr sein! Weshalb wir diesen Sündenpfuhl von Schlafzimmer rasch verlassen – schließlich warten noch andere Songbeispiele.

Rödelheim Hartreim Projekt, *Mamaplatzda* (1994)

Sie gehörten zu den Ersten, die Ton und Gangart im deutschsprachigen Hip-Hop verschärften: Moses Pelham und Thomas Hofmann, zwei wirklich nette, musikalisch überaus versierte Frankfurter Jungs, die es trefflich verstanden, auf »krasse Typen« zu machen. Ihre Raps enthielten jede Menge gewalttätige Bilder. Da wurde getreten, geprügelt und geschossen, in verbalen Battles wurden die reimenden Konkurrenten eingeschüchtert und niedergemacht, in der Fachsprache: gedisst. Gleichzeitig schafften es Rödelheim's Finest immer wieder, dieses Aggro-Potenzial durch abstruse Gedanken zu unterlaufen. Und nicht immer wusste man, ob das in voller satirischer Absicht oder einfach aus Versehen geschah.

In *Mamaplatzda* (hessisch für ›Geh mir gefälligst aus dem Weg!‹) wurde beispielsweise ein namenloser Kontrahent übel beschimpft, bis hin zur überraschend vornehm begründeten Todesdrohung: **Wenn ich dich streif, greif ich mir dein Leben, / Weil mich dein Leben eben stört […].** Die höfliche Störungsmeldung war aber möglicherweise nur dem Gleichklang geschuldet, denn unmittelbar darauf folgte ein gestelztes **Der Reim uns beide betört, / Jedoch nur P. gehört**. An einer anderen Stelle des Songs musste man kichern, weil man sich erst einen Gangsta mit Eimer und Wischmopp vorstellte und dann mit einem sinnfreien Kondomwitz zugeballert wurde – Hauptsache, es häuften sich Wörter mit der Buchstabenfolge »utz«: **Ich wisch dich weg wie Schmutz / Beim Frühjahrsputz. Du suchst nach Schutz? / Stülp ein Kondom aufs Mikrofon, obwohl das wenig nutzt.** Diese Reimkaskade wirkte letztlich ebenso »nutzlos« wie ein Vergleich aus der Fleischwirtschaft: […] **denn hätten / Sie nur einen Clou, wüssten sie, dass ich und du / Ungleiche Gegner**

sind wie Metzger und Kuh. Fehlte nur noch ein »Muh!«, aber das war wohl selbst den Hartreimern zu hart als Reim. Fazit in der Rückschau: Damals konnten RHP dem einen oder anderen Musikfan wirklich Angst einjagen. Heute wirken Teile ihres Frühwerks wie Comedy aus dem Trash-TV.

Fools Garden, *Lemon Tree* (1995)

»Mama, was macht der Mann da im Zitronenbaum?« – »Weiß auch nicht, Kind. Komm schnell, lass uns weitergeh'n …« Würden Mutter und Kind das Pforzheimer One-Hit-Wonder Fools Garden kennen, dann hätten sie keine Angst. Denn sie wüssten: Der junge Mann da oben ist einsam und wartet auf eine Frau, die leider nicht zurückkommen wird. **I feel so lonely, I'm waiting for you, / But nothing ever happens**, so empfindet er und fokussiert sich widerwillig auf einen Zitronenbaum: **Isolation is not good for me, / Isolation, I don't want to / Sit on a lemon tree.** Nun gut, ab und zu fährt der junge Mann auch ziellos in der Gegend herum, und manchmal macht er seltsame Dinge mit seinem Kopf, die vor allem englische Muttersprachler stutzen lassen würden. Zum Beispiel dreht er ihn ›rauf und wieder runter‹, bevor er sich ›um sich selber dreht‹: **I'm turning my head up and down, / I'm turning, turning, turning, turning, / Turning around.**

Ebenso ungesund mutet das häusliche Verhalten unseres traurigen Protagonisten an. Dort ist er zu schlapp zum Duschen und bringt sich – **I feel so tired, put myself into bed** – ungelenk auch mal selbst ins Bett (hinein). Und immer wieder muss er ungläubig staunen: **And I wonder.** Nein, es ist wirklich nicht zu überhören: Dem Mann geht es nicht gut, er fühlt sich, als tappte er in einer Freudenwüste herum. Doch was mit **I'm steppin' around in a desert of joy** gemeint sein könnte? Weiß kein Mensch! Zu allem Übel blühen dort auch noch Rachefantasien. Darin träumt unser verhinderter Macho von einem anderen ›Spielzeug‹ und davon, wie er die treulose Ex durch eine neue Affäre in die Röhre gucken lässt: **Maybe anyhow I'll get another toy, / And everything will happen. / And *you* wonder.**

Das kommt, seien wir ehrlich, nicht sehr sympathisch rüber. Wie auch der ganze Song nur wegen seiner schönen, leicht melancholischen Melodie und der unbeschwerten Dadih-Dadah-Dadam-Passagen verzaubert. Die Lyrics schießen so wild ins Kraut wie die ominösen Zitronenbäume, die weder schlüssig für die sauren Erfahrungen im Leben stehen noch wirklich trösten und sich – **All that I can see / Is just another lemon tree** – offenbar vermehren. Der Bandname, deutsch ›Narrengarten‹, stand hier möglicherweise Pate. Dass mit so einem Konzept langfristig kein Blumentopf zu gewinnen war, leuchtet nachträglich ein.

Sido, *Ghettoloch* (2004)

Ach, Sido … Auch in *Ghettoloch*, einem Track seines Debütalbums *Maske*, freut sich Rapper Paul Hartmut Würdig darüber, dass er – oder die von ihm geschaffene Kunstfigur? – so ein toller Hecht beziehungsweise krasser Rapper ist und dass längst nicht mehr Spaßrap à la Fanta 4, sondern harter Straßen- und Gangsta-Rap aus Berlin den Ton im deutschen Hip-Hop angibt. Das ganze ätzende Gedöns wäre nicht weiter der Rede wert, würde nicht an zwei Stellen eine eigensinnige Variante des literarischen Vergleichs herausstechen. Die erste Textstelle lautet: […] **die Typen mit dem riesen Ego / Die S-E-K-T-E kann auf mich bauen wie Lego**; die zweite: **Sido, zeig's ihnen, los, mach's klar. / Ich setz die Maske auf, euch bleibt die Luft weg wie Asthma.** Noch einmal zum Auf-der-Zunge-zergehen-Lassen: »auf mich bauen wie Lego!« und »bleibt die Luft weg wie Asthma!« Das ist voll krass, Alder, großes Lyrics-Kino, regelrecht innovativ.

Aber wie genau ist diese rhetorische Figur konstruiert? Versuchen wir sie zu verstehen, indem wir selbst Analogien bilden. Zum Beispiel: »Digga, ich mach dich reich wie Zaster. / Gehst du shoppen wie Kaufhaus, schaffst du weg wie Laster.« Das erinnert entfernt an die Figur des »pars pro toto«, also des Teils, das für das Ganze steht. Klassisches Beispiel: »Ein Dach über dem Kopf«, wobei das Dach für das ganze Haus steht. Die umgekehrte Form wäre »totum pro parte«, so wie in der folgenden Wendung: »Die Polizei hat den Täter gefasst«. Ganz klar, hier ist nicht die gesamte Polizei gemeint, vielmehr geht es um die zwei, drei konkreten Beamt:innen, die einen Kriminellen dingfest gemacht haben.

Doch bei Sido liegt weder »pars pro toto« noch »totum pro parte« vor. Vielmehr sind das Detail (der Legobaustein, das Luftwegbleiben) und das Ganze (das Bauen, die Krankheit Asthma) derart wüst ineinander verschlungen, dass man gar nicht sagen kann, ob hier eins fürs andere steht. Darüber hinaus scheint es reiner Zufall, ja Glücksspiel zu sein, wie das Teil und das Ganze aufeinander bezogen werden. Was ist das dann für eine rhetorische Figur? »Pars pro Lotto«, oder was? Vielleicht findet sie ja eines Tages Eingang in diverse Lexika der literarischen Stilmittel. Doch bis es so weit ist, belassen wir es bei einer augenrollenden Momentaufnahme.

Xavier Naidoo, *Zeilen aus Gold* (2005)

Es ist einer der spektakulärsten Abstürze der deutschen Musikgeschichte. Xavier Naidoo, lange gefeierter Soulpopper, macht seit gut einem Jahrzehnt eher als Verschwörungstheoretiker Schlagzeilen denn als seriöser Musiker – auch sein im Frühjahr 2022 gestarteter Versuch, sich von fragwürdigen Äußerungen zu distanzieren, konnte viele Menschen nicht überzeugen. Dabei kann der Mann singen und hat in Sachen Komposition einiges zu bieten.

Allerdings: Naidoos Songtexte wirkten auch früher schon manchmal, sagen wir: eigenwillig. Was gesungen halbwegs rund und tiefsinnig klang, entpuppte sich bei genauerer Betrachtung als unstrukturiert, ja belanglos. Auch *Zeilen aus Gold* vom religiös motiviert scheinenden Album *Telegramm für X* ist so schön gespielt, so prima gesungen, so scheinbar dicht getextet, dass man glaubt, hier würden existenziell wichtige Dinge verhandelt.

Doch je genauer man hinhört, desto weniger passt alles zusammen. **Ich hab' nur zeigen gewollt, / Was mit uns passiert** ist so eine dieser denkwürdigen Zeilen, die umständlich Großes ankündigen, um dann ins Leere zu laufen. Dabei hätten wir doch zu gern wissen gewollt, *was genau* »mit uns passiert«, oder nicht? Natürlich, es ist des Künstlers gutes Recht, Gedanken nicht weiter auszuführen, das muss man ihm zugestehen. Nur: In Widersprüche sollte er sich dabei nicht verstricken …

Weil es etwas klarzustellen galt, schreibt Naidoos Song-Ich einem unbestimmten Du **Zeilen aus Gold**. Sehr gefühlvoll! Gleich darauf sind es schon **Zeilen aus Blut**. Oha! Damit verbunden ist eine Hoffnung: **Und ich hoffe, du fühlst es. / Es ist ein kostbares Gut, das sich in dir verbirgt.** Jetzt ist unsere Neugier geweckt! Darf man angesichts solcher Aussagen nicht erwarten, dass der Absender der blutig-goldenen Zeilen sehr genau weiß, um welches kostbare Gut es sich handelt – dass er weiß, wovon er schreibt und was er unbedingt loswerden möchte? Man darf. Aber was macht das Song-Ich im nächsten Moment? Verkündet lapidar: **Nicht mal du weißt es jetzt, / Weil du dich nicht auseinandersetzt, mit dem, was du bist. / Und auch ich weiß es nicht** … Du meine Güte!

Aber irgendwie passt das zu diesem sonderbaren Ich, das neben der Bereitschaft, mit Gold und Blut zu schreiben, noch eine besonders akrobatische Gabe für sich reklamiert: **Lüg' mir zu oft ins Gesicht mit dem, was ich bin.** Alle Achtung! Wie man sich selbst ins Gesicht lügt, das würden wir zu gern einmal sehen! Man kann es sich genauso wenig ausmalen wie die Botschaft des Songs, die sich längst in Pathos und Wohlklang aufgelöst hat. Musikalische Verführung, suggestive Performance und der als Poesie getarnte Versuch, sich die widerspenstige Welt da draußen irgendwie zurechtzubiegen – man kann schon verstehen, warum es so viele Fans gibt, die ihrem Xavier in Bewunderung treu ergeben sind.

Philipp Poisel, *Halt mich* (2008)

»Pop-Poet mit viel Gefühl«, »so viel Schmerz, so viel Herz«, »besondere Texte«, »in der Tradition der fahrenden Troubadoure« – das sind Worte, die man häufiger liest, wenn es um Philipp Poisel geht. Der Ludwigsburger Melancholiker, der, durchaus passend, auf Herbert Grönemeyers Grönland-Label veröffentlicht, hat sich mit kraftvoll-brüchiger Stimme, selbstvergessenem Silbenverschlucken und eigenwillig nachdenklichen Texten in die Herzen eines Millionenpublikums gespielt. Seine Themen finde er auf der Straße, heißt es über ihn – vielleicht war deshalb sein Song *Halt mich* hier schon im Zusammenhang mit dem Wortendungs-Blues Thema: **Ich brauch kein' Kompass / Und keinen Sextant** – remember? –**, ich finde / Stets zu dir.**

Aber das war's noch nicht mit diesem Sehnsuchtssong, in dem ein unbestimmtes Du als »Heimat« und »Zuhause« gepriesen wird. Unmittelbar auf den unvollständigen »Sextant_« lässt Poisel ein merkwürdiges Bild folgen, das im ersten Moment so wundervoll »gefühlvoll« anmutet, dass man ihm im nächsten Moment jedes Gefühl absprechen möchte: **Ich komm zurück, / Weil ich dich mag / Mein Kopf in deinem Schoß / Wie eine Taube in ihrem Schlag.** Hoppla! Haben wir da richtig gehört? Der Kopf des Liebenden eine Taube – und der Schoß der Geliebten ein Taubenschlag? Mit reichlich Betrieb, weil in so einem Schlag für gewöhnlich viele Tauben ein und aus gehen? In besonders strahlendem Licht lässt dieser Vergleich das Gegenüber nicht gerade erscheinen. Bei dem, was der stets ein wenig schüchtern wirkende Herr Poisel sonst so textet, steht zu vermuten, dass dieses sprachliche Bild eine ganz andere Zielrichtung hatte, aber nicht zu Ende gedacht wurde. Hoffentlich ist es dem Meister des gebrochenen Herzens nur in einem Moment der Unachtsamkeit dazwischengerutscht.

Tim Bendzko, *Wenn Worte meine Sprache wären* (2011)

Etwas forscher, jugendlich unbeschwerter als Philipp Poisel kam 2011 der Berliner Tim Bendzko daher. Kritiker bescheinigten dem mehrfach preisgekrönten Künstler, der beinahe Fußballer geworden wäre, mit seinen Songs einen Nerv der Zeit getroffen zu haben – zum Beispiel den gestresster Büromenschen, die sich zwischen E-Mail-Fluten und familiären Pflichten aufreiben. Bendzko singt charmant und textet fantasievoll, manchmal bringt er die Menschen auch zum Nachdenken. Nur: So intensiv wie über *Wenn Worte meine Sprache wären* möchte ich gar nicht über Songs nachdenken.

Es ist kein simples, kein leichtgängiges Stück. Das fängt schon damit an, dass der Verliebte, der hier spricht, überaus wortreich beteuert, keine Worte zu haben: **Mir fehlen die Worte, ich / Hab' die Worte nicht, / Dir zu sagen, was ich fühl'. / Ich bin ohne Worte, ich / Finde die Worte nicht. / Ich hab' keine Worte für dich, / Mir fehlen die Worte, ich / Hab' die Worte nicht, / Dir zu sagen, was ich fühl'. Ich bin ohne Worte, ich …** Und so weiter und so Wort. Schon klar: Wortreich die eigene Wortlosigkeit zu beteuern, ist ein Lovesong-Standard. Aber man kann's auch übertreiben.

Was außerdem irritiert, sind Zeilen wie: **Du bist die Erinnerung an Leichtigkeit, / Die ich noch nicht gefunden hab'.** Das klingt im ersten Moment sehr poetisch – und erinnert an einen paradoxen Gedanken des DDR-Lyrikers Thomas Brasch: »Bleiben will ich, wo ich nie gewesen bin.« Doch wo Braschs Vers 1976 mit Blick auf das geteilte Deutschland, auf die DDR, die ihn häufig zensierte, und die eigene Übersiedlung in die Bundesrepublik schillernd Sinn ergab, entfalten Bendzkos luftige Zeilen keine Magie. Vielleicht vermittelt die Angebetete unserem Liebenden erstmals ein Gefühl, eine Ahnung von der Leichtigkeit, die er gerne hätte – doch ins Gedächtnis rufen kann er sich diese Leichtigkeit nicht. Es sei denn, er hat das Ass einer früheren Existenz im Ärmel.

Bliebe die Titelphrase des Songs, die lässig gleich im ersten Refrain eine grammatikalische Eigenheit droppt: **Wenn Worte meine Sprache wären, / Ich hätt' dir schon gesagt / In all den schönen Worten, wie viel mir an dir lag.** »Schon gesagt« / »an dir lag«? Die Gegenwartsform »wie viel mir an dir liegt« wäre hier angebracht gewesen – zumal die Liebe noch wunderschön blüht, wie der Rest des Songs verrät. Doch wurde das Präsens wohl dem Reim geopfert, wie Dichter es gern mal tun. Elegant ist das in den seltensten Fällen.

Aber es ging um die rätselhafte Titelphrase: »Wenn Worte meine Sprache wären …« Konkret um die Frage: Ist das in sich stimmig? Es gibt einzelne *Wörter*, und es gibt die passenden *Worte* für etwas, kombiniert aus verschiedenen Wörtern. Vielleicht liegt ja hier der Clou des Textes, à la: *Wenn treffende Worte formulieren meine Art mich auszudrücken wäre …* oder so. Und doch: Wie man es auch dreht und wendet: Wörter und Worte sind de facto immer Teil der Sprache. Anders ausgedrückt: Man kann nicht so tun, als hätten Worte und Wörter nichts mit Sprechen oder Sprache zu tun. Es wäre so, als würde jemand, der sich unbedarft ein Spiegelei brät, sagen: Wenn Kochen meine Zubereitung wäre, hätt' ich längst was Essbares auf den Tisch gestellt … Irgendwie spitzfindig, irgendwie absurd. Ein bisschen Schnullibulli, ziemlich prätentiös. Als Tim Bendzko nur noch kurz die Welt retten musste, klangen seine Worte zwingender.

Helene Fischer, *Atemlos* (2013)

Womöglich inspiriert von Jack Whites Jürgen-Marcus-Hit *Ein Festival der Liebe* und Rosanne Cashs Discofox-Hymne *Land of Dreams* schrieb Kristina Bach einen Monsterhit, der Schlagerdeutschland auf Jahre verzaubern sollte. *Atemlos* ist längst ein Signature-Song von Helene Fischer und Teil des Soundtracks zu den Feiern des WM-Titels, den Jogi Löws Fußballjungs im Sommer 2014 erringen konnten. Der klischeebeladene Text beschreibt eine rauschhafte Nacht zweier Verliebter, lässt aber über ein Song-Ich mit beeindruckender Fähigkeit und außergewöhnlicher Empfindungsgabe staunen. **Ich schließe meine Augen, lösche jedes Tabu**, verrät es, um einige Verse später etwas ganz Besonderes zu beschreiben: **Lust pulsiert auf meiner Haut.**

Ich dachte immer: Tabus knackt, ignoriert oder verdrängt man. Aber löschen kann sie, glaube ich, niemand, auch nicht Super-Helene. Und Lust sollte doch am allerwenigsten als diffuse Macht auf der Haut pulsieren, wo sie womöglich verpufft! Lust ist etwas, was in den Liebenden aufkommt und Kontrolle über ihr Handeln übernimmt – nur so kann's was werden mit der nächtlichen Atemlosigkeit, oder nicht?

Aber halt mal … Leise Zweifel kommen auf. Ist es etwa die Lust des Mannes, die sich da forsch drängend auf der Haut der Dame manifestiert? Oh, là, là! Nicht ganz unmöglich … und doch nur sehr schwer vorstellbar. Denn erstens wäre das schon arg gewagt für einen braven Schlager wie diesen – man könnte genauso gut »sündhaft« sagen –, und zweitens würde auch die Lust des Mannes hier ziemlich orientierungslos in der Gegend herumpulsieren. Nein, was immer dieser merkwürdige Vers bedeuten mag: In der »Lektor:innenwertung« führt er zu Punktabzug. Wegen Schwammigkeit.

»Nase zuhalten, und ich geh mein' Weg«
Die Kunst der lyrischen Selbstüberlistung

Zu den wundersamen Aspekten von Songtexten gehört es, dass einzelne Verse manchmal querliegen. So quer, dass sie die eigentlich beabsichtigte Botschaft unterlaufen und für das Ich des Songs, manchmal sogar für die vortragende Person nach hinten losgehen. In der Regel richten solche Ausrutscher keinen größeren Schaden an. Das eine oder andere Lachen bleibt einem aber doch im Halse stecken …

Frumpy, *How the Gipsy Was Born* (1971)

Neben Schlagerstars gab es um 1970 auch in Deutschland schon etliche Bands, die sich an der aus England und den USA herübergeschwappten Rockmusik versuchten. Zu den bekanntesten gehörten Frumpy um den Keyboarder Jean-Jacques Kravetz und die Sängerin Inga Rumpf. Frumpy-Songs – erinnert sei an den Abschnitt über die Fremdsprachenfalle – klangen schon etwas anders als *Ich bin verliebt in die Liebe*: lauter, epischer, rauer. Doch wie ihre seichten Kolleg:innen aus der *ZDF-Hitparade* waren auch Kravetz, Rumpf & Co. nicht vor Textpannen gefeit. Das lag am nicht sattelfesten Englisch, aber gelegentlich auch an den etwas überambitionierten Botschaften, die die Band transportieren wollte.

Wenn ich es richtig verstehe, ist *How the Gipsy Was Born* eine den Geist der Hippie-Ära atmende Ode an die Freiheit – an ungebundene Nomaden, »Zigeuner«, wie man damals sagte: Losgelöst von allen Zwängen erkunden sie die Welt. So weit, so okay. Nur verpackt die Band ihr Loblied in nichts weniger als eine Schöpfungsgeschichte, und die läuft – erst recht aus heutiger Sicht – politisch unkorrekt aus dem Ruder.

Der Rhythmus ist schwer und schleppend, die Akkordfolgen beschwören Dramatik herauf. Erzählt wird, wie Gott zunächst die Erde, die Natur und die Tiere schuf, wobei es auch zu folgendem merkwürdigen Phänomen kam: **Silver fishes increased in the blue seas.** Dann hatte der große Meister noch eine weitere Idee: **And God saw that everything was nice, / But there had to be a creature who looked like me and you – so he realised.** Natürlich fragt man sich, wie Gott ein »Wesen, das wie ich und du aussieht« ersinnen kann, wenn es du und ich noch gar nicht gibt. Aber das ist nicht entscheidend. Entscheidend ist, dass der allmächtige Schöpfer flugs den Ofen anschmeißt und speziell geformte Erde erhitzt. Doch weil er die Form zu kurz gebrannt hat, der Ofen nicht heiß genug war, kommt nur ein blasses Männeken heraus. So wurde, nun ja, der weiße Mann geboren. O-Ton

Frumpy: **So he took some earth and put it in a form, / But the oven wasn't hot enough – so the white man was born!** So, so …

Bei allem Pathos: Bis jetzt ist das Ganze noch halbwegs amüsant. Aber dann beginnt man als Fan, unruhig auf dem Stuhl hin und her zu rutschen. Denn Gott startet einen zweiten Versuch, und dreimal darf man raten, was nun passiert. Er backt die Form zu lang, der Ofen wird zu heiß, und auf diese Weise wurde – Himmel! – der schwarze Mann geboren: **So he took some earth and put it in a form, / But the oven was too hot now – so the black man was born!** Wie bitte? Die People of Color dieser Welt zu lang im Ofen gelassen? Das klingt mehr als unglücklich. Da hilft es auch nicht, dass im letzten Backversuch endlich alles gelingt. Gott sprach: Ein nicht ganz so dunkelhäutiger Mensch soll es werden, also rein mit der Form in den Ofen, und ja, Temperatur und Backzeit stimmen – so wurde der »Zigeuner« geboren: **»I have to build another creature who looks like me and you, / But one who's not so dark – he has to get a special blow!« // So he took some earth and put it in a form, / And the oven was right now – so the gipsy was born!**

Am Ende schickt Gott diesen »Zigeuner« auf einen Berg – er soll sich die Welt da unten ansehen und frei umherziehen: **Go to the top of the mountain and look, do you see this land around? / Go where you like to be, go and the gipsy will be free.** So will dieser knapp zehnminütige Song, der mit furiosen Tempowechseln und virtuosen Soli aufwartet, eine romantische Vision vom freien Menschen formulieren – und hinterlässt doch einen faden Beigeschmack. Die Menschheit geteilt in Schwarz, Weiß und Braun? Schwarz und Weiß als göttliche Unfälle? Die Hellhäutigen kalt und blass, die Dunkelhäutigen zu heiß gebrannt? Und nur die dazwischen perfekt? Frumpy hatten bestimmt Gutes im Sinn. Aber solche Verse wären – bei allen guten Absichten – schon damals, zu rebellischen Hippiezeiten, einen Shitstorm wert gewesen. Die Band hatte Glück, dass auch vor einem halben Jahrhundert schon Fans nur selten auf die Texte hörten …

Blümchen, *Boomerang* (1996)

Boomerang ist ein anschauliches Beispiel dafür, wie man in wenigen Versen viel falsch machen kann. Auch wenn die Interpretin derart sympathisch und die Musik so überdreht daherkommen, dass es niemand wirklich merkt. **Wie ein Boom, Boom, Boom, Boom, Boomerang / Komm ich immer wieder bei dir an** – nur dieser Zeile kann man guten Gewissens zustimmen. Der hie und da leicht variierte Rest des Textes stellt jedoch die Ordnung der Dinge auf den Kopf: **Ich flieg', so schnell ich kann, / In deine Umlaufbahn. / Da bleib' ich einfach drauf, / Und irgendwann fängst du mich auf.**

Jedoch: Ein Bumerang wird geworfen, und wer wirft, bestimmt sowohl die Geschwindigkeit des Wurfholzes als auch den Weg, den es nimmt. »Ich flieg, so schnell ich kann«? Das ist ebenso Unsinn wie das Gerede von der Umlaufbahn. Denn ein Bumerang umkreist den Werfer nicht, sondern kommt lediglich in einem großen Bogen zu ihm zurück.

Was den Text – trotz des netten Wortspiels von »Bum« zu »Boom« – vor allem nach hinten losgehen lässt, ist die Wahl des Titelmotivs. Ein Bumerang wird weggeworfen. Er ist nur ein Objekt – etwas, was man beherrscht, womit man spielt. Das Gerät hat keine Wahl, es muss zurückkommen – dafür sorgt die werfende Person mit geschickter Wurftechnik. Vermutlich wollte der Song die Kraft der gegenseitigen Anziehung feiern – eine romantische Idee. Tatsächlich beschreibt er etwas, was man heute eine »toxische Beziehung« nennen würde – und erweist sich so als Bumerang auch für das Autorenteam.

Sido, *G mein Weg* (2004)

So wortreich ätzt Sido gegen sein feindliches Umfeld, dass er sich bisweilen selbst ein lyrisches Ei ins Nest legt. In *G mein Weg* feiert er seine Erfolge als Künstler, zeigt es allen Kritikern und Konkurrenten. Die zentrale Botschaft: Er wird seinen Weg einfach weitergehen, und das gegen alle Widrigkeiten und Widerstände. Seine Standfestigkeit unterstreicht er im Refrain mit den Worten: **Auch wenn mir irgendwann die Scheiße bis zum Kinn steht: / Nase zuhalten, und ich geh mein' Weg** – und spätestens jetzt möchte man sich kopfschüttelnd abwenden.

Wenn dir die Scheiße bis zum Kinn steht, dann lass den Kopf nicht hängen – das wäre eine augenzwinkernd-selbstbewusste Haltung gewesen, obendrein eine hilfreiche. Doch was macht Sido? Kackt total ab, und das im buchstäblichen Sinne. Es ist eine absurde Vorstellung: Der Rapper steht bis zum Kopf in Fäkalien, zieht dann den Arm raus und hält sich mit der beschissenen Hand die Nase zu. Wie er sich dann das Gesicht verschmiert und »sein' Weg« geht, ohne Luft zu bekommen, an diesem Bild dürften vor allem Sidos Feinde Gefallen gefunden haben. Böse Zungen könnten behaupten: Wer Scheiße produziert, dem fliegt sie hin und wieder um die Ohren.

Revolverheld, *Generation Rock* (2005)

Der Songtitel ist eine Provokation: Denn diese Hamburger Jungs sind allenfalls nette Pop-Rocker und nicht die Rock-'n'-Roll-Animals, die sie zu sein behaupten. Schon im Song *Arme hoch* hatte es grotesk großspurig geheißen: **Arme hoch, hallo, wir sind Rockstars. / [...] Wir fluten dein Gehirn / Und gehen durch eure Venen.** Und auch in *Generation Rock* vergessen Revolverheld, dass weniger manchmal mehr ist. Der raue Gitarrensound und die musikalische Dynamik sind ja noch okay. Doch wenn Johannes Strate & Co. sich textlich an große US-Skandalrocker heranwanzen und dabei gar lieblichste Verse bemühen, dann leidet die Glaubwürdigkeit: **Dreh den Volume-Regler auf bis zum Anschlag, / [...] Ein Jahrzehnt nach Guns 'n' Roses sind wir am Start. / Wir spielen, weil Rock ' n' Roll uns adoptiert hat, / denn wir sind, was wir hören, und das ist gut so. / Wir sind die Rock-Gören, hör uns gut zu ...**

Ja, diese frechen Rock-Gören fetzen ordentlich los, klingen mit ihrer antiquierten »Jugendsprache« aber eher nach »MA-O-AM!« und »Ich geb Gas, ich will Spaß« als nach Wacken: **Seid ihr mit uns, habt ihr Bock? Wir wollen Rock, Rock, Rock!** Ach, du dickes Ei! Eine alte Weisheit besagt: Wer aufgeregt mit dem Finger auf andere zeigt, der hat meist etwas zu verbergen – oder etwas nötig. Das gilt auch für Revolverheld und ihren Versuch der Abgrenzung gegen seichte Popmusik: **Wenn dich Rock kickt und dir gefällt, was du hier hörst, / Vergiss den Pop-Shit und komm mit uns mit. / Und dein Leben geht immer weiter, immer schneller. / Versau es nicht mit Casting-Shit und Popstar-Geträller ...** Würden Axl Rose und Guns 'n' Roses so etwas singen? Wohl kaum! Fast folgerichtig bewegen sich Revolverheld heute auf »gefühlvollem« Songwriter-Pop-Terrain und sind damit recht erfolgreich. Das sei ihnen gegönnt. Solange sie uns mit duften Zeilen wie **Spring zum Beat, Baby, beweg deinen Prachtarsch** verschonen.

Xavier Naidoo feat. Xatar, *Das lass' ich nicht zu* (2016)

Die bedrückende Naidoo'sche Metamorphose vom talentierten Sänger und Songwriter zum Verschwörungsschwurbler hatten wir bereits thematisiert. Was sensibleren Fan-Gemütern mindestens ebenso fragwürdig erscheinen dürfte, ist das seltsame Rechtsempfinden, das Naidoo in zwei Kooperationen mit kontroversen Rappern offenbart. Xavas hieß 2012 ein Gemeinschaftsprojekt mit Kool Savas, das vor allem durch den versteckten Album-Track *Wo sind sie jetzt?* polarisierte. Er enthielt die durch nichts belegte Behauptung, geheime Zirkel würden Ritualmorde an Kindern begehen – eine Verschwörungstheorie, die man heute auch aus QAnon-Kreisen kennt. Noch erschütternder Naidoos Ideen, wie mit den Tätern umzugehen sei: **Ich schneid' euch jetzt mal die Arme und die Beine ab, / Und dann fick' ich euch in den Arsch, so wie ihr's mit den Kleinen macht. / Ich bin nur traurig und nicht wütend, trotzdem will ich euch töten. / Ihr**

tötet Kinder und Föten, und dir zerquetsch ich die Klöten. Autsch!

Vier Jahre später sang »Saviour« in *Das lass' ich nicht zu* gefühlvoll gegen häusliche Gewalt an, das Musikvideo dazu unterstützte explizit Frauenhäuser und das Hilfetelefon »Gewalt gegen Frauen«. Guter Song und grundsätzlich eine wichtige Aktion! Wenn nicht im Video Gangsta-Rapper Xatar einen Gastauftritt hätte. Und dessen »Diskussionsbeitrag« lässt einem das Blut in den Adern gefrieren.

Denn der wenig sensible Reimeschmied, der schon wegen schweren Raubüberfalls im Knast gesessen hat, gibt Männern, die ihre Frauen schlagen, den einfühlsamen Rat, sich schlicht und einfach umzubringen. Zentrales Argument: Der Freitod würde die Täter vor Vergewaltigungen im Gefängnis bewahren. Die notwendige Waffe dafür lässt sich problemlos besorgen: **Junge, wer hat dir in die Eier gepisst, / Dass du deine Frau klatschst nach 'nem Freitag im Stress? / […] Ich bin gekommen, um dich Bastard zu retten, / Denn die Nachbarn, sie […] petzen, / Das heißt U-Haft-Garantie. / Und wenn die Knackis erfahren, wofür du sitzt, wirst du 'ne Hure, aber for free. / Darum schenk ich dir die Kugel alternativ. / […] Nimm die 9-Doppel-M und ziel in deinen Mund. / Weißt du, Leben bedeutet Leid, / Doch dem Leiden einen Sinn zu geben, nennt man Überleben. / Drück ab …**

Diese Worte kommen aus dem Mund eines Rappers, der 2009 einem weiblichen Model die Nase brach und Songs wie *Meine große Liebe* veröffentlicht hat. Zitat: **Sarah, du verfluchte Hure / […] Ah, du hast mich richtig verstanden: / Ich will dich besitzen und dreckig misshandeln. / Andererseits, tust mir gut an Tagen wie diesen …** Nein, als Vorbilder taugen Naidoo und seine Kumpane wirklich nicht, erst recht nicht als Helden der Frauenhäuser. Daran kann auch *Rheingold*, das 2022 erschienene Biopic, in dem Regisseur Fatih Akin Herrn Xatar ein umstrittenes Denkmal setzt, nichts ändern.

Pietro Lombardi, *Mein Herz* (2017)

Singen kann er, der Castingshow-Gewinner, und das Herz scheint er auch am rechten Fleck zu haben – zumindest, wenn es um diesen Song geht. In *Mein Herz* richtet sich ein Vater an sein kleines Kind, und wer die täglichen Klatsch-und-Tratsch-Medien aufmerksam verfolgt, weiß natürlich, dass der gute Pietro bei der Produktion dieses gefühlvollen R&B-Stücks an seinen eigenen Sohn Alessio gedacht hat. Der war mit einem Herzfehler zur Welt gekommen und hatte wochenlang um sein Leben kämpfen müssen, was dem Song zusätzliches Gewicht verleiht. Wollen wir also nicht allzu mäkelig sein, wenn der Papa hier voll Pathos beteuert, immer für den Kleinen da zu sein, ihn nie alleinzulassen und alles für ihn zu geben, sogar sein Leben.

Schmunzeln ist dennoch erlaubt, wenn der stolze Erzeuger sich zu der folgenden Aussage versteigt: **Du bist mein 2.0, du bist mein Mini-Me.** Au backe. Denn diese so liebevoll anmutenden Verse bergen zwei gewaltige Pferdefüße. Erstens: Es ist sicher schön zu wissen, dass etwas von einem selbst im eigenen Nachwuchs weiterlebt. Aber dieser Nachwuchs ist ganz bestimmt nicht die 2.0-Version der eigenen Person. 2.0 wäre einfach eine Aktualisierung derselben »Anwendung«, ein Update, es gäbe keine separate neue Entwicklung. Abgesehen davon, dass es schon bizarr anmutet, menschliches Leben in Software-Kategorien zu beschreiben.

Der zweite Pferdefuß offenbart sich im Hinblick auf »Mini-Me«, zu Deutsch: Mini-Ich. Mini-Me, so hieß der kleinwüchsige Klon des Bösewichts Dr. Evil in zwei *Austin Powers*-Filmen, die um die Jahrtausendwende auf herrlich bis peinlich blöde Weise den Mythos James Bond persiflierten: ein kleiner Fiesling, im Kampf gegen das Gute mit allen Wassern gewaschen. In einer auf den Bond-Film *Moonraker* anspielenden Szene weiß sich Geheimagent Austin Powers gegen Mini-Me nur dadurch zu wehren, dass er ihn per Klospülung ins All entsorgt. Wenig schmeichelhaft für den kleinen Alessio, dessen Papa bitte, bitte die Welt mit Klonen seiner selbst verschonen möge.

Andrea Berg, *Mosaik* (2019)

Schlager legen gern eine gewisse Unbekümmertheit an den Tag. Selbstvergessen verharren sie in der eigenen Blase und feiern vor allem … sich selbst. Präzise Formulierungen? Müssen nicht sein. Fakten? Schall und Rauch. Unglückliche Assoziationen? Lassen sich weglächeln. Hauptsache, man hat ein paar interessant klingende Verse in den Raum gestellt. Wirklicher Schaden wird dabei selten angerichtet, und doch zuckt man beim Hören gelegentlich zusammen. So wie bei *Mosaik*, dem Titelsong des gleichnamigen 2019er Albums von Andrea Berg. Es ist ein Song, der den Optimismus feiert – die Gabe, alles Negative ins Positive zu wenden, in jedem Scherbenhaufen ein schickes Mosaik zu sehen und aus Rückschlägen erst recht neue Kraft zu ziehen: **Dann wird aus jedem Stolperstein ein Diamant**, heißt es im Refrain, **Denn am Ende der Zeit bleibt auch vom härtesten Fels nur noch Sand.**

Und das ist in meinen Ohren nicht ohne. Unbekümmert wirkt hier schon die Behauptung, dass am Ende der Zeit auch vom härtesten Fels noch Sand bleibe. Aber ist das vorstellbar? Eher nicht. Denn am Ende der Zeit bleibt vom härtesten Fels wohl lediglich das, was auch von allem anderen bleibt: nichts. Als noch tückischer erweist sich die Formulierung **Dann wird aus jedem Stolperstein ein Diamant**. Warum? Weil der Duden längst zwei Definitionen des Begriffs »Stolperstein« kennt. Erstens: »Schwierigkeit, an der etwas, jemand leicht scheitern kann«. Und zweitens: »ins Straßenpflaster eingefügter Gedenkstein (zur Erinnerung an Opfer des Nationalsozialismus)«.

Natürlich ist ein Stolperstein erst mal besagte Schwierigkeit, an der man leicht scheitern kann. Insofern: alles gut, Andrea! Aber seit den Neunzigerjahren macht eben auch der deutsche Künstler Gunter Demnig europaweit mit seiner Gedenksteinaktion auf Menschen aufmerksam, die von den Nationalsozialisten ermordet, deportiert oder vertrieben wurden – und zwar so nachhaltig, dass im Internet als Erstes diese Aktion angezeigt wird, wenn man in Suchmaschinen den Begriff »Stolperstein« eingibt. These: Wer weniger unbekümmert und etwas reflektierter textet, wird heute in einem Schlager kaum mit gutem Gewissen darüber schwadronieren können, dass »aus jedem Stolperstein ein Diamant« wird …

Bushido feat. Animus, *Renegade* (2019)

Und noch einmal ein »gefährlicher« Rapper, der mit allzu selbstbewussten Versen nicht die beste Figur macht. Bushido war ein von überraschend breiten gesellschaftlichen Schichten gefeierter Gangsta-Rapper, bevor er ab 2020 im Rechtsstreit mit seinem ehemaligen »Geschäftspartner«, Clanchef Arafat Abou-Chaker, eine bemitleidenswerte Figur machte und brutale Abhängigkeitsverhältnisse offenbarte. Spätestens nach den ersten Prozesswochen war es vorbei mit dem Mythos vom taffen Outlaw, der nichts auf Regeln gibt und so selbstbestimmt wie kompromisslos seinen Weg zu Ruhm und Reichtum geht. Heute schüttelt man über diesen Bushido eher den Kopf.

Noch 2019 aber hatte er gemeinsam mit Rap-Partner Animus das Album CCN4 herausgebracht, der Titel steht für ***Carlo Cokxxx Nutten 4***. Wie nett. Auch im Titeltrack findet sich das übliche Prahlen und Dissen der Konkurrenz, nur dass aus dem Refrain die folgenden wunderbaren Zeilen hervorstechen: **Renegade, wir sind Deutschrap-Heavyweights, / Ficken Mütter, und zwar everyday. / Alle salutieren vor dem Namen Bushido, / Animus, CCN4 ist Ground Zero.** Und das geht brutal nach hinten los.

Wieso? Weil »Ground Zero«, ursprünglich der Begriff für den Explosionsort einer nuklearen Bombe, heute übergreifend für Stätten der Zerstörung durch militärische oder terroristische Angriffe steht. Gemeint ist das Ziel eines Angriffs, ein desolater

Endzustand – und nicht die Ursache, die gnadenlose Attacke. Das Gelände des am 11. September 2001 zerstörten World Trade Center in New York ist inzwischen wohl der bekannteste »Ground Zero« weltweit. Vermutlich wollten Bushido und Animus suggerieren, dass ihr Album *CCN4* einschlagen werde wie eine Bombe beziehungsweise, schlimm genug, wie die Flugzeuge ins World Trade Center – doch tatsächlich sagen sie: Dieses Album ist, als hätte eine Bombe eingeschlagen: ein Trümmerfeld, ein Desaster. Ups!

Gern hantiert Bushido mit Bildungsbürger- und Literaturwissenschaftsvokabular. Also übt er sich auch in diesem Track in der rhetorischen Figur des Verschmelzens von Gegensätzen. Aber warum muss er die Anwendung dieses Stilmittels auch noch stolz benennen? **Eure Mütter in der Prostitution / Sind ein offenes Geheimnis – Oxymoron.** Wenn er gleichzeitig Patzer wie die Ground-Zero-Lachnummer produziert, wirkt er nicht wie der smarte Oberchecker und Bürgerschreck, sondern eher wie ein dummer Schulbub.

Aus heutiger Sicht fallen auch die folgenden Verse, die sein Partner Animus in *Renegade* droppt, unglücklich auf den gefallenen Rap-Engel zurück: **All die Lutscher sind krasse Mucker, sobald sie Schutz haben. / Optisch alles das Gleiche für mich, wie Salz und Zucker. / Punks wie Ashton Kutcher erzählen, sie wären Haschisch-Pusher / Aber singen für Großfamilien, so wie …** und nachträglich könnte man hier neben dem im Song genannten Namen einen ganz bestimmten anderen Namen einsetzen: Bushido!

Wie sehr sich dieser Rapper von der traurigen Gestalt selbst im Weg steht, wurde erneut 2021 klar, als er via Instagram ein rund 16 Jahre altes kompromittierendes Hotelzimmervideo kommentierte, das sein Kollege CashMo genüsslich an die Öffentlichkeit gebracht hatte. Das Video zeigt Bushido im Bett und im peinlichen Dialog mit einer mutmaßlich minderjährigen Frau. Auf eine halbstündige Beteuerung, dass man so sexistisch mit Frauen weder spreche noch umgehe, dass der Bushido von

2021 auch als Familienvater geläutert sei, folgt am Ende schnell noch die Werbung fürs neue Album: »So, das war's jetzt von mir. Alles Gute, wir seh'n uns, *Sonny Black II*: Es werden Mütter gefickt.« Alder! Krasser kann man die eigenen Reuebekundungen kaum unterlaufen.

»Doch dann vergaß ich leider ihren Namen …« Nachlässiges Storytelling

Der Schlager ist so etwas wie das musikalische Gegenstück zu den sentimentalen (Liebes-)Romanen der Trivialliteratur. Dass er nur eine »heile Welt« abbilde, kann man heute zwar nicht mehr sagen – werden doch neben Liebesleid und unerfüllter Sehnsucht längst auch Alltagsprobleme oder gesellschaftliche Entwicklungen und Phänomene in den Texten thematisiert, von veränderten Geschlechterrollen bis hin zu alleinerziehenden Eltern. Aber, und das scheint mir das Entscheidende: Der Schlager zelebriert all das in einer extrem abgemilderten, weichgezeichneten Art und Weise. So wie Schlagerstars – selbst mit aktuelleren modischen Accessoires in ihren jeweiligen Outfits – immer ordentlich, sittsam und adrett auftreten, bereit für den Tanztee, einen Abend in der Cocktailbar oder zwei Wochen Mallorca, so wirken die Charaktere in Schlagertexten durchgehend wie in Watte gepackt, wie durch Psychopharmaka in einer angenehmen mittleren Stimmungslage gehalten. Euphorie und Ekstase klingen maximal wie die Freude darüber, dass der Bäcker beim Einkaufen dem Töchterchen noch einen Gratiskeks reicht – und die Depression nach einer zerbrochenen Liebe hört sich nicht schlimmer an als der Ärger über verschütteten Kaffee auf einer frisch aufgelegten Tischdecke. Keine unkonventionellen Stimmen, keine Freudenschreie, kein Wutgeheul, kein steinerweichendes Klagen. Alles wirkt beherrscht und kontrolliert. Das gilt auch für die stets gepflegte, mittig federnd produzierte Musik, die auf angenehme Arrangements setzt und selbst beim Heranwanzen an aktuelle Pop-Trends jegliche Ecken und Kanten abschleift.

Neben all den Klischees und Versatzstücken, mit denen sie hantieren, halten Schlager auch ein Füllhorn an wundersamen Bonmots bereit. Das mag daran liegen, dass die Köpfe hinter den Produktionen beim Zusammenfügen solcher Versatzstücke nicht genügend Sorgfalt haben walten lassen – oder am Scheitern der Bemühung, extreme Emotionen textlich auf ein verträgliches Maß zu schrauben. Der ungelenke Versuch, möglichst lebensnah zu klingen und alltagssprachliche Wendungen einzubringen, tut gelegentlich ein Übriges. Besonders gern erzählen Schlagertexte nachlässig, verkaufen unglaubliche Geschichten als Alltag und zaubern spektakuläre Instant-Affären aus dem Hut. Dabei im Dauerstress: das Herz. Ein gepflegtes Machotum und das schmerzfrei-lustvolle Ausreizen von Metaphern sind bis heute Standard geblieben.

Udo Jürgens, *Siebzehn Jahr, blondes Haar* (1965)

Erwachsener Mann trifft sexy minderjähriges Mädchen – oh, là, là! Prickelnd! Aus diesem feuchten Traum könnte man doch einen Song machen, so oder ähnlich müssen Sänger/Pianist Udo Jürgens und sein Texter Thomas Hörbiger Mitte der Sechziger gedacht haben. Das Ergebnis: *Siebzehn Jahr, blondes Haar*, einer der größten frühen Erfolge des österreichischen Entertainers, der in den darauffolgenden Jahrzehnten nicht nur mit flotten Hits, sondern auch mit diversen Affären für Gesprächsstoff sorgen sollte.

Der Text ist schnell erzählt: *Er* sieht *sie*. *Sie* haut ihn um, aber geht einfach weiter – danach ist sie nicht mehr zu finden. Zu dumm! Und das formuliert Thomas Hörbiger so: **Ein Tag wie jeder, ich träum' von Liebe, / Doch eben nur ein Traum. / Menschen, wohin ich schau, Großstadtgetriebe, und auf einmal sah ich sie: / Siebzehn Jahr, blondes Haar, so stand sie vor mir. / Siebzehn Jahr, blondes Haar, wie find' ich zu ihr?** Und: **Sie hat mich angelacht und war vorüber, / Da war's um mich**

geschehen. / Menschen, wohin ich schau', Großstadtgetriebe, / Und überall such ich sie.

Es ist eine kleine Alltagsgeschichte, die man mit vielen schönen Details hätte anreichern können. Doch aus raffiniertem Storytelling macht sich das Songwriting-Team nicht viel. Was zählt, ist die Titel- und Refrainzeile. Und dabei bleibt eine, vielleicht *die* zentrale Frage offen: Woher zum Teufel weiß der Sprecher, wie alt die junge Frau ist? Sie lächelt doch nur und geht an ihm vorbei, das war's. Ihr Alter stand ihr bestimmt nicht auf der Stirn geschrieben. Und selbst wenn sie kurz mit dem Mann gesprochen hätte, hätte sie bestimmt nicht »Du, ich bin 17« gesagt. Weshalb man bei der Textanalyse schnell an ganz anderen Zeilen hängenbleibt: an **Ein Tag wie jeder, ich träum' von Liebe** beispielsweise oder an **Menschen, wohin ich schau, Großstadtgetriebe.** »Großstadtgetriebe«? Ein arg sperriges Wort, das so gar nicht in den Kontext passen will, und ein denkwürdiges obendrein – denn es kommen »Triebe« darin vor. In Kombination mit einem Protagonisten, der jeden Tag auf der Suche nach Liebe ist, offenbaren sich tiefe Einblicke in die männliche Künstlerseele. Ob die beiden Songschreiber solche Einblicke tatsächlich gewähren wollten?

Roy Black, *Das Mädchen Carina* (1969)

Knapp vor 18 – dieses Alter hatte es Schlagersängern damals angetan. Bei Roy Black, bürgerlich Gerhard Höllerich, ist es der Ich-Sprecher, der zurückdenkt an die Zeit, als er 17 war und seine erste große Liebe erlebte. Die Flamme ist nicht etwa eine Klassenkameradin, nein, das wäre ja viel zu langweilig! Sie ist eine Zirkusartistin und dann auch noch eine Seiltänzerin, drunter geht's nicht. Und wie bei Udo Jürgens passiert hier alles ganz, ganz schnell, was sollen auch erhellende Details oder feine Beobachtungen am Rande.

Im Grunde sind es nur wenige – teils den Zusammenhang noch komprimierende – Zeilen, die die spärliche Handlung vorantreiben: **Ich denke zurück an das Jahr, / Als ich eben siebzehn war, / Kam ein Zirkus in unsere Stadt. / Und abends im Zelt sah ich sie, / Die mein Herz bis heut' nie / Vergessen hat. / [...] Mein Herz blieb vor Glück beinah' stehen, / So hoch auf dem Seil sie zu sehen. / Sie warf eine Rose mir zu / Und sprach: »Ich vergess' dich nie mehr.« / Und der Abschied war schwer, / Ich fand keine Ruh'.** Zusammengefasst: Er sieht sie auf dem Seil, sie wirft ihm eine Rose zu, und im nächsten Moment sagt sie schon tschüs!

Diese Story, verantwortet von Georg Buschor und Rolf Arland, kommt scheinbar gewöhnlich daher, doch im Grunde ist sie völlig hanebüchen. Und: Eine Story ist es nicht wirklich. Denn das Geschehen bleibt eine Skizze, ein vager Rahmen für ein von schwülstiger Musik getragenes Gefühl der Nostalgie: **Das Mädchen Carina / War schön wie ein Stern am Himmelszelt. / Das Mädchen Carina / War meine erste große Liebe, / Die ich fand auf dieser Welt.** Auf dieser Welt? Na, wo auch sonst. Nicht mal das spannende Motiv der Seiltänzerin, die vielleicht einen emotionalen Balanceakt bewältigen muss, wird weiter ausgeführt. Der Song lässt ein warmes, wehmütiges Gefühl aufploppen, eine Art Instant-Emotion, und hält das Ganze gut drei Minuten lang am Köcheln. Aber warum nicht? Wenig Aufwand, viel Ertrag – so kann man's auch machen.

Roy Black, *Für dich allein (Du kannst nicht alles haben)* (1970)

Ein Song, der sich mir während meiner Jugend ins Hirn gebrannt hat – und über den ich auch heute noch manchmal nachdenken muss. Ungelogen! Ich vermute, es ist der seltsame Grundwiderspruch, den komprimiert schon der Songtitel spiegelt: **Du kannst nicht alles haben, / Das Glück, den Sonnenschein** auf der einen Seite – **Die Welt und was dazugehört ist nur für dich allein** auf der anderen. Ja Himmelherrgott: Wenn die ganze Welt für mich allein ist, wieso kann ich dann nicht alles haben?

Schlimm genug: Im Kern ist dieser Mitklatsch-Schlager ein biederes Lehrstück für Kinder. In den Strophen malt sich der Sprecher gemeinsam mit einer munteren Kitatruppe allen möglichen Quatsch aus, spielt lauter Dinge durch, die Spaß machen, egal, ob man Regeln dabei bricht oder nicht. Doch im Refrain kommt, poetisch verschwurbelt, der warnende Hinweis: Das Leben ist nicht nur Spaß. O-Ton Roy Black: **Beim schönsten Regenbogen muss auch Regen sein. / Auf jeder grünen Wiese siehst du auch Disteln stehen. / Und Rosen ohne Dornen hast du nie gesehen.** Tja, und während man sich noch traurig in diese frustrierende Erkenntnis fügt, kommt schon wieder das Statement, das alles Vorangegangene unterläuft: **Mach deine Augen auf / Kann es denn schöner sein? / Die Welt und was dazu gehört ist nur für dich allein ...**

Aber auch bei den Dingen, die Spaß machen, haben die Songverantwortlichen Werner Twardy, Elisabeth Bertram (alias Lilibert) und Hans Bertram einiges an Irritationen eingebaut. Denn neben harmloseren Dingen wie 'nem Hotel **mit 'nem Cowboy als Direktor**, Cola aus dem Wasserhahn oder **zu jeder Stunde Würstchen und 'ne Tüte mit Pommes frites** malen sich Sprecher und Kinder regelrechte Katastrophen aus. So werden, wie süß, **ein Schießstand auf dem Flur** und – Achtung: Abenteuer! – ein veritabler Wohnungsbrand heraufbeschworen: **Auch ein Lagerfeuer gibt es hier bei uns im ersten Stock. / Und verbrennt die ganze Bude, keiner sucht den Sündenbock. / Hast du so was schon gesehen? / Auweia, das wäre schön, so schön.** Auweia? Dem kann ich zustimmen. Aber wäre das schön? Nicht wirklich.

Michael Holm, *Mendocino* (1970)

In der Regel erzählen Songs fiktive Geschichten – mit der Wirklichkeit oder gar mit dem Leben der Vortragenden haben sie selten zu tun. Das gilt auch für *Mendocino*, den immergrünen Schlager von Michael Holm. Er konnte schon deshalb keine authentischen Erlebnisse wiedergeben, weil er nur die deutschsprachige Coverversion eines Hits des Sir Douglas Quintet war. Dieses Original stammte vom Soundtrack des wenige Monate vor dem Holm-Hit erschienenen Kinofilms *Easy Rider* und schilderte eine unglückliche Liebe in der kalifornischen Künstlerkolonie Mendocino. Hippies? Rocker? Oje. Das konnte man einem braven deutschen Schlagerpublikum keinesfalls zumuten. Weshalb Meister Holm für seine Coverversion eine harmlosere eigene »Easy Riding«-Geschichte erfand. Inspiriert vom schönen Titel *Mendocino* und von einem exotisch anmutenden Schauplatz, erzählte er einfach von einem Autofahrer, der sich erst unsterblich in eine Anhalterin verguckt und dann vergeblich versucht, sie wiederzufinden. Eigentlich unproblematisch. Oder?

Nun ja. Denn der Text steckt voller Merkwürdigkeiten. Die Anhalterin steht, wie aus dem Nichts dorthin geworfen, **wartend in der heißen Sonne**. Sie steht nicht etwa »an«, sondern gefährlich **auf der Straße nach San Fernando** und bezirzt den Erzähler: **»Bitte nimm mich mit nach Mendocino.«** Nun liegt Mendocino an der kalifornischen Küste und das kalifornische San Fernando rund 800 Kilometer südlich. Das ist in etwa so, als würde man auf einer Bundesstraße von Aschaffenburg Richtung München fahren und eine Anhalterin mitnehmen, die nach Hannover möchte. Oder als sollte man auf dem Weg von Salzburg nach München plötzlich jemanden bis nach Flensburg chauffieren.

Aber der eigentliche Aufreger kommt erst noch. **Ich sah ihre Lippen, ich sah ihre Augen, / Die Haare gehalten von zwei goldenen Spangen**, schwärmt der Erzähler von der Anhalterin, die nach intensivem Austausch offenbar dasselbe will wie er: **Sie sagte, sie will mich gern wiedersehn.** Schon malt man sich eine romantische Zukunft aus, vom nächsten Date bis hin zur Hochzeit. **Doch dann …** folgt ein Killervers, der den Song endgültig aus den Angeln hebt, ihn schlichtweg ruiniert. Der Vers lautet: **Doch dann vergaß ich leider ihren Namen.**

Wie dumm kann man denn sein?! Da trifft einer die Frau seiner Träume, fährt stundenlang mit ihr durch die Gegend, tauscht ganz bestimmt persönliche Details aus und entwickelt allmählich Gefühle – nur um anschließend eine Amnesie-Attacke zu erleiden? Weil Holm kein weiteres dramaturgisches Ass im Ärmel hat, kommt nicht mehr viel hinterher. Und so erweist sich der Rest des Songs als echter Rohrkrepierer, mit öden Zeilen à la: **Mendocino, Mendocino, / Ich fahre jeden Tag nach Mendocino. / An jeder Tür klopfe ich an, / Doch keiner kennt mein Girl in Mendocino.** Würde bei mir einer klingeln und nach seinem Girl in Frankfurt-Seckbach fragen, ich würde ihn bitten, das sein zu lassen. Drei Jahre später übrigens, in ***My Lady of Spain***, drehten Holm, Fred Limpens und Johnny Hoes die Konstellation um und schickten einen Tramper in grauen [sic!] Bluejeans nach Spanien, wo ihn »out of the blue« eine reiche Dame im Vorbeifahren regelrecht aufliest und für eine Liebesnacht auf ihre Jacht mitnimmt. Die Story war nicht minder hanebüchen, aber immerhin hatten sämtliche Charaktere ihren Spaß. Dem Möchtegern-Gigolo und erst recht der charmanten Anhalterin aus *Mendocino* hingegen hätte man ein wertschätzenderes Texterteam gewünscht.

Bata Illic, *Candida* (1970)

Ebenfalls eine Coverversion und ähnlich nachlässig im Entwickeln einer unglaublichen Story ist dieser Song von Bata Illic. Das englischsprachige Original stammt von Tony Orlando & Dawn und beschreibt das Werben um eine tolle Frau, Ausgang ungewiss. Im deutschen Text von Günter Loose trauert ein Lover der Verflossenen hinterher und hofft, sie eines Tages wiederzufinden, Ausgang ungewiss.

Große Mühe hat sich Herr Loose mit dem Text aber nicht gemacht, im Gegenteil: Die Lyrics fliegen ihm letztlich um die Ohren. Der entscheidende Patzer passiert gleich in den ersten Versen, wenn die Verortung des Geschehens nur vage bleibt: **In einer Stadt, irgendwo auf dieser Welt, / Sind wir uns begegnet, wir zwei. / So rot war dein Mund, und wie Gold war dein**

Haar, / Warum ging die Zeit für uns vorbei? Schon klar: Wenn zu viel Energie in die Beschreibung der Geliebten und des Verlustgefühls fließt, dann passt auch später nichts mehr recht zusammen: **Wo ich auch bin, es weiß niemand was von dir, / Niemand weiß, wo ich dich finden kann. / Doch irgendwann wirst du wieder vor mir steh'n, / Ich glaube, ja ich glaube fest daran!**

Wenn der Liebende selbst nicht mehr weiß, wo »auf dieser Welt« er Candida einst kennengelernt hat, wie soll er dann einen Anhaltspunkt haben, wo er suchen muss? Und wie soll irgendjemand, wo immer der Liebende gerade ist, irgendetwas von seiner Candida wissen? Die Gewinnchancen stehen da ungefähr wie im Lotto, bei 1 zu 140 Millionen. Da kann unser Protagonist noch so viel heulen: **Oh, oh, Candida, keine Nacht kann ich schlafen, / Denn seitdem wir beide uns trafen, / Möchte' ich immer nah bei dir sein ...** Es ist leider wahr: Dass er seine Candida nie mehr wiedersehen wird, hat er der mangelnden Sorgfalt seines Texters zu verdanken.

Costa Cordalis, *S. O. S.* (1973)

Normalerweise ist das so mit den einsamen Herzen: Sie leiden fürchterlich, und wenn's gar nicht mehr geht, dann senden sie einen Notruf. Im schlimmsten Fall wird der Ruf nicht erhört, dann muss das einsame Herz ewig weiterleiden. Doch im Idealfall kommt jemand vorbei und bringt die ersehnte Rettung, der Rest ist nie endende Glückseligkeit. Das Funkgerät kann man dann getrost entsorgen.

Wie gesagt: normalerweise ... Bei Schlagerheld Costa Cordalis erfährt das Motiv 1973 eine fast schon surreale Umkehrung. Im Song *S. O. S.*, an dem er wohl selbst mitgeschrieben hat, sendet ein Liebender den Notruf aus – nicht etwa um das Glück zu finden, sondern gerade weil er das Glück gefunden hat. Ist das zu glauben? Eigentlich nicht, aber der Text lässt keine Zweifel: **Jetzt hab' ich dich, und die Welt ist so schön. / Überall seh' ich Blu-**

men, die blüh'n. / Wo Regen war, da ist jetzt Sonnenschein, / Und die Liebe nimmt kein Ende, / Wir sind nie mehr allein. UND JETZT ALLLLLEEEEE: **Oh, mein Herz funkt S. O. S., / Denn mein Herz funkt S. O. S., / Seit ich dich geseh'n. / Es gibt keine Rettung mehr, / Denn es ist um mich gescheh'n. / S. O. S., das Glück kam zu mir. / S. O. S., es stand vor der Tür.** Und immer so weiter, als ginge es um Leben und Tod.

»Lieber Costa«, möchte man dem Mann gut zureden, »so beruhige dich doch! Du bist glücklich, du brauchst keine Hilfe mehr! Dass du dein Herz verloren hast, ist das Beste, was dir passieren konnte, also können die Rettungsboote im Hafen bleiben, verstehst du nicht? Costa, stell sofort den Notfunk ab. Das könnte teuer werden ... Costa? ... COSTA!«

Costa Cordalis, *Anita* (1976)

Selten davor und kaum noch danach kam ein Song derartig schnell zur Sache wie dieser Hit aus der Feder von Costa Cordalis und Jean Frankfurter. Gleich die erste Zeile mutet an wie eine unter Zeitdruck verfasste Executive Summary: **Ich fand sie irgendwo allein in Mexiko, Anita.** Rumms! Wo? Na, irgendwo! Und wo irgendwo? In Mexiko. Und wie? Na, allein! Aha ... Keine Exposition, keine Begleitumstände, Hauptsache Anita! Schnell noch – **Schwarz war ihr Haar, / Die Augen wie zwei Sterne so klar** – eine rudimentäre Beschreibung der Eroberung, die wohl vollständig Juanita heißt, und dann wird schon geritten. Bitte was? Aber ja doch, zur Party in die nächste Stadt: **»Komm, steig auf dein Pferd«, sagte ich zu ihr, / »Anita: Fiesta ist heut', die Stadt ist nicht mehr weit. / Mach dich schnell bereit.«** Echt atemlos!

Wie der Erzähler selbst sich fortbewegen will? Wurscht. Und wie Anita es schafft, auf ihr Pferd zu steigen und sich dann erst bereit zu machen? Egal. Hauptsache, es gibt innige Liebe und ausgiebiges Feiern – so ausgelassen und gefühlt in Endlosschleife, dass sie staunen, die **Compañeros mit ihren Sombreros / Denn nun gehörst du mir.**

Anita ist ein seltsamer Song, der irgendwo anfängt, nirgendwo richtig aufhört und mittendrin einfach nicht auf den Punkt kommt. Dem Erfolg hat das nicht geschadet: Das Stück erreichte in gleich mehreren europäischen Ländern die oberen Regionen der Charts und wurde unzählige Male gecovert. Für Costa Cordalis, der 2019 im Alter von 75 Jahren an Organversagen starb, war es der größte Hit.

Andy Borg, *Die Fischer von San Juan* (1982)

Heiße Flirts und rauschende Partys in Urlaubskulisse – das kann jeder. Weshalb Andy Borg seinen schwelgerischen Foxtrott zusätzlich mit Mord und Totschlag würzt. Es gibt tatsächlich eine Handlung in diesem Song, und sie wird nicht ungeschickt in Andeutungen und Schlaglichtern erzählt. Mit anderen Worten: Der Plot wird nicht ganz plump entfaltet.

Und die Story, die geht so: **Der Pierro und der Fernand, die Fischer von San Juan,** verlieben sich in die Touristin Sue, und diese Sue macht beiden Hoffnung. Abends soll auf einer Insel ein großes Fest steigen, und zu dieser Insel muss man in einem Boot übersetzen. Tja, und weil die beiden Fischer Rivalen sind, kämpfen sie bei der Überfahrt und bringen sich gegenseitig um. Das klingt dann ungefähr so: **Das Boot trägt die beiden Fischer von San Juan / Dorthin zu dem Fest der Insel und kommt nie an. / Der Wind weiß allein, warum es nie wiederkam, / Das Boot mit den beiden Fischern von San Juan.**

Die Nachlässigkeit im Storytelling offenbart sich diesmal vor allem in der Figurenzeichnung, konkret: in den hohlen Charakteren, die Dinge sagen und tun, die nicht mal *Big Brother*-Teilnehmer:innen sagen und tun würden. Über Sue, die Auslöserin der Tragödie, heißt es doch tatsächlich: **Da sagt das Mädchen zu den beiden: / »Das müsst ihr zwei schon selbst entscheiden. / Ich hab' euch beide gern, mir ist's egal. / Ich will als Fremde nur erleben, wie hier die Fischer Feste geben. / Wem ich zum Fest gehör, ist eure Wahl.«** Und »der Pierro und der Fernand«, diese beiden Knalltüten, geh'n auch noch aufeinander los und schlagen sich gegenseitig tot. Andere Jungs hätten »die Sue« in die Wüste geschickt!

Dass das Fest trotzdem steigt, dass offenbar niemand die beiden jungen Männer vermisst und dass über Sue, die gewissenlose Manipulatorin, kein weiteres Wort verloren wird, sind weitere Ärgernisse in der völlig misslungenen Konzeption dieser Räuberpistole. Womöglich haben die Songwriter Tex Shultzieg und Kurt Feltz die beiden jungen Männer absichtlich sterben lassen: damit sie nach dem Fischerfest nicht bei ihnen aufkreuzen, um ihnen mal ordentlich die Meinung zu geigen.

»Lang her, dass es her ist« Manierierte Manierismen

Es wird viel geglaubt, geschätzt und vermutet in deutschsprachigen Songs – mehr, als man denkt. Aber nicht immer geht es dabei um echte Unsicherheiten oder Zweifel. Nein, zu gern wird einfach ein Vers »gefüllt« oder linkisch nur noch mal das allzu Offensichtliche bestätigt – eine Disziplin wie geschaffen für Schlagerstar **Vanessa Mai**. Ihr Song ***Spiegel, Spiegel*** **(2020)** enthält neben tiefen Erkenntnissen wie **Der Bogen lebt nicht ohne den Regen** (aus denen man folgern könnte, dass auch der Hof nicht ohne die Bahn lebt) Lebensweisheiten wie diese: **Wir ziehen unsere Kreise / Und sind immer auf der Reise. / Ich schätz', das macht schon Sinn.** Nun ja, schätzungsweise könnte das schon hinkommen mit der Lebensreise, und doch bleiben Zweifel.

Schon **2015**, als Sängerin des Projekts **Wolkenfrei**, hatte Frau Mai in ***Es wird schon hell über Berlin*** die folgende kokette Vermutung von sich gegeben: **Der Morgentau lacht, / Mein Gefühl sagt, / Es ist die wahre Liebe heute Nacht. / Und ich hab' den Verdacht, / Du hast ein Feuer in mir entfacht.** Ob die Sprecherin Sherlock Holmes einschalten sollte? Mal ehrlich: Wer die wahre Liebe fühlt und gleichzeitig den Geliebten verdächtigen muss, ein Feuer entfacht zu haben, braucht möglicherweise Hilfe.

Aber hey, was kann Frau Mai schon dafür: Andere haben ja vorgemacht, wie man gefühlvolle Liebes-Lyrics mit solchen schwerelosen Rhetorikansätzen »bombt«. Zum Beispiel **Wolf Maahn**, der bereits **1995** im Song ***Sterne in meinen Schuh'n*** die überflüssige Vermutung anstellte: **Ich laufe durch ein' Regentag, / Find' Sterne in meinen Schuh'n. / Und ich glaube jedes Mal: / Irgendwas hast du damit zu tun.** Oder **Die Toten Hosen**, die **1985** in ***Shake Hands*** altklug referierten: **Mit der Liebe spielt man nicht, / Sonst gibt es meistens Schmerzen. / Und ich glaube, das kann nicht / Der Sinn der Liebe sein.**

Als ähnlich talentierte Einschätzerin diverser Lagen darf **Sabrina Setlur** gelten, die **2003** in ***Feel so Bad*** geschmeidig existenzialistisch philosophierte: **Wir sind, so weit ich es sehen kann, verdorben, / Voller Elend und Sorgen, zum Verwesen geboren.** Wohl wahr! Doch so weit man sehen kann, schätzte auch Frau Setlur gelegentlich leicht vorbei, so etwa **1999** in den folgenden denkwürdigen Zeilen aus dem Track ***Ohne Worte***: [...] **aber ich schätz', gerade eben das / Is' sicher auch das Problem in meinem Leben ...** Schätzen, dass es ganz bestimmt so ist? Schon klar. Und *definitely maybe* ein Problem! Auf jeden Fall wirken solche Verse stets arg gestelzt – beinahe wie Fremdkörper. Oder auch wie Lückenfüller, wenn Storytelling und Reflexion ins Stocken geraten sind. Willkommen in der Welt der manierierten Manierismen!

In diese Welt taucht man auch dann unfreiwillig ein, wenn man beim Hören seltsame Tautologien auffängt. Tautolo... was? Gemeint ist die doppelte Wiedergabe *eines* Sachverhalts – in ***A Horse With No Name*** von **America** hatten wir schon so einen Fall: **The heat was hot,** ›die Hitze war heiß‹. **Sunshine is shining far away,** so strahlt mindestens ebenbürtig ein Vers in ***Heatwave*** **(2015)** von **Robin Schulz**, während die Mannen der Band **Selig**, wie Sabrina Setlur Existenzialisten durch und durch, **2009** im Song ***Ich bin so gefährdet*** folgenden Unsinn zu Protokoll gaben: **Lang her, dass es her ist, doch die Lichter leuchten uns heim.**

Besonders hell scheinen diese Lichter nicht geleuchtet zu haben, das Ganze klingt arg deliriös. Kein Wunder, dass der Sprecher im Refrain einräumt: **Ich bin so gefährdet, dir zu verfall'n ...** Vielleicht fehlen ihm ja einfach gute Freunde an seiner Seite. Schließlich wusste **1966** schon **Franz Beckenbauer**: **Gute Freunde kann niemand trennen, / Gute Freunde sind nie allein** – eine tiefe Weisheit, die ein halbes Jahrhundert später **Die Fantastischen Vier** und **Clueso** zu ihrem gemeinsamen Hit ***Zusammen*** inspiriert haben könnte. Dort heißt es ebenso wahr wie tautologisch einwandfrei: **Denn nur zusammen ist man nicht allein ...**

Im Ansatz tautologisch und gleichzeitig wie eine motivische Endlosschleife wirkte es, als 1993 das Frankfurter Trance-Duo **Jam & Spoon** in seinem Hit-Track ***Right in the Night*** **(1993)** die Liebe Achterbahn fahren ließ: **Fall in love with everything that you'd love to love ...** Verlieb' dich in alles, was du liebend gern lieben würdest? Oh Mann. Diese Aufforderung war nicht nur an sich schon reichlich schräg – ähnlich zwingend wie der absurde Tipp »Sei spontan!« –, man hätte sie auch wesentlich einfacher formulieren können. Aber hey, es war der Höhepunkt der Trance-Ära, da durfte man das Publikum auch mal schwindelig texten.

Die Zeit ist ein Motiv, das häufig auftaucht in Songs – und eins, das besonders oft Manierismen provoziert. Vergänglichkeit, Unvorhersehbarkeit, die Magie des Moments – all das will in schicke Worte gekleidet werden. Doch weil das kein einfaches Unterfangen ist, verfallen Songwriter:innen gern in scheinbar tiefsinnige, aber letztlich banale Standard-Bonmots – die sinnfreie Variation des Immergleichen. **Denn die Zeit ist das, was bald geschieht // [...] Heute ist schon beinah' morgen** aus dem Hit ***Zeit macht nur vor dem Teufel halt*** von **Barry Ryan** hatten wir bereits erwähnt. Auch die folgenden Poesie-Anfälle rufen laut »ach, du liebe Zeit«:

> **Wenn du mich anrufst, denk' ich nie: / Was wird wohl werden morgen früh? / Denn morgen ist ja heute noch nicht da.**
> (Helene Fischer, *Die Hölle morgen früh*, 2011)

Denn morgen ist das, was man heute nicht weiß. / Wir laufen zusammen über hauchdünnes Eis.
(City, *Dünnes Eis*, 2002)

Der Tag geht abends schlafen und wacht als Morgen auf.
(Peter Maffay, *Josie*, 1975)

[...] morgen ist heute schon gestern, / Morgen ist es vorbei.
(Tic Tac Toe, *Morgen ist heute schon gestern*, 2000)

Früher war alles viel früher.
(Stefan Waggershausen, 1990)

In der Regel werden solche Manierismen nur hier und da in einen Liedtext eingestreut. Gelegentlich aber bauen Songwriter:innen einen ganzen Text drum herum. Dass der Mensch geboren wird, um zu leben, ist so eine dieser Allerweltsweisheiten, die – ob in Ermangelung anderer Themen oder als launige Spielerei – gern variiert werden. Wer im Internet nach »born to live« sucht, stößt schon auf einige Beispiele aus dem angloamerikanischen Raum, der Danceklassiker in dieser Sparte ist zweifelsohne ***Born to Be Alive*** aus den späten Siebzigerjahren, gesungen von **Patrick Hernandez**. Mehr als **We were born to be alive** und **It's good to be alive** allerdings gibt dieses Lied über einen umherziehenden Musiker an Botschaft nicht her.

Eine wenigstens halbwegs vernünftige Message rund um die »Born to live«-Plattitüde schusterte **2010** der stimmgewaltige Künstler Der Graf zusammen, als er mit seiner Band **Unheilig** in ***Geboren, um zu leben*** vom Tod einer geliebten Person sang, durch den der Sprecher erst das Leben schätzen lernt – auch wenn das Motiv des Lebens für einen einzigen Moment arg pathetisch anmutet: **Ich sehe einen Sinn, seitdem du nicht mehr bist, / Denn du hast mir gezeigt, / Wie wertvoll mein Leben ist // [...] Wir waren geboren, um zu leben für den einen Augenblick, / Bei dem jeder von uns spürte, wie wertvoll Leben ist.**

Genau das Gegenteil – einen Menschen, der nur achtlos vor sich hin lebt – berochelten **2017** die Dark-Metaller **Nachtblut** in ihrer Variation des Motivs. Pädagogisch wertlos und in prätentiös-antiquierender Gaga-Wortstellung heißt es in ihrem Song ***Geboren, um zu leben***: **Unser allerhöchstes Gut wurd' / Uns bei der Geburt geschenkt. / Doch du dies nicht zu schätzen weißt / So nutzt dein Leben nur beschränkt. // Von all den Dingen dieser Welt / Nichts in Frage hast gestellt.** Und jetzt alle: **Geboren, um zu leben, / Um zu affektieren. / Geboren, um zu atmen, / Um zu retardieren.** Okaaaaay … Die Musik klingt ja noch ganz zünftig. Aber: geboren, um feine Songtexte zu schreiben? Da sind bei Nachtblut leise Zweifel angebracht.

Eine der beliebtesten Manierismus-Varianten in Songtexten ist das paradox erscheinende Spiel mit Widersprüchen. Auch hier machen es Weltstars seit Jahren vor, wie folgende Songtitel und Zitate zeigen: ***It's Hip to Be Square*** **(Huey Lewis and the News), It's okay not to be okay (Jessie J),** ***Bad to Be Good*** **(Poison),** ***Good to Be Bad*** **(Whitesnake), Sometimes the fastest way to get there is to go slow (Tina Dico),** ***Hate That I Love You*** **(Rihanna),** ***Love to Hate You*** **(Erasure).** Und gerade das mit dem Lieben und Hassen findet auch in deutschsprachigen Lyrics Anklang.

Dass da tatsächlich eine in sich widersprüchliche Konstellation vorliegt, unterstreicht Rapper **Silla**, wenn er **2011** reimt: **Ich glaube, es ist besser, ich lasse dich in Frieden. / Es klingt paradox, doch ich hasse, dich zu lieben!** ***Ich hasse dich zu lieben***, so lautet natürlich der Songtitel, und den haben auch die Crossoverrocker von **Hämatom** für ihre deprimierende Beschreibung einer kaputten Liebe gewählt. Im etwas wilderen, aber grundsätzlich in dieselbe Richtung zielenden Stück aus dem Jahr **2018** heißt es: **Würd' so gern gemeinsam fliegen, / Doch uns're Flügel stehen in Flammen. // Und dieses stürmische Feuer / frisst mich immer weiter auf. // Ich hasse, hasse, hasse, dich zu lieben. / Über uns geht nie die Sonne auf.**

Und wenn wir schon bei einer härteren Gangart sind: Die umstrittene Südtiroler Band **Frei.Wild** hat seit jeher einen Hang zum Pathetisch-Martialischen. So gibt sie auch der Liebe-Hass-Verstrickung einen ganz besonderen Anstrich. Im Song ***Die Liebe, mich zu hassen*** heißt es **2019** wenig gefühlvoll: **Monströse Scheiben brechen irgendwann zu Scherben. / Sah Krieger am Boden, sah Helden in Särgen. / Stockholm-Syndrom mal Pi, mal hoch zum Quadrat. / Die Liebe zu hassen, hat die Sinne gegart. / Schreie vom Beichtstuhl im Herzen, im Geist. / Absolution, weil du es einfach nicht weißt. // Die Liebe, die Liebe, / Es ist die Liebe, mich zu hassen. / Die Liebe, die Liebe, zieh mich durch den Dreck / Wie einen Mörder durch Straßen. / Die Liebe, die Liebe, es ist die Liebe, mich zu hassen.** In dieser gewöhnungsbedürftigen Stadionpunknummer fällt neben all den brachialen Bildern die salopp dahergegrölte Andeutung auf, überführte Schwerkriminelle würden standardmäßig durch die Straßen geschleift. Ein seltsames Rechtsempfinden, das an *Wo sind sie jetzt?* von Xavas und *Das lass' ich nicht zu* von Xatar und Xavier Naidoo erinnert. Frei.Wild-Songschreiber und -Frontmann Philipp Burger gibt gern das Unschuldslamm, wenn es um die Rechtfertigung seiner Songtexte geht. Aber ganz offensichtlich wurden auch seine Sinne etwas zu lange gegart …

Dieses kleine Kapitel hat mit **Vanessa Mai** begonnen – und es soll auch mit Vanessa Mai enden. Die fesche Schlagerprinzessin leistet ebenfalls einen Beitrag zum lyrischen Spiel mit Widersprüchen. Womöglich inspiriert vom Shakira-und-Rihanna-Hit *Can't Remember to Forget You* (2014) heißt es **2018** im bereits erwähnten Song ***Vergessen, dich zu vergessen***: **Ich hab' mein Versprechen gebrochen / Und schon wieder vergessen, dich zu vergessen. / Denn ich versuche seit Wochen, / Mich daran zu erinnern, dich zu vergessen** … Halleluja! Fürs Protokoll: Ich kann Vanessa Mai hier nur deshalb zitieren, weil ich mir damals gleich nach dem Hören eine Notiz gemacht habe. Ansonsten hätte ich sicher schnell vergessen, mich an Verse wie diese zu erinnern.

Als »MeToo« noch kein Hashtag war
Offener und latenter Sexismus

France Gall, *Ein bisschen Goethe, ein bisschen Bonaparte* (1969)

Arme France Gall – im Lauf ihrer Schlagerkarriere musste sie einiges ertragen. Zum Beispiel Obermacho Serge Gainsbourg, der sie 1966 mit *Les sucettes* einen Song über Oralverkehr singen ließ, ohne dass sie sich dessen bewusst war. Da war sie gerade mal 18. Auch deutsche Songwriter machten die als »süße Unschuld« inszenierte Französin gern zum Objekt von Männerfantasien – so wie Christian Bruhn und Hans Bradtke, die solche Männerfantasien 1969 geschickt in eine weibliche Fantasie vom Traummann verpackten: **Ein bisschen Goethe, ein bisschen Bonaparte, / So soll er ausseh'n, der Mann, auf den ich warte. / Ein bisschen Mut, ein bisschen Geist / Wenn ich nur wüsste, wo er wohnt und wie er heißt.**

Was im ersten Moment charmant und »witzisch« wirkt, verursacht bei genauerem Hinhören Kopfschütteln. France Gall anno 1969 in den Armen eines fiesen Machtmenschen oder eines dichtenden Chauvis, in mittlerem bis gesetzterem Alter? Eine furchtbare Vorstellung! Etwa so, als wollte man heutzutage einer jungen Frau in den Mund legen: »Ein bisschen Söder, ein bisschen Michel Houellebecq, das wär mein Traummann, da wär ich völlig hin und weg.« Man muss es noch einmal sagen: arme France Gall! »Ein bisschen Heine, ein Hauch Jean-Paul Belmondo« wäre damals nicht nur mutiger, sondern auch »ein bisschen« passender gewesen.

Chris Roberts, *Du bist nicht mit Gold zu bezahlen* (1970)

Natürlich sagt man das schon mal, wenn jemand hilft, sich im Alltag unersetzlich macht: »Du bist nicht mit Gold zu bezahlen.« Aber im Kontext eines Liebeslieds? Das Songschreiberduo Georg Buschor und Rolf Arland legte dieses Kompliment an eine

Frau 1970 dem smarten Schlagerinterpreten Chris Roberts in den Mund. Es erschien auf einem Album, dessen Titelsong kennerhaft *Die Maschen der Mädchen* entlarvte. Nicht mit Gold zu bezahlen ist – wer sonst? – **die richtige Frau**, deren Vorzüge hier mal wieder nur sehr oberflächlich umrissen werden: blaue Augen, blondes Haar, rote Lippen, heiße Küsse, **und auch alles andere bei dir ist wunderbar**. Und auch alles andere? Schon klar …

Soll keiner behaupten, die Frau sei hier nur Zeitvertreib, ein hübsches Anhängsel, mit dem sich der Mann schmückt. Oder etwa doch? Sehnsüchtig wartet der Sprecher, dass sein Goldschatz endlich nach Hause kommt, von einer Reise vielleicht oder aus der Kur. **Du hast keine Ahnung, wie ich dich entbehre, / Keinen Kuss am Morgen, kein Kaffee am Bett,** lässt er tief in die Beziehung und in die Aufgabenteilung zwischen Mann und Frau blicken. Um dann zwei echte Knallerverse nachzulegen: **Traurig wirkt der Gummibaum, es ist eine Misere. / Du, du gehst mir ab, denn du bist Superqualität.** Oha! Du gehst mir ab … und: Du bist 1-A-Ware? Glücklich die Frau, auf die auch der Gummibaum sehnsüchtig wartet – und die man, damit bloß kein Kratzer drankommt, womöglich zu den anderen hochwertigen Ausstellungsstücken in die Vitrine stellt. Schon bizarr, was noch vor 50 Jahren textlich möglich war.

Guru Guru, *Woman Drum* (1973)

Spannend oder enervierend? Guru Guru, die Krautrocklegende um den Münchner Schlagzeuger Mani Neumeier, schwankt seit jeher zwischen beiden Polen und ist in der x-ten Besetzung sogar noch heute am Werk. Neben charmanten selbstironischen Experimenten wie dem Antihit *Der Elektrolurch* spielten Guru Guru auch seltsame Stücke wie das mehrteilige *Woman Drum*. In den wenigen Textzeilen, zelebriert in infantilem Antigesang, geht es offenbar um die Freude am Schlagzeugspielen.

Belanglos, könnte man meinen – nur dass die Trommel, die da geschlagen wird, mit einer Frau verglichen wird. Anfangs mag das noch zärtlich klingen, fast wie ein Dialog, etwa in Zeilen wie **Woman drum I touch your skin**, oder **Gonna make your body sound, / Makes me happy all around**. Doch dann heißt es forsch: **I beat you some, I hit you strong / A wobbobaloobang, hit the gong!**, und das hat einen komischen Beigeschmack. Immer feste draufhauen auf die weibliche Trommel, und dann Rock 'n' Roooooooollllll?!

Nein, man möchte Mani Neumeier, diesem bisweilen verpeilt wirkenden Freigeist, nichts Böses unterstellen. Doch wie so viele Hippies muss er hin und wieder schlechtes Zeug geraucht haben. Love, Peace, Deppiness … Fürs Protokoll: Songs über eine männliche Bassdrum, die mal so richtig von einer Frau durchgetreten wird, sind bisher nicht bekannt …

The Scorpions, *Rock Me Like a Hurricane* (1984)

Der internationale Hard- und Heavy-Rock-Zirkus wird von Bands aus dem angloamerikanischen Sprachraum dominiert. Insofern kann man die Leistung der Scorpions gar nicht genug würdigen. Seit mehr als einem halben Jahrhundert gehören die robusten Hannoveraner um Klaus Meine und Rudolf Schenker zur Rockweltspitze, und wie es sich für Urgesteine dieses Kalibers gehört, scheint Aufhören keine Option. Längst stehen die Scorpions für gefühlvolle Powerballaden und rührende Friedensbotschaften, nicht zuletzt wegen ihres Welthits *Wind of Change*, der 1990 erschien und den Status einer Mauerfallhymne erlangte. Und natürlich singen sie auch mal von Alltagsdingen. Einen Großteil des Scorpions-Œuvres machen jedoch erotisch aufgeladene Abgehnummern aus, echte Cockrock-Gassenhauer. Es ist das ewige Dilemma: coole, nette Typen und mitreißende Musik, doch die Texte hochnotpeinlich, zum Davonlaufen. Oder klingt es auch nur annähernd liebenswert, wenn das Rockstar-Song-Ich im Superhit *Rock You Like a Hurricane* morgens aufwacht, seinem nervenden Groupie-›Kätzchen‹, der ›nimmersatten Schlampe‹, wortverspielt noch ein paar ›sündige Zentimeter‹

verpasst und sich dann auf den Rest der Tour vorbereitet? **My cat is purring, it scratches my skin, / So what is wrong with another sin? // The bitch is hungry, she needs to tell, / So give her inches and feed her well.** Putzig auch die unbeholfen gereimten Bilder vom schreienden Körper und der eingesperrten Lust, die nun stürmisch befreit werden müsse, am besten mit einer rasch aus dem Kostenlos-Angebot herausgepickten Dame: **My body is burning, it starts to shout, / Desire is coming, it breaks out loud. / Lust is in cages 'til storm breaks loose, / Just have to make it with someone I choose.** Schließlich wartet auch dieser Hit mit der typischen Anspielung auf den Bandnamen auf, allerdings eher unbeholfen verknüpft mit dem Bild eines reißenden Wolfs: **The night is calling, I have to go, / The wolf is hungry, he runs the show. / He's licking his lips, he's ready to win, / On the hunt tonight for love at first sting.** Ja reicht denn der hungrige Wolf nicht als Metapher für das hochpotente Tier im Manne? Ihm für die ›Liebe auf den ersten Stich‹ auch noch den Stachel eines Skorpions zu verpassen, das klingt nach missglückten Genexperimenten – oder als würde sich die Banane zur Abwechslung als Gurke verkleiden.

Schon 1976 hatten die Scorpions mit ***Virgin Killer*** einen kryptisch-ambivalenten Song voll sexualisierter Gewaltmetaphorik herausgebracht – und letztlich schien es dabei nur um den erotischen Kick zu gehen: um die unbeholfen bemühte, aber immer wieder »prick«-elnde Männerfantasie der bedrängten Unschuld‹. ***Lovedrive***, der Titelsong des 1979er Scorpions-Albums beschreibt einen Blowjob vor der malerischen Kulisse Londons, ***Don't Make No Promises (Your Body Can't Keep)*** aus dem Jahr 1980 bedient einen Misogynie-Standard des Hardrock-Genres: die nur scheinbar attraktive Frau, die sich bei Tuchfühlung als aufwendig zurechtgestylt erweist und dafür hämisch belächelt wird.

Nein, »richtige« Frauen steigen bei den Scorpions als personifizierte Höschen und weißes Fleisch verführerisch eine Treppe herunter, so wie in ***Freshly Squeezed*** (›Frisch gepresst‹) vom 1999er Album *Eye II Eye*: **A G-string is looking for a pilot, /**

White flesh is coming down the stairs again. Oder sie erweisen sich, wie **2015** in ***Catch Your Luck and Play,*** als ›lüsternes kleines Ausreißerding‹: **I saw her walking to the station, / Up for a ride on the crazy train. / In her eyes I saw a world of passion, / So much lust, so deep inside to be unchained. // Lost my heart for a little runaway, / Full of love and little lies.** Ja, es muss befreit werden, dieses liebesbedürftige, verlogene Stück. Entfernt lässt hier der *Stray Cat Blues* der Rolling Stones grüßen. Dass Meine 2015 schon stramm auf die 70 zuging – wurscht.

Nicht falsch verstehen: Ich bin mit den Scorpions groß geworden und kann noch heute bei einigen ihrer Songs nicht stillsitzen. Aber diese grenzdebilen Gockelposen bis ins »Lüsterner Greis«-Alter bleiben gewöhnungsbedürftig. Dass Meine & Co., die in Interviews sympathisch und vernünftig wirken, 2010 den »Men of the Year«-Award des Männermagazins *GQ* erhielten, war stimmig. Andere Scorpions-Ehrungen aber wie der Eintrag ins Goldene Buch der Stadt Hannover, ein Empfang beim damaligen Präsidenten Gorbatschow oder der Niedersächsische Staatspreis wirken noch immer etwas absurd.

Purple Schulz, *Verliebte Jungs* (1985)

Zur Abwechslung ein Gute-Laune-Song, schwungvoll arrangiert und voller schöner Ideen. Gemeint sind die kleinen Spinner im Songtext, die aus Verliebtheit gegen Laternen laufen, oder die berühmten Lovesong-Zitate in Form eines kleinen Medleys. Ja, auch ich habe seinerzeit fröhlich mitgepfiffen, wenn dieses Lied im Radio lief, und grundsätzlich ist gegen das Stück nichts einzuwenden. Aber den Refrain fand ich schon damals etwas sonderbar: **Verliebte Jungs / Tanzen auf den Straßen, / Reiben ihre Nasen an den Frauen, / Die sich das gefallen lassen. / Verliebte Jungs / Können es nicht lassen, / Diese Frauen manchmal anzufassen.**

Wir halten fest: Es geht nicht etwa um verliebte Paare, die miteinander schmusen, sondern ganz allgemein um Jungs. Und die tun offenbar das, was Jungs tun müssen: fassen Frauen an und reiben an ihnen ihre Nasen. Schon heikel. Und was machen die Frauen? Lassen es sich einfach gefallen. Du liebe Zeit … Wäre der Song in den späten Zweitausendzehnerjahren erschienen, er wäre vermutlich zur Zielscheibe der #MeToo-Bewegung geworden. Denn man muss sich nicht sonderlich anstrengen, um ihm das Feiern sexuell übergriffiger Männer und passiv duldender Frauen zu unterstellen. »Sich etwas gefallen lassen«, das hat etwas unangenehm Defensives, Demütigendes. Und »etwas nicht lassen können«, das hat etwas unverschämt Aggressives, Triebhaftes. Kaum zu glauben, dass diese Wortwahl damals einfach so durchging.

Möglicherweise aber war die Brisanz auch dem Autor unterschwellig bewusst – sonst hätte er nicht in die Refrainfortsetzung noch das Wörtchen »gern« eingebaut: **Verliebte Jungs / Tanzen auf den Straßen mit den Frau'n, / Die sich das gern gefallen lassen.** Nur war das letztlich halbherzig. Jaja, tanzen tun sie gern, die Frauen. Doch ob sie auch das Reiben und das Anfassen gut finden, steht in den Sternen. Vermutlich hat der Songschreiber, der Kölner Rüdiger »Purple« Schulz, das alles nicht so gemeint. Besonders deep allerdings war diese Purple-Nummer nicht.

G. G. Anderson, *Mädchen Mädchen* (1986)

Ekkehard Stein, Siegward Kastning und Gerd Grabowski, so der bürgerliche Name von G. G. Anderson, sind die Schöpfer dieses Hits, der nur oberflächlich beschwingt daherkommt. Denn im tiefsten Innern scheint er ein Anliegen zu haben: dem Publikum ungeahnte Einblicke in die weibliche Psyche zu geben. Tatsächlich fördert *Mädchen Mädchen* Verstörendes zutage. Dass junge Frauen mit Hingabe Urlaubsfotos angucken und gern mit braun gebrannten Jungs flirten, hatten wir schon befürchtet – jetzt sorgte G. G. Anderson für die traurige Gewissheit. Noch beunruhigender war die Erkenntnis: **Alle Mädchen steh'n auf Son-**

nenschein / Und mal ganz ohne was am Strand zu sein. Du meine Güte – dass da der Strand nicht rot wurde!

Nur wenig später waren plötzlich Badeanzüge gefragt: **Mädchen zieh'n sich gern Bikinis an, / Weil man in ihnen besser träumen kann. / Sie gehen mit verklärtem Blick vorbei / Und träumen nur noch von Hawaii.** Ja was waren das doch für eskapistische Tendenzen neurotischen Ausmaßes! Da konnte man froh sein, dass diese Mädchen einfach an einem vorbeigingen und nicht etwa stehen blieben, um Ärger zu machen. *Mädchen Mädchen*, ein Song, der eher Einblicke in die postpubertären Fantasien der männlichen Songwriter als in die weibliche Psyche gab, hielt sich 16 Wochen lang in den deutschen Charts und erreichte damals immerhin Platz 34. Was erstaunlich ist. Denn eigentlich kann man zu diesem Gute-Laune-Desaster nur kopfschüttelnd »Junge, Junge« sagen.

Echt, *Hässlich, wenn sie lacht* (1999)

Das führt direkt zu diesem schlecht gelaunten Song von Echt, jener Flensburger Schülerband, die irgendwann erwachsen wurde und 1999, vier Jahre nach Seligs (»Sie trägt den«) *Arsch einer Göttin*, mit *Du trägst keine Liebe in dir* einen Riesenhit landete. Damals war es offenbar en vogue, schwere Hintern und Gefühlslasten mit sich herumzutragen, und das Publikum belohnte Songs, die dieses Phänomen zelebrierten, mit regem Zuspruch. Der arg pathetisch getextete Titelvers aus *Du trägst keine Liebe in dir* enthielt bereits Elemente einer Abrechnung, die dann in *Hässlich, wenn sie lacht* vom selben Album, *Freischwimmer*, voll zum Tragen kam.

Die Musik ist treibend und spannungsgeladen, beinahe psychedelisch, und der lustvoll genölte Text äußert sich hämisch über eine junge Frau: engelhaft schön, aber scheinheilig, dumm, verwöhnt: **Ja, ja, sie kennt die ganze Welt, / Doch fand nie das, was ihr gefällt. / Vielleicht wird sie's schon morgen finden, / Bis dahin wird sie weiter grinsen.** Der Refrain fasst dann wenig charmant zusammen: **Ja, denn sie ist schön geboren, / Doch nur bis sie den Mund aufmacht. / Denn sie ist hässlich, wenn sie lacht.** Echt jetzt?

Es gibt wohl keine menschliche Regung, die nicht schon in Songlyrics verpackt wurde. Da kann man schon mal über Abneigungen singen. Nur: Was bringt eine eigentlich ganz sympathische junge Band dazu, völlig kontextlos einen solchen Diss-Song rauszuhauen? Kritisches Rollenspiel? Trauriger Kommentar zum lieblosen Umgang Jugendlicher untereinander? Oder einfach nur Spaß am Abkotzen, vielleicht weil der Songwriter mal bei einer Angebeteten nicht zum Zug gekommen ist?

Nein, der Song ist weder grammatikalisch noch in seinen Metaphern problematisch, sieht man mal vom etwas konstruiert wirkenden Kausalzusammenhang zwischen »Mund aufmachen« (sprechen) und »hässlich, wenn sie lacht« ab. Unrund wirkt der Text, weil ihn ein frauenfeindlicher Ton kennzeichnet. Ähnlich wie in *Lemon Tree*, wo der erst so tapsig-bemitleidenswert daherkommende Protagonist plötzlich arschig wird und droht, sich zur Strafe ein anderes weibliches ›Spielzeug‹ zu besorgen. Einst sangen die Beatles *Run for Your Life*, ›Lauf um dein Leben‹, und ließen mit diesen Worten einen eifersüchtigen Wirrkopf seine Geliebte bedrohen: Er sähe sie lieber tot als mit einem anderen Mann. Heftig, keine Frage, und seinerzeit durchaus umstritten – aber eben ein Genresong, comichaft überzeichnet, mit ausrastendem Rollen-Ich. *Hässlich, wenn sie lacht* dagegen ist kein Genresong, und es spricht auch kein klar erkennbares Rollen-Ich, das sich womöglich sogar selbst entlarvt. Das Stück wirkt unangenehm gehässig – Fremdschämen zum Fremdschämen. Wer diese Kritik überzogen findet, lasse sich fragen: *Hässlich, wenn **er** lacht* – hat es jemals *so* einen Song einer Frauenband gegeben?

Kool Savas, *Du schaffst es + 16/1* (2000)

Und damit zum Rapper Kool Savas, der in seinem Kurz-Track *Du schaffst es + 16/1* zu stumpfsinnigem Sextalk einen absurden geografischen Reimbezug herstellt: **Bitch, ich denke mit dem Schwanz und rappe mit den Eiern. / Ich bin dope und ficke Muschis auf direktem Weg nach Bayern.** Au ja, das zeugt von Erfindungsreichtum. Doch bleibt das Ganze letztlich so beliebig, dass man endlos weiterätzen könnte: »Mach' brutal krasse Faxen / bei 'nem Abstecher nach Sachsen«. Oder: »Poliere Fressen / Auf Durchreise in Hessen«.

Dass es bei den Reimen in diesem Track zuvorderst um Provokation geht – darum, mittels »unkorrekter« semantischer Verrenkungen Dinge zu verbinden, die nichts miteinander zu tun haben, unterstreichen sämtliche weitere Verse des Stücks, darunter verbale Prachtstücke wie diese: **Meine Hoes ernähren sich von Sperma auch per Gabel. / Meine Crew und ich, wir hängen ab wie Titten bis zum Nabel / […]. / Was, Hoe, ich jage tighte Bitches mit dem Lasso, / Meine Hoes versichern ihre Pussys vollkasko / […]. / Partner, deine Strategie verwandelt sich zu Lepra, / Ich bin cool und diene Hip-Hop mega wie ein N**** …** Es sind widersinnige »Bettel«-Rhymes, die um Anerkennung buhlen, der »Battle«-Aspekt geht im Gespött unter. Gut möglich, dass Meister Savas ein Karrierefazit mal in Verse wie diese packen muss: »Meine Reime war'n so mies, in Bayern wollten sie mich lynchen. / Die Hoes ham mich verlassen, ich rapp' besser nicht in München.«

»Ich reit' Pipi, Sperma und so weiter« Körperflüssigkeiten tauschen

Mainstream-Pop und Schlager sind die perfekten musikalischen Weichzeichner. Seit Jahrzehnten propagieren sie zuverlässig Bilder einer heilen Welt, klinisch sauber und rasch wieder zu polieren, sollte die Fassade mal einen Kratzer bekommen. So viel Körperlosigkeit und Eskapismus, das konnte ja nicht gutgehen. Und so traten spätestens seit den Sixties rauere Songpoet:innen auf den Plan, um zünftige Gegenbilder zu entwerfen – das Leben so zu skizzieren, wie es wirklich war: anstrengend, schmerzvoll und voller Brüche zwar, doch durchdrungen von der Sehnsucht nach Freiheit und Abenteuer. Aufbruch und Suche statt Alltagstristesse. Amour fou statt »ewig dein«. Echter Sex statt scheuer Küsse – zerwühlte Betten, Alkohol und Zigarettenqualm inklusive. Authentizität eben. Doch man brauchte kein Prophet zu sein, um vorauszusehen: Es geht immer noch authentischer. Und so hören wir heute Songtexte, die ganz tief in die menschliche Erfahrung eindringen, mitunter bis hinunter auf die Säugetierebene. Authentische zwischenmenschliche Erlebnisse in all ihren Facetten auszubreiten, ist ein interessanter ästhetischer Ansatz. Aber wollten wir das wirklich alles so genau wissen?

Marius Müller-Westernhagen, *Tanz mit dem Teufel* (1994)

»Abraham zeugte Isaak. Isaak zeugte Jakob. Jakob zeugte Juda und seine Brüder.« So steht es in der Bibel. Und so ähnlich steht es bei Marius Müller-Westernhagen. Wenn auch in einer deutlich profaneren Variante – und kombiniert mit sperrigen Versen von nicht ganz so poetischer Kraft: **Es war heiß in dieser Nacht, / Heißer als gewohnt. / Wir waren beide aufgewacht, / Wir zeugten einen Sohn.** Yep. Man schreibt das Jahr 1994, und *Affentheater*, Westernhagens 14. Studioalbum, kreist auf die verschiedensten Arten und Weisen um Erotik und Sex. Klamaukig-bizarr in ***Willenlos***, wenn es in größter räumlicher Enge zu erstaunlichen Langstreckenleistungen kommt: **Ihr Name war Carmelita, / Sie war die Schönste im Ort. / Sie brachte Lahme zum Gehen / In ihrem 50er-Ford.** Neckisch-sarkastisch im Liebeskummersong ***Hey Honey***, mit zünftiger Bekenntnislyrik à la: **Der liebe Gott, was soll er machen? / Der findet liebeskranke Hunde nur zum Lachen. / Da kommt vorbei ein teuflisch run-**

der Hintern, / Mich packt die Lust, dem Hintern zuzuzwinkern. Oder eben in biblisch angehauchtem Alltagssprech, so wie in *Tanz mit dem Teufel.* Kaum wird nachts die übliche Zimmertemperatur überschritten, muss man aufwachen und der legendären göttlichen Weisung folgen: »Seid fruchtbar und mehret euch!« Sexuelle Wunderheilungen, frühmorgendliche Spontanzeugungen und Hintern, die mal eben vorbeikommen – so was gibt's nur bei Westernhagen.

Der schmerzfreie Rock-'n'-Roller platziert die episch anmutende Nachwuchsproduktion in einem ansonsten banalen Liebeslied, dessen Sprecher, ein wichtigtuerischer Habenichts (**Hab ich dir schon mal gezeigt, / Wie weit ich spucken kann?**), nicht hundertprozentig weiß, was er von seiner Flamme halten soll: Liebt sie ihn nun so, wie er ist, oder wartet sie nur auf den passenden reichen Macker, mit dem sie endlich durchbrennen und ein Luxusleben führen kann? Das in seinen kleinen Details übertriebene Pathos passt zum liebenswert-großspurigen Deutschrock-Bohemien Westernhagen, dem man auch die plattesten Liedzeilen als lebensnah durchgehen lässt und der irgendwann auf die ambitionierte Idee kam, seiner öffentlichen Erscheinung mit breitkrempigem hellem Hut etwas Dylaneskes zu verleihen.

Gelungen an *Tanz mit dem Teufel* sind das musikalische Arrangement und die Tatsache, dass Westernhagen hier sanft, natürlich und nicht mit gekünstelter Räusper-Reibeisenstimme singt. Wundersam aber bleiben die stilistischen Frontalzusammenstöße auf der Textebene. So crasht ins ungelenk Mythenhafte und in unpersönliche Lovesongklischees wie **Ich weiß nur eins: Ich brauche dich** noch ein aufdringlich wirkendes intimes Detail. Es lautet: **Drück deinen warmen Po / Wie immer an meinen Bauch.** »Deinen warmen Po«? Oje, das klingt ja wie heiße Wurst im weichen Brötchen. Mit Senf obendrauf. Ein lyrischer Fremdkörper, den man sich hätte sparen können. Ganz abgesehen von der hier etwas merkwürdig praktizierten Löffelchenstellung: Ist es nicht Becken an Becken? Oder Becken gegen Schoß?

Die Braut haut ins Auge, *Mein Bett stinkt* (1994)

1994 erschien *Die Braut haut ins Auge*, das bemerkenswerte Debütalbum der gleichnamigen Hamburger Band. Jenseits von angestaubtem Rock-'n'-Roll-Pathos und Gossenromantik, Sex-and-Drugs-Fantasien oder Freiheit-meets-Abenteuer-Kitsch hauten Bernadette Hengst, Peta Devlin, Karen Dennig, Katja Böhm und Barbara Haß nicht nur ins Auge, sondern auch mächtig auf die Kacke. Etwas ziellos, ein bisschen neurotisch, doch stets selbstbewusst und mit viel Humor beleuchteten sie musikalisch ihren Alltag als moderne Großstadtfrauen und gaben dabei auch den Männern Bescheid. Ein origineller Ansatz, der trotzdem hin und wieder selbst dem geneigten Publikum einiges abverlangte.

Der Song *Mein Bett stinkt* beispielsweise rockt sich krachend laut, ja fast schon parodistisch im Glamrock-Stil von T. Rex durch ein unaufgeräumtes Leben und eine gerade beginnende Beziehung, die unglamouröser nicht sein könnte. **Ich glaube, dass mein Bett heut stinkt,** stellt das Song-Ich lapidar fest, **komm lieber nicht mit mir, mein Kind.** Und weiter: **Lass uns lieber draußen schlafen, / Ich will dich nicht mit Gestank bestrafen.** Der furztrockene Refrain bringt es noch einmal auf den Punkt: **Es stinkt!** Na, denkt man sich beim Hören, das kann ja heiter werden.

Es folgen äußerst knappe, aber einfühlsame biografische Infos für die nächtliche Begleitung in spe: **Ich hab' nichts anderes gelernt, / Mein Vater war ein Straßenkehrer.** Und: **Meine Mutter, die arme Sau, / War bloß eine Toilettenfrau.** So, so ... Aber was ist das jetzt genau? Soziologische Studie, grandios verdichtet? Oder bloß eine ideenlose zweite Strophe, weil: Da muss ja eine hin? Auf jeden Fall soll das reichen für das begehrte Gegenüber, das sich – nach einem weiteren **Es stinkt!**-Refrain – entscheiden darf: **Jetzt weißt du alles über mich, / Bestimmt findest du mich ekelig, / Aber ich liebe dich, / Und wenn du erträgst, wie Menschen sind, / Und dass mein Bett stinkt, /**

Dann komm zu mir mit deinem Schmutz. Und schließlich: **Reib dich an mir, mein Schatz.** Wenn das mal kein Angebot ist!

Doch Achtung, kurz vor Schluss wird der Refrain ganz plötzlich noch erweitert, und zwar um die folgenden denkwürdigen Verse: **Es stinkt nach Bier, Urin und Kot, / Nach Sperma, Scheiße, wie der Tod.** Was der Freude keinen Abbruch tut, denn: **Wir fühlen uns gut! So gut!** Erst möchte man den Bräuten noch zurufen: Moment mal, Kot – Scheiße, ist das nicht redundant? Doch dann wehen auch schon die unangenehmsten Gerüche durch die Hirnwindungen …

Hat man den Kopf wieder frei, stellen sich zwei spannende Fragen: Wer spricht eigentlich in diesem Song? Und was wollen die Bräute uns sagen? Erörtern wir die zweite Frage zuerst: Wohlwollend und betont konstruktiv betrachtet, könnte es in *Mein Bett stinkt* darum gehen, dass gerade der Austausch über und die gegenseitige Akzeptanz von Alltagsmief und Körpergeruch eine Verbindung zwischen zwei Liebenden schaffen kann, die inniger und stärker sein wird als eine oberflächliche Bilderbuchliebe, bei der es vor allem um das Wahren einer blitzsauberen Fassade geht. Aber zwingend ist diese Interpretation nicht. Weil erstens ein von Exkrementen und Körperflüssigkeiten besudeltes Bettzeug nicht wirklich realistisch, geschweige denn heimelig anmutet. Und zweitens, weil sich je nachdem, wer hier spricht, noch ganz andere mögliche Deutungen ergeben.

Und damit kommen wir zur ersten Frage: Spricht hier, wie man vermuten würde, eine Frau? Dann könnte der Song der Versuch sein, in Männerköpfen umherspukende Idealbilder von elfengleichen Supermodels zu zerschmettern. Botschaft: Frauen sind auch nur Menschen und bisweilen genauso unaufgeräumt und ungeduscht wie Männer, also hört auf mit der pubertären Verklärung. Vielleicht aber, und das wäre ein wirklich hinterlistiger Kniff, lassen die Bräute in diesem Song gerade einen dieser ungeduschten Männer sprechen: ein Rollen-Ich, das sich selbst entlarvt – der abgefuckte Losertyp, der sich trotzdem für den

Schönsten, Größten hält und glaubt, jede beliebige Frau abschleppen zu können.

2010 übrigens nahm Bernadette Hengst den Song noch einmal auf – im Rahmen des Bandprojekts **Die Zukunft** und mit GUZ von den Aeronauten als Gesangspartner. In dieser sehr »cleanen« Version teilen sich Frau und Mann die Gesangsparts. Dem Internetportal satt.org sagte »La Hengst« damals, die Neuinterpretation klinge »nach zärtlichem Einverständnis, und das ist die eigentliche Aussage des Liedes«.

What?! Zärtliches Einverständnis? In einem zugeschissenen, vollgewichsten, von Pissflecken übersäten Schlaflager? Und das sollen wir glauben? Die Unschärfe bleibt. Sie macht den Song spannend, lässt ihn aber auch im Ungewissen verpuffen. Ein feministischer Impuls ist in jedem Falle spürbar. Schade nur, dass er derart penetrant von Fäkalien überlagert wird. Etwas weniger Urin und Kot wären möglicherweise mehr Botschaft gewesen. Die Nase hört schließlich mit.

Christina Stürmer, *Bus durch London* (2004)

Deutlich unaufgeregter geht es bei der österreichischen Poprockerin Christina Stürmer zu. Zuverlässig wartet sie mit sympathisch-eingängigen Songs auf, die massentauglich ein breites Gefühlsspektrum abdecken – in der Anfangszeit eher frech und gut gelaunt, inzwischen auch mal ernster und gedankenschwer. Doch gerade, wenn es textlich clean und wohlformuliert zugeht, kann eine etwas rauere Anspielung für besondere Irritationen sorgen. So wie in *Bus durch London*, einem flotten Song vom zweiten Stürmer-Album *Soll das wirklich alles sein?*.

Der Text kreist um eine nur scheinbar unbeschwerte Liebe – um einen Dauerflirt, aus dem endlich mehr werden soll. Der Refrain umreißt die Situation: **Wir fahren im Bus durch London, / Wir küssen uns am Eiffelturm. / Wir gondeln durch Venedig, / Und jetzt sag endlich, du liebst mich.** Die Liebenden machen, was Liebende so machen: reisen herum, hängen ab in Parks, übernachten in billigen Hotels. Doch irgendwann geht der Flieger der Sprecherin zurück nach Haus', und ihr wird klar: **So kann's nicht bleiben.**

Das Stück könnte endlos in diesem Stil weiterfließen. Doch dann kommt ein Zwischenteil, in dem es überraschend … *dirty* wird: **Ob auf dem Friedhof oder im Museumsklo / Oder im Bahnhof oder wenn du noch Kondome holen gehst …** Na hoppla, da bleibt man hängen und vergisst beinahe zu hören, wie es weitergeht. Hat die Christina das eben wirklich gesungen? Auf dem Friedhof?! *Im* Klo?! Im Bahnhof?! Beim Kondomeholen?! Es sind seltsame Örtlichkeiten und Erledigungen, die da plötzlich ins Wahrnehmungsfeld rücken. Und völlig unerwartet weht ein strenger Geruch durch die bunte Lover-Touri-Welt.

Ganz sicher soll er die Aufmerksamkeit aufs Wesentliche lenken, nämlich: **Mir ganz egal, Hauptsache, du vergisst nicht / Gänseblümchen pflücken ist nicht alles, was ich von dir will. / Ich glaub, ich will dich wiederseh'n.** Mit anderen Worten: Butter bei die Fische, lieber Parttime-Lover, bekenn' dich endlich zu mir! Ob diese vage Sehnsucht erfüllt wird, bleibt letztlich im Unklaren. Auch weil die zentrale Message – einschließlich ihrer subtilen Unterwanderung durch die einschränkende Phrase »Ich glaub, ich will …« – in Verwesungs- und Toilettenmief zu ersticken droht.

Shindy, *Lieblingslied* (2013)

Klar, Sex ist ein schönes Thema. Aber Sex kann auch peinlich berühren. Zu den Klassikern der Intimpeinlichkeiten gehören die zufällig im Bett überraschten Eltern, die deprimierende In-flagranti-Situation und ungewollt im Internet gelandete Privatvideos. Mindestens genauso peinlich sind Leute, die ständig mit ihren amourösen Abenteuern prahlen müssen, und das in allen Einzelheiten. Menschen, die genug erfüllenden Sex haben, so könnte man meinen, müssen doch nicht andauernd exzessiv darüber reden, oder? Tun sie's doch, lässt das möglicherweise auf Defizite schließen. Sehr böse Menschen nehmen da gern mal das Wort »unterfickt« in den Mund …

Auffällig oft über Sex geredet wird in Hip-Hop-Tracks, und das vor allem von Männern. Rund um die Uhr geben Rapper auf der ganzen Welt einem branchentypischen Überdruck nach und teilen aufgeregt mit, wann und wie oft sie es tun – wie dominant sie vorgehen und welch unfassbare Befriedigung sie ihren Partner:innen verschaffen, in der Regel »bitches«, »hoes« oder Mütter und Schwestern irgendwelcher Rivalen. Dass sie dabei auch entlarvende Details vom Stapel lassen, scheinen sie nicht zu bemerken. Wohlgemerkt: Hier geht es nicht um sogenannten Pornorap – der ist ohnehin häufig indiziert und hat sich spätestens seit 2007 erledigt, als *EMMA*-Herausgeberin Alice Schwarzer einem armseligen Genrerepräsentanten namens Manuel Romeike alias King Orgasmus One in einer TV-Talkshow die Leviten las. Nein, hier geht es um trashigen Sex-Talk und peinliche Rapper-Versuche, romantisch rüberzukommen.

Auftritt Shindy alias Michael Schindler. Gleich auf seinem Debütalbum *NWA* – nicht wie die US-Hip-Hop-Crew N.W.A (Ni**az Wit Attitudes), sondern wie *Nie wieder arbeiten*, haha – versucht er im Song *Lieblingslied* über einem Schmuse-Groove, sich neben ultraharter Gangsta-Attitude von seiner zärtlichen Seite zu zeigen. **Ich will dich zum Sing'n bring'n**, lässt er Julian »Silbenschlucker« Williams als Gaststar gefühlvoll croonen, und mit »zum Sing'n bring'n« wird natürlich nicht auf die Übungsstunde des Kirchenchors angespielt. Zwischen den so betexteten Refrainparts beschreibt Shindys Sprechgesang, wie der Partnerin **die höchsten Töne, die du erreichst,** entlockt werden, und zwar beim Liebesspiel. Erstaunlich viele Verse kreisen in diesem Zusammenhang um die Ausstattung der verführerischen Gespielin, die **kleine Schleifchen auf dem String** trägt und, wie süß, **verpackt wie ein Geschenk** daherkommt, so **als wär es Weihnachten**. High Heels und Dessous sind von Luxusmarken wie Jimmy Choo, Agent Provocateur oder Christian

Louboutin, und den ganzen Schmuck, mit dem sich die Dame behängt hat, soll sie bitte ebenfalls anlassen, das törnt den Loverman offenbar an.

Eindeutig ist der Mann hier der Chef im Ring. Aber auch der Frau wird ein kleines bisschen Macht zugestanden. Warum? Weil sie ihren Körper gezielt einsetzt: **Du weißt genau, was du da tust, Baby** und **Du weißt, wie ich es lieb', wenn du auf schüchtern machst**. Das ist wirklich fair! Vor Rührung ein Taschentuch zücken möchte man, wenn unser verliebter Junge gesteht, was er an der Partnerin so schätzt: **Du bist kein Durchschnitt, Baby, du hast Modelmaße, / Alles andere interessiert mich nicht.** Klare Ansage, Romantik galore! Und was die drum herum geschilderten Praktiken betrifft, wird einiges an Erotik-Trash-Klischees bedient. **Du kriegst 'n Klaps auf deinen Arsch und flüsterst Dankeschön**, jauchzt Shindy und spielt noch einmal neckisch auf sein *tough guy*-Image an: **Gib mir die Handschellen her, hier kommt die Polizei / Schlimme Dinge, die du später bereust.** Mit der Aufforderung **Dreh' die Musik auf, beug' dich über die Couch** und **Ich nehm' dich doggystyle** wird es schon etwas, sagen wir, zupackender. Doch das ist nichts gegen die folgenden zärtlichen Verse: **Ich drück dir meine Hand so fest um den Hals, / Bis du dich stöhnend in das Bettlaken krallst.** Auch wenn wir um diese Details nicht gebeten hatten: toller Typ, dieser Shindy, da kann so mancher Fake-Casanova noch was lernen. Und eine Frau, die derart wertschätzend geliebt wird, kann ja nur ein Glückspilz sein.

Schnipo Schranke, *Pimmelreiter* (2017)

Ohne Die Braut haut ins Auge und Charlotte Roches Roman-Bestseller *Feuchtgebiete* (2008) wären diese beiden wohl nicht zu denken: Daniela Reis und Fritzi Ernst, besser bekannt als Schnipo Schranke. Zwischen 2014 und 2019 trieb das lethargisch schillernde Duo den Braut'schen Ansatz konsequent weiter, thematisierte dabei aber eher menschliche Schwächen, Fettnäpfchen-Erfahrungen und das Gefangensein in gestörten Beziehungen – das Ganze garniert mit besonders unappetitlichen Details. Der Schnipo-Schranke-Soundtrack: eine Lo-Fi-Mischung aus minimalistischer Elektronik, Alleinunterhalter- und Kirmesmusik.

Als gelungene Gratwanderung zwischen Komik, Tragik und Ekeldetails erwies sich das längst zum Szeneklassiker avancierte Schnipo-Stück ***Pisse*** **(2014)**. Die Lyrics? Eine verzweifelt vorwurfsvolle Tirade an das geliebte Gegenüber, für das man sich zur Deppin macht, nur um peinliche Berührtheit und Liebesentzug zu ernten: **Hab meine Fürze angezündet, / 'ne Orgie verkündet / Auf dem Platz der Republik, / [...] Dein Handy mit den Arschbacken gehalten, / Nur um dich zu unterhalten** – so resümiert die Sprecherin ihre Investitionen in die Zweisamkeit, um dann ernüchtert festzustellen: **Dacht', du findest so was komisch, / Seitdem liebst du mich platonisch.**

Die titelgebende Pisse umschmeichelt dann der Refrain, im Rahmen eines etwas umständlichen Gedankengangs. Zunächst scheint es, ähnlich wie in *Mein Bett stinkt* von den Bräuten, um die Erkenntnis zu gehen, dass weniger schöne Begleiterscheinungen des intimen Umgangs miteinander unwichtig werden, wenn man sich nur liebt: **Du hast mir gezeigt, / Dass es egal ist, wenn man liebt, / Schmeckt der Kopf nach Füße und der Genitalbereich nach Pisse / Die Liebe, die macht blind.** Die Schlussverse des Refrains spiegeln innerhalb dieser Logik wohl die Verwunderung der Sprecherin darüber wider, dass sie das abweisende Du noch immer liebt: **Bitte sag mir, wenn das stimmt, / Warum schmeckt's, wenn ich dich küsse, / Untenrum nach Pisse?** Schon derb das Ganze, aber: hat was!

Eher wie der angestrengte Versuch, einen adäquaten Nachfolger zu präsentieren, wirkt dagegen *Pimmelreiter.* Das Stück vom 2017er-Schnipo-Album *Rare* erzählt von den Bevormundungen einer übergriffigen Mutter, von Essstörungen, Kontrollverlust und einer wenig erfüllenden Liebe. Diesmal scheint es die Sprecherin zu sein, die genervt ist, aber ziellos immer weitermacht – während ihr Partner grundlos etwas Tieferes in der Beziehung sieht. Eine spannende Grundkonstellation, die dann aber – gemäß dem Prinzip »Eskalationsschraube anziehen« – überreizt wird. **Den ganzen Tag auf Zalando rumgelungert, / Der Smoothie ist verdunstet, / Die Katze ist verhungert**, so beginnen die verstörenden zentralen Impressionen. Die langgezogen dahingenölten Verse **Die Pizza ans Haus ran, und dann / Geh'n wir nicht mehr raus, Mann** sorgen noch mal für entspanntes Schmunzeln, bevor das Physische endgültig in Bewegung gerät: **Ich muss mit der Pizza kämpfen, / Arbeite an Magenkrämpfen. / Knapp hinterm Arschloch knallt's, / Steck mir zwei Finger in den Hals.** Oha.

Aber geht da vielleicht noch mehr? Klar doch: **Wir existieren, du siehst dich in mir, / Doch ich bin der Pimmelreiter. / Wir existieren in mir, da seh' ich vier. / Ich reit' Pipi, Sperma und so weiter / Und durch knöcheltiefen Eiter.** Hmmm … »Und so weiter« / »Eiter«? Hier dampfen Körperflüssigkeiten und Bazillen ganz offenbar um des schnöden Reimes willen. Und Eiter auch noch »knöcheltief«? Och nö. Danke für die Mühe, Schnipos, aber das habt ihr schon mal besser hinbekommen.

»Als es Donnerstag gedonnert hat …«
Lyrics unter Originalitätsdruck

Geräuschlos arbeiten Songtexte, die einfach nur Klischees bedienen und gängige Versatzstücke neu kombinieren. Unterhaltsam werden sie, wenn sie Klischees und Konventionen fantasievoll variieren. Aufregend schließlich sind sie, wenn sie eigenständige Themen behandeln, einen ganz eigenen Stil kreieren. Doch daneben gibt es Songtexte, die ein kleines bisschen zu viel wollen: die mit Altbekanntem allzu gewagt spielen, das Rad der Songpoesie noch mal neu erfinden. Die Ergebnisse: unbefriedigend. Zumindest befremdlich. Oder doch der Gipfel der Poesie? Es folgen Beispiele, über die man sicher trefflich streiten kann.

Markus, *Kleine Taschenlampe brenn'* (1982)

Ja, sie hatten schon was, die Achtziger- und Neunzigerjahre. Es war Neue-Deutsche-Welle-Zeit, und waren damals nicht alle ein bisschen Bluna? Fans wollten Eisbären sein oder goldene Reiter und sahen überall nur Sternenhimmel. Ungeduldig warteten sie entweder auf ein Taxi nach Paris oder darauf, dass – hurra! – die Schule brennt. Ja, sie sehnten sich auf hohe Berge, lachten über Skandale im Sperrbezirk und verstanden letztlich doch nur Da-Da-Da. Bands wie Fehlfarben und Palais Schaumburg? Waren toll, aber auch arg intellektuell. Kein Wunder, dass *Kleine Taschenlampe brenn'*, dieses zarte Ballädchen von Markus, gefeiert wurde als Magie und Poesie, so leicht und doch mit einem Hauch von Tiefgang. Ein kleiner Prinz, vielleicht sogar *Der kleine Prinz*, kam darin vor, und Markus selbst erzählte, das Lied sei tatsächlich von Antoine de Saint-Exupérys philosophischem Märchen inspiriert. Das alles, versüßt durch Filmpartnerin Nena im Film *Gib Gas – Ich will Spaß*, sorgte dafür, dass diese kleine musikalische Reise dem Publikum noch wertvoller erschien.

Dabei hat *Kleine Taschenlampe brenn'* mit Saint-Exupéry so viel zu tun wie Justin Bieber mit Free Jazz. Und der Songtext erreicht nicht mal das Niveau eines Bilderbuchs für Kinder bis vier Jahre. Womit ich nichts gegen Bilderbücher mit einfachen kurzen Texten sagen möchte. Im Gegenteil: Die können sehr charmant sein. Wenn sie nur eine spannende Idee transportieren und für Kinder schlüssig aufbereitet werden.

Kleine Taschenlampe brenn' aber scheint mir nicht schlüssig. Und auch nicht charmant. Da sitzt ein kleiner Prinz auf seinem Stern, und da lebt ein kleines Mädchen auf der Erde. Sie lieben sich unendlich, keiner weiß, warum. Das klingt niedlich, ist aber deprimierend, wie zwei achtlos dahingeworfene Zeilen suggerieren: **Ja, wir lieben uns nur von der Fern'** und: **Wir lieben einsam, aber wahr.** Die nicht gelingende Beziehung, das ewige Schmachten als wahre Form der Liebe? Das darf doch wohl nicht wahr sein!

Wäre *Kleine Taschenlampe brenn'* ein Bilderbuch, dann würde man darin den kleinen Prinzen sehen, wie er auf einer kleinen Sternenkugel sitzt, **im All die Füße baumeln** lässt, **ein paar Sternchen** pflückt und **Sträuße aus Kometen** bindet. Das All wäre eine Wand oder ein Dach, denn nur auf diese Weise könnte das kleine Mädchen »**Ich lieb' dich« in den Himmel** schreiben. So weit, so schön. Doch schon bald würde das Kind, mit dem man das Buch anschaut, unangenehme Fragen stellen. Und folgender Dialog könnte sich entspinnen:

– Woher kennen sich der Prinz und das Mädchen?
– Na ja, keine Ahnung. Von irgendwoher halt.
– Und wieso ist er ein Prinz?
– Er ist bestimmt der Prinz von seinem Stern … Oder so …
– Aber wieso steht da: **Keine Macht kann uns mehr trennen**, wenn der Prinz da oben und das Mädchen da unten ist?
– Das ist doch ganz einfach: Sie fühlen sich eben miteinander verbunden.
– Aber sie begegnen sich doch nie …
– Is' halt so.
– Das macht mich traurig.
– Oje …
– Und was ist der Prinz: ein Mensch oder ein Stern?
– Wieso fragst du?
– Weil er von **Onkel Mond** und **Cousine Mars** spricht …

Allerdings!, denkt man und wundert sich außerdem, wieso der rote Planet, benannt nach dem römischen Kriegsgott Mars, hier als zärtliche Cousine erscheint. Aber da argumentiert das Kind auch schon weiter:

– Der kleine Prinz kann doch kein Mensch sein, weil er sich ein- und ausschaltet und **in hundert schicken Farben** für das Mädchen glüht. Kannst du dich auch ein- und ausschalten?

Natürlich nicht, antwortet man und räumt innerlich ein, dass sich ein Mensch sehr wohl selbst ausschalten kann, aber das war's dann auch für diesen Menschen. Zu harter Stoff für den kleinen Nachwuchs. Das Kind ist nicht zufrieden und wirkt allmählich gelangweilt. Der Vorschlag, gemeinsam noch in ein anderes Buch zu schauen, stößt auf Zustimmung und Neugier. Und während das aufgeweckte Gegenüber nach dem nächsten Band sucht, blättert man schnell durch die übrigen Seiten von *Kleine Taschenlampe brenn'*. Schon absurd, was da noch alles passiert: Die Mitglieder der Sternenfamilie **halten nachts den Himmel frei**, und man fragt sich: wovon denn? Außerdem muss man über die Behauptung schmunzeln, dass es im Weltall dunkel wird … **Im Universum flüstert man sich zu: / »Der kleine Prinz hat nachts ein Rendezvous«**, liest man weiter – und denkt, dass ein Rendezvous doch mehr sein sollte, als sich gegenseitig stundenlang über zigtausend Kilometer hinweg Leuchtzeichen zu senden. Ganz abgesehen davon, dass es sich im Weltall bestimmt prima flüstern lässt.

Und dann hat man endgültig genug. Denn das alles ist weder Poesie noch Allegorie noch wunderbares Märchen, nicht mal nachlässiges Storytelling: Es ist total verkitschter Murks, total vermurkster Kitsch, da muss man nicht lange fackeln. Apropos fackeln, und das ist der letzte Gedanke zu diesem Song: Wenn schon die kleine Taschenlampe brennt, dann fängt sicher auch der Stern des kleinen Pseudoprinzen bald Feuer.

SNAP!, *Rhythm Is a Dancer* (1992)

Als 2008 die amerikanische Band The Killers die Frage »Are we human, or are we dancer?« in den Raum stellte, ging ein Raunen durch die Musikwelt. Menschen/Tänzer: Was war denn das für eine seltsame Gegenüberstellung? Sind Tänzer etwa keine Menschen? Und hätte das Wörtchen »dancer« nicht noch ein Plural-S spendiert bekommen müssen? Egal, der Song schlug ein und verkaufte sich weltweit unzählige Mal. Ähnlich erging es jenem

Hit des Frankfurter Eurodance-Projekts SNAP!, der 1992 mit der felsenfesten Überzeugung aufwartete: **Rhythm is a dancer**, zu Deutsch: ›Der Rhythmus ist ein Tänzer.‹ Heiliger Plattenkoffer, das war mal eine Ansage! Die Tanzflächen der Welt erbebten und konfrontierten das Partyvolk mit existenziellen Fragen: Wenn der Rhythmus ein Tänzer ist … ist dann die Melodie eine Sängerin? Und der Akkord ein Orchester?

Auf jeden Fall hatten die SNAP!-Masterminds Michael Münzing und Luca Anzilotti (alias Benito Benites und John Virgo Garrett III) mit *Rhythm Is a Dancer* echt einen rausgehauen. Nicht wenige Fans runzelten die Stirn, tanzten aber tapfer weiter. Dabei ging der eigentliche Verbalknaller dieses Hits fast vollständig unter. Er findet sich am Schluss einer Rap-Einlage von SNAP!-Mitglied Turbo B, der über die ebenso einnehmende wie befreiende Kraft des Rhythmus schwadroniert. Die im Grunde harmlose Sprechpassage endet tatsächlich mit den Worten: **If the groove don't get you, the rifle's gonna. / I'm serious as cancer when I say rhythm is a dancer.** Was übersetzt so viel heißt wie: ›Wenn der Groove dich nicht kriegt, dann kriegt dich die Knarre. Ich mein's so ernst wie ein Krebsgeschwür: Der Rhythmus ist ein Tänzer!‹

Really? Na schön, mit der Knarre darf man im Popsong schon mal rumfuchteln, auch wenn das meist etwas bescheuert aussieht. Aber furchtbare Metastasen haben auf der Tanzfläche nichts verloren. Bleibt zu hoffen, dass beim Covern des Songs niemand auf die Idee kommt, den Text an heutige Zeiten anzupassen. Sonst blühen uns noch schlimme Statements wie: »I'm as serious as Corona: The song is a microphone, ah!«

Selig, *Arsch einer Göttin* (1995)

Emotional gebrochen, aber ungebrochen rebellisch: ein Bohemien, befeuert von Alkohol und Drogen, aus einer extremen Beziehung in die nächste stolpernd. So gab sich Selig-Frontmann Jan Plewka, während seine Mitstreiter den passenden Indie-

Grungerock-Soundtrack dazu lieferten. *Arsch einer Göttin* erzählt dramatisch, phasenweise experimentell von wilden Nächten mit einer Femme fatale. Dieses übermenschlich attraktive Wesen treibt das Song-Ich an den Rand des Wahnsinns – und manche Hörer:innen gleich mit …

Und ich kroch auf meiner Seele / Für einen Streifzug ihrer Sinnlichkeit ist so eine dieser Aussagen, die im ersten Moment literarisch verwegen daherkommen, dann aber nach und nach in sich zusammenfallen. Wozu aufwendig die Seele vom Körper lösen und auf der Straße ausrollen, wenn es doch Zahnfleisch gibt, auf dem man demonstrativ kriechen kann? Und was ist Sinnlichkeit, die einen Streifzug unternimmt? War die mit dieser Sinnlichkeit ausgestattete Dame vielleicht gar nicht dabei? Ist sie womöglich daheimgeblieben, während ihre Sinnlichkeit Spaß haben ging?

Am tollsten aber ist die verzweifelt sabbernde Feststellung **Sie trägt den Arsch einer Göttin** – vorgetragen im Anschluss an die triviale Aussage **Egal, ob es regnet, / Egal, ob es schneit**. Also: Egal, ob's regnet oder schneit, sie trägt den Arsch einer Göttin? Allein die Vorstellung, dass jemand sein Hinterteil mit sich herumträgt wie eine Handtasche, provoziert heimliche Lacher. Hoffentlich hat diese Göttin nicht allzu schwer zu tragen. Doch in Verbindung mit dem Gedanken an stürmische Wetterlagen wird es erst recht absurd: als würde unsere Göttin auf das Tragen ihres Arschs bestehen, obwohl sie diesen auch irgendwo abstellen und fröhlich ohne weitermachen könnte – zum Beispiel im Frühling oder im Sommer.

Oh, am andern Morgen / Rotes, rotes Gras lautet eine weitere spektakuläre Phrase aus diesem Song. »Hört, hört«, scheint sie zu schreien, »ich bin hippe, surreale Gossenpoesie!« Musikalisch weiß das Stück sehr wohl zu überzeugen – textlich wirkt es arg überspannt, birgt viel heiße Luft und unfreiwillige Komik. So wie einige andere Lyrics der Band – wir greifen ein weiteres Mal *Ich bin so gefährdet* heraus. Selbes Schema, Amour fou, und beispielsweise diese Beschreibung piekst ins Ohr: **Still und verwe-**

gen, wir blieben liegen, / In der Welt zwischen den Laken des Mai. In der Welt zwischen den Laken des Mai? Ein Bild, das wirkt, als wäre es irgendwo im Nirgendwo ersonnen worden, vielleicht im Ritzenreich zwischen den Matratzen des November, und unbedingt unter Tränen. 2021 spricht Jan Plewka im Interviewmagazin *Galore* plötzlich sehr viel von Ruhe und beteuert im selben Atemzug, dass seine Lieblingsschuhe »immer dreckig und hungrig aussehen«. Als hätte er ein Lehrbuch mit dem Titel *Wie klinge ich interessant?* studiert. Vermutlich sind auch seine Turnschuhe kleine durchtriebene Biester. Schleppt dieser Jan Plewka vielleicht den Arsch eines Blenders mit sich herum? Mit solchen Gedanken würden wir uns nicht mal im Ansatz tragen.

Echt, *2010* (1999)

Hingucker und Hinhörer sind immer wieder überraschende Reime, die mit einem unglamourösen Ortsnamen vollendet werden. Manchmal ergeben sie im Gesamtzusammenhang durchaus Sinn, oft müssen sie aber für einen Effekt um seiner selbst willen herhalten. ***2010*** hieß Ende der Neunziger ein Song der jungen Wilden von Echt, er kreist um einen nicht ganz seltenen Konflikt zwischen zwei Liebenden: *Sie* will Sicherheit, das heißt einen festen Job, eine Hochzeit und eine Familie mit Kindern – *er* aber ist noch nicht so weit und kaum bereit, sich festzulegen. Außerdem sieht er sich als Kreativen, der vielleicht noch eine ungewöhnliche Karriere vor sich hat. Er ist der Sprecher des Songs, rekapituliert die nervigen Beziehungsstreitereien und malt sich seinen zukünftigen Ruhm aus: »Hey, meine Zeit wird kommen im Jahr 2010!« Worauf, in ein aberwitziges Bonmot verpackt, die garstige Reaktion der Partnerin und eine deprimierende Konsequenz der Meinungsverschiedenheit folgen: **Dann gehe doch zum Arbeitsamt / Und oute dich als Künstler. / Sie gaben mir eine Stelle als Friseur / In Neumünster.**

Das ist, klar, erst mal witzig und gibt eine Vorstellung vom biederen Kleinstadtleben, gegen das sich der Sprecher wehrt.

Doch der Gleichklang wirkt arg konstruiert. Denn ein Kreativer, vermutlich ohne Ausbildung, muss keine Stelle als Friseur annehmen. Es wäre nicht nur schädlich für die Kundschaft, sondern würde auch nicht zum rebellischen Credo des Sprechers passen. O-Ton: **Nein, ich will mich nicht festlegen / [...], / Brauch nicht viel zum Überleben.** Künstler? … Neumünster! Dieser kalauernde Reim, dem nebenbei ein unschuldiges Städtchen zum Opfer fällt, war wohl einfach zu verlockend – und es wäre kaum verwunderlich, hätten Echt den gesamten Text nur um ihn herumgestrickt.

Tokio Hotel, *Durch den Monsun* (2005)

Ein Mensch sitzt in einem Zimmer, dessen Fenster sich einst wohl von selbst geöffnet hat – und hat tatsächlich vergessen, für Nachschub an Kerzen zu sorgen … Arg befremdlich, soll aber vorkommen. Prätentiös hingegen wird es, wenn derselbe Mensch ganz lange wartet, bis es draußen endlich stürmt und schüttet, um dann tapfer vor die Tür zu gehen und sich wehklagend durchs Unwetter zu kämpfen. Wer macht denn so was?! Antwort: der Held im Erfolgssong *Durch den Monsun*, vorgetragen von der damaligen Teenieband Tokio Hotel.

Gleich in der ersten Strophe heißt es: **Das Fenster öffnet sich nich' mehr. / Hier drin ist es voll von dir und leer, / Und vor mir geht die letzte Kerze aus. / Ich warte schon 'ne Ewigkeit, / Endlich ist es jetzt so weit: / Da draußen ziehen die schwarzen Wolken auf.** Ah, ja … Und dann geht's los: **Ich muss durch den Monsun, / Hinter die Welt, / Ans Ende der Zeit, / Bis kein Regen mehr fällt, / Gegen den Sturm, / Am Abgrund entlang …** Jesses! Schon der Protagonist des America-Songs *A Horse With No Name*, der sich mir nichts, dir nichts ein Pferd nahm und in die Wüste ritt, hatte ein seltsames Schlechtwetterverhalten an den Tag gelegt: »It felt good to be out of the rain.« Doch unser Monsun-Fighter legt die Latte noch ein ganzes Stück höher. Vom Prätentiösen ins Absurde kippt das Ganze schließlich, wenn er sich nicht nur durch den Monsun kämpft, sondern gleich bis hinter die Welt, ans Ende der Zeit. Dorthin also, wo – seien wir ehrlich – nichts mehr ist, erst recht kein Leben. Der Tod. Das Nirwana. Was bitte hat der junge Mann dort verloren? Offenbar weiß er es selbst nicht, denn gegen Ende des Refrains halluziniert er: **Und wenn ich nich' mehr kann, denk ich daran: / Irgendwann laufen wir zusammen / Durch den Monsun. / Dann wird alles gut.** Also bitte!

Der Monsun steht in diesem Song, wir erinnern uns, für Unwetter und Abgrund, für etwas Schlimmes, Furchterregendes, durch das man sich hindurchkämpfen muss. Nicht umsonst ist später noch einmal von Mächten hinter der Tür die Rede, die es zu besiegen gilt. Wieso hier aber plötzlich ein »Singing in the Rain«-mäßiges »Happy together«-Bild heraufbeschworen wird und beim gemeinsamen Durch-den-Monsun-Spazieren alles gut werden soll? Keine Ahnung.

Ganz offensichtlich sucht der Protagonist nach einem vertrauten Menschen, womöglich nach *der* oder *dem* Geliebten. Doch warum dieser Mensch fort ist und wieso unser Held erst durch das Schietwetter muss, um zu ihm zu gelangen, ist nicht ersichtlich. Wie einfach wäre es gewesen, hätte er sich bei Sonnenschein und einem angenehmen Lüftchen frohgemut auf den Weg zur geliebten Person gemacht, vielleicht in die nächste Stadt, vielleicht auch in ein anderes Land. Dort hätte er seinen Herzensmenschen treffen und bei einem Latte macchiato etwaige Probleme mit ihm besprechen, vielleicht sogar lösen können. Allerdings, so steht zu vermuten, hätte es dann kaum Futter für diesen hochdramatischen Song gegeben.

Zusätzlich emotional wird es, wenn in Poesiealbenmanier von halben Monden fantasiert wird, von Namen, die plötzlich im zum Orkan mutierten Monsun erklingen, von vielsagenden Versprechungen und – Achtung: Tragik an! – vom doppeldeutigen »Dran glauben«: **'N Halber Mond versinkt vor mir. / War der eben noch bei dir? / Und hält er wirklich, was er mir verspricht? / Ich weiß, dass ich dich finden kann. / Hör' deinen**

Namen im Orkan. / Ich glaub', noch mehr dran glauben kann ich nicht. Puh! Zurück auf Anfang: Prätentiös ist, wenn man die Drama Queen gibt und aus dem Nichts ein knallbuntes Plastikgewitterchen heraufbeschwört, um sich anschließend als sterbender Schwan darin zu verlieren.

Blumfeld, *Der Apfelmann* (2006)

Mit Albumtiteln wie *Ich-Maschine*, *L'État et Moi* und *Testament der Angst* sprachen Blumfeld in den Neunzigerjahren einen großen Teil der linksintellektuellen Szene an – Fans und Kritikerköpfe, die mit Punk und anderen unangepassten popmusikalischen Ausdrucksformen nicht nur aufgewachsen, sondern richtiggehend »sozialisiert« worden waren. Und man musste schon irgendwie dazugehören, um diese Hamburger Band wirklich toll und sexy zu finden. Oder aber eine Zeitlang warten, bis sich der ganze diskurslastige Hype um die »Hamburger Schule« gelegt hatte. Dann nämlich erwiesen sich gerade Blumfeld als weitaus zugänglicher, als man immer gedacht hatte, und ließen ein neugieriges Publikum schönen, im besten Sinne gefühlvollen Indierock entdecken: gesellschaftskritisch und politisch, aber ohne dogmatisch daherzukommen. Blumfeld-Songs brachten komplexe Befindlichkeiten junger deutscher Großstädter um die Jahrtausendwende eindrucksvoll auf den Punkt.

Markenzeichen war und blieb der glasklare, perfekt artikulierte Liedermachergesang von Frontmann Jochen Distelmeyer. Eine permanente Irritation, bildete dieser Gesang doch vor allem in den ersten Jahren der Band einen starken Kontrast zu dem rauen Rocksound, den sie produzierte. Im Lauf der Zeit kam die Musik der Stimme entgegen – die nächste Irritation. Denn plötzlich klangen die Hamburger wie softe Singer-Songwriter-Rocker, die manches Mal schon fast am Rand des Schlagerbeckens fischten. Aber eben nur fast: Blumfeld blieben immer unverkennbar Blumfeld. Und schien ein Songtext mal zu sentimental, zu klischeehaft zu geraten, dann retteten ihn ein paar ungewöhnliche, erneut politisch aufgeladene Verse.

Ein letztes Mal irritierten Blumfeld 2006 mit ihrem sechsten und finalen Album, *Verbotene Früchte*. An die gefälligere Musik hatten sich die Fans ja allmählich gewöhnt, doch jetzt waren es die Texte, die schockten. Und das nicht etwa durch die Hinwendung zum Gewalttätigen und Brachialen, zum lautstark Provozierenden, nein, im Gegenteil: durch Affirmation des Lieblichen. Völlig schmerzfrei feierten die neuen Songs das Wunder des Lebens, die Zufälligkeit des Daseins und die Natur mit ihren jahreszeitlichen Erscheinungen, ihren Lebewesen und Pflanzen. *Schnee, April, Tiere um uns, Schmetterlings Gang, Der Fluß* oder *Ich fliege mit Raben*, so lauteten die Titel, deren Versprechen zum Entsetzen von Teilen der Anhänger- und der Rezensentenschaft in den Texten gehalten wurden. Der Albumtitel barg nicht nur einen Hinweis auf das Paradies und auf menschliches Urversagen, sondern schien auch wie ein mutwilliges Programm: *Blumfeld singen jetzt von Obst und Gemüse, und in den Augen vieler Fans ist das bestimmt nicht erlaubt!*

Ein beeindruckender Coup. Doch als der Schock verwunden war, blieben nicht etwa herausragende Songs von transzendenter Qualität, sondern seltsam ziellose, banale Statements, die zum Teil wie aus der Zeit gefallen wirkten, wie mutwillig aufgepopter Krautrock. Vor allem ein Song zog den Zorn und den Spott der Rockwelt auf sich, es war gleich das zweite Stück des Albums: *Der Apfelmann*. Der flockig-leichte Rock-'n'-Roll-Groove ging ja noch. Doch im Text beschrieb Jochen Distelmeyer, oszillierend zwischen Kindergartensprech und naiver Sprachmalerei, die verdienstvolle Tätigkeit eines Obstbauern. Und das alles ohne jede Ironie: **Der Apfelmann in seinem Garten / Hat keine Zeit, sich auszuruh'n. / Er sieht die Apfelbäume warten / Und weiß, es gibt noch viel zu tun. // Bevor die ersten Knospen sprießen, / Umsorgt er Beete, Busch und Strauch, / Und wenn sie in die Höhe schießen, / Dann kümmert er sich darum auch. // Er will für jeden Baum das Beste, / So tut er, was**

er kann. / Er hegt den Stamm und pflegt die Äste // Er ist der Apfelmann.

Das war harter Stoff für eingefleischte Blumfeld-Fans, und nicht nur für sie. Natürlich hätte das der Clou sein können: nach all der Gesellschaftskritik und den komplexen Befindlichkeitsorgien mal den Blick auf die Grundlagen unserer Existenz zu lenken, auf die einfachen Dinge im Leben und auf jene Menschen, deren harte, ehrliche Arbeit unsere Versorgung sichert. Ein Erdungseffekt mit dem Potenzial, einen Perspektivwechsel herbeizuführen und neue Handlungsoptionen zu eröffnen. Doch auf diese einfältige, plumpe Art? Peinlich wirkte die zum Refrain hin gestreckte und dann durch ein Rock-'n'-Roll-Klischee vollendete letzte Strophenzeile: **Er ist ... Er ist der Apfelmann ... Er ist der Apfelmann, Baby!**

Der Apfelmann, BABY!? Wie klang das denn! Um ehrlich zu sein: ziemlich bescheuert – und wenig zwingend. Doch wie ernst es Jochen Distelmeyer mit diesem Unsinn war, unterstrich er durch die akribische Aufzählung obskurster Apfelsorten und durch eine kleine Rezeptempfehlung am Ende: ... **Berlepsch, Melrose, Ida Red / Kannst du mal versuchen / Und Geheimrat Oldenburg / Für den Apfelkuchen.** Darauf einen Tusch und alaaf, helau!

Aber vielleicht kam das Ganze ja doch auch Herrn Distelmeyer etwas spanisch vor. Es wäre eine Erklärung dafür, dass er mittendrin plötzlich so etwas wie Tiefgang aufblitzen ließ – in Form eines Bibelverweises, ergänzt durch Natursymbolik und eine Anspielung auf die Neue-Deutsche-Welle-Band Mythen in Tüten: **Am Samstag fährt er mit dem Wagen / Zum Wochenmarkt in unsere Stadt. / Und wenn die Leute ihn dann fragen, / Zeigt er, was er zu bieten hat. / Es ranken sich so manche Mythen / Von Liebe, Macht, Unsterblichkeit / Um seine Äpfel in den Tüten, / Auch Sündenfall und Fruchtbarkeit.** Doch wirklich gelungen war das nicht. »Auch Sündenfall und Fruchtbarkeit«? Das wirkte dermaßen künstlich in den Text hineinoperiert, so stilbrechend, dass sich die Haare sträubten.

Ich sag's mal so: Die Apfelmänner, die ich persönlich kenne, also die vom Frankfurter Wochenmarkt – die loben meine Wahl (»Des is'n guhde Appel!«), die klagen über das frühe Aufstehen und darüber, dass »de' Vadder heut net dabei sein kann, weil: Er hat Rücken«. Oder sie schimpfen auf den Gemüsehändler da vorn an der Ecke, der mit »Bio« wirbt. Wo doch bei ihnen selbst alles von Natur aus bio ist, »dadefer brauche mer gar nix mache!«. Über die Bibel, Adam und Eva aber hat noch kein Apfelmann mit mir gesprochen, erst recht nicht über meine Fruchtbarkeit. Wär' ja auch noch schöner!

Was Jochen Distelmeyer hier geritten hat, wird man wohl nie erfahren. Genauso gut hätte er einen Song über einen Beerenpflücker machen können, Refrainzeile: »Er ist der Erdbeermann, Sugar!« Oder über einen Imker: »Er ist der Bienenmann, Honey!« Vom Gurkentoni ganz zu schweigen. Die krude Kombination aus Bauernidylle, Kinderbuchsprech und kleinem Bibel-Fingerzeig wirkt jedenfalls sinnlos und beliebig. Das macht den *Apfelmann* zu einem der wurmstichigsten Exemplare unter diesen verbotenen Songfrüchten.

Casper, *Herz aus Holz* (2009)

Der wortgewaltige Deutschamerikaner Benjamin Griffey alias Casper geht lyrisch gern aufs Ganze, riskiert aber auch schon mal, den Bogen zu überspannen. So wie in *Herz aus Holz*, einem Rapsong, in dem es wohl um Suizidgedanken geht. Da wird ein stolzes, goldenes Herz zum Herzen aus Holz und fährt die Klinge zum Arm – der entscheidende Schnitt steht im Raum. Doch mittendrin heißt es plötzlich spektakulär: **[...] ich seh' mich selbst, / Mein Herz, das schlagende Kackding. / Es ruft: »Benjamin, halt die Welt an, ich will abspring'n!«** Vielleicht wollte Casper, dass den Fans angesichts solcher Drastik diese zähfließende Drecksgülle, die man Blut nennt, in den Adern gefriert. Aber das bleibt Wunschdenken. Das schlagende Kackding reißt als unsensibler Stilbruch intensiver Hörende eher aus dem Song heraus, die Tragik verpufft. Etwas mehr Feingefühl hätte man Caspers Hirn schon zugetraut. Denn das ist größtenteils voll aufregender Gedanken – und alles andere als ein textender Scheißklumpen.

Mark Forster, *Bauch und Kopf* (2014)

Der Mensch vollbringt die großartigsten Leistungen, steht kurz davor, das All zu besiedeln, und versteht doch am wenigsten: sich selbst. Was macht die Persönlichkeit eines Menschen aus? Wie definieren sich Ego, Subjekt oder Seele? Kann man etwas davon wie ein Organ oder einen Stoff im menschlichen Körper lokalisieren? Was sind Gefühle? Und welche Rolle spielt bei all dem das Gehirn? Für die einen ist das Hirn das Zentrum, das irgendwo die Persönlichkeit beherbergt, was allerdings impliziert, dass der Körper nur ein lästiges Anhängsel dieses komplexen Organs ist. Für die anderen konstituiert sich die Persönlichkeit, das Ich eines Menschen eher aus seinen Vorprägungen und sämtlichen seiner bisherigen körperlichen und geistigen Erfahrungen: Der Mensch ist schlichtweg das, was er mitbringt und mit all seinen Sinnen, seinem ganzen Körper wahrnimmt, erlebt, mental verarbeitet. Daneben gibt es jede Menge esoterisch gefärbter Annahmen und Theorien, in denen kosmische Energien und göttliche Inspirationen wesentliche Rollen spielen. Doch eine allgemeingültige, verbindliche Erklärung, wer wir sind und wie wir »funktionieren«, ist bis heute nicht gefunden. Das wird wohl auch noch ein Weilchen dauern.

Mitten in dieses anhaltende Selbstfindungwirrwarr platzt Spaßvogel, Allroundtalent und Hitlieferant Mark Forster hinein. Der Titelsong seines 2014 erschienenen Albums *Bauch und Kopf* präsentiert einen Sprecher, der sich an einem Du abarbeitet, das so ganz anders ist als er selbst, nämlich unerschütterlich, organisiert und zielstrebig – in sich gefestigt. Der Sprecher hingegen tut sich schwer mit der Welt, ist ewig auf der Suche und weiß einfach nicht, was er will. Er hadert mit sich, und das klingt nachvollziehbar. Interessant ist aber der Refrain, der fantasievoll den uralten Konflikt zwischen Vernunft und Intuition zu thematisieren versucht, doch letztlich eine aberwitzige Konstellation beschwört: **Bauch sagt zu Kopf Ja, doch Kopf sagt zu Bauch Nein. / Und zwischen den beiden steh' ich.**

Noch mal zum Mitschreiben: »Ich« steht zwischen »Kopf« und »Bauch«? Hm ... Dass das Ich sich des *Verstands* bedient, der immer wieder vom *Bauchgefühl* gestört wird, ist durchaus vorstellbar. In einer solchen begrifflichen Konstellation könnte das Ich tatsächlich zwischen Verstand und Intuition hin- und hergerissen sein. Aber dass das Ego, welches sich ja *auch* im Hirn konstituieren dürfte, irgendwo zwischen Bauch und Kopf im Körper oder in der Gegend herumsteht, ist eine absurde Vorstellung. Zwischen Hirn und Unterleib trifft man eher noch auf das Herz, aber das ergibt wieder eine ganz andere Konstellation.

Das Ich zwischen Bauch und Kopf wirkt hier auch deshalb absurd, weil die Songwriter Daniel Nitt, Mark Ćwiertnia (Forsters bürgerlicher Name) und Ralf Mayer ihr Song-Ich in den Strophen am laufenden Band klare Überlegungen, Entscheidungen und eindeutige Gefühlsäußerungen formulieren lassen: **Das ist nett von dir und ich schätz' das sehr** oder **Ich bin fein damit, ich beneid' dich drum** oder **Halt daran fest, für mich gilt das nicht.** Das Ich fungiert hier also buchstäblich als Chef im Ring, als »Kopf« aller Gefühle und Gedanken. Und wenn irgendwann gegen Ende des Songs – **Hör auf dein Herz so lang, wie das geht** – doch noch das gern als solches gesehene menschliche Gefühlszentrum mit ins Spiel kommt, dann verliert man auf dieser Achterbahnfahrt durch Körper und Geist allmählich die Orientierung. Aber Hauptsache, die charmante Musik wurde mit einem clever anmutenden Text versehen.

Nena, *Jeden Tag* (2015)

Von Aura Diones *I Will Love You Monday* bis *Friday I'm in Love* von The Cure, von Frank Sinatras *Sunday* bis *Die Nacht von Frei-*

tag auf Montag, gesungen von SDP feat. Sido: Das Songuniversum ist voll von mehr oder weniger witzigen lyrischen Spielereien rund um die sieben Tage der Woche. 2021 haben YouNotUs & Michael Schulte mit *Bye Bye Bye* einen eher uninspirierten Beitrag zum Thema geleistet: **Monday's feelin' like it breaks my heart. / On Tuesday thinkin' of a brand-new start. / But Wednesday's bringin' back the memories** – und so fort. In der Regel werden irgendwelche Dinge aufgezählt, die an bestimmten Tagen passieren, und meist wird irgendeine spektakuläre Schlussfolgerung gezogen, von verliebt bis traurig, von schlüpfrig bis absurd. Nur selten wird versucht, mit der Bedeutung und dem Klang der Wochentagsnamen selbst zu spielen, und das aus gutem Grund: Denn solche Versuche gehen meistens schief.

Warum? Weil die Namen der Wochentage nur in wenigen Fällen das bedeuten, was ihr Klang suggeriert. Ja, der Montag hat etwas mit dem Mond zu tun, und der Mittwoch bezeichnet tatsächlich die Wochenmitte. Auch der Sonntag ist wie erwartet der Sonne gewidmet. Aber weder verweist der Dienstag auf den Dienst noch der Donnerstag unmittelbar auf ein Gewitter, auch ist der Freitag kein freier Tag, während der Samstag auf den jüdischen Sabbat zurückgeht.

Insofern klingt es bemüht, wie der Text zu Nenas Liebeslied *Jeden Tag* die Woche durch die Mangel dreht: **Montag flogen wir zum Mond, / Dienstag hatt' ich Dienst, / Mittwoch war ich wieder mittendrin, / Mit dir im Paradies. / Und als es Donnerstag gedonnert hat, / Konnten wir uns nicht seh'n. / Freitag wollt'st du 'n freien Tag, / Und das wollt ich nich' verstehen, / Weil wir Donnerstag nicht zusammen war'n. / Du sagst, wir seh'n uns Samstag, / Woraufhin ich gekontert hab: / Dann bleibst du auch noch Sonntag da.** So, so. Interessant ist, dass hinter diesen kindlich-naiven Versen gleich ein mehrköpfiges Songwritingteam steht – inklusive Nena, Jan van der Toorn, Derek von Krogh, Samy Deluxe alias Herr Sorge und Jan Günther. Nicht minder interessant ist, dass diesem mit geballtem Know-how ausgestatteten Team ausgerechnet zum

Samstag und zum Sonntag nichts Originelles eingefallen ist. Obwohl auf kongeniale Holzhammerweise vielleicht das Sams in den Lyrics hätte vorbeischauen können. Aber egal. Der Refrain unterstreicht noch einmal, worauf das Ganze natürlich hinausläuft: **Montag, Dienstag, Mittwoch, / Donnerstag, Freitag, Samstag, Sonntag / Ich will jeden Tag, / Deine Liebe jeden Tag.**

Damit ist eigentlich schon alles gesagt. Doch weil ein Standardsong mindestens zwei Strophen hat, die sich im Idealfall auch noch unterscheiden, muss das Ganze im nächsten Durchgang variiert werden. Das Ergebnis wirkt – mit platten Reimen oder schwindelerregenden Verskonstruktionen – wieder reichlich angestrengt und in der zweiten Strophenhälfte gar orientierungslos: **Ohne dich war Montag monoton, / Dienstag hat ausgedient, / Noch lange bevor Mitternacht / Als Mittwoch dann erschien. / Und als es Donnerstag gedonnert hat, / Noch lauter als Silvester, / Und ich allein im Bett lag, / Wünschte ich, morgen wär' gestern. // Denn Freitag hatte ich nicht frei, / Das Wochenende auch nicht. / Ich will doch einfach mit dir sein, / Nichts hoffen, denn ich brauch dich.** Mitternacht? Donnerstag? Morgen? Gestern? Wie bitte? Auch dass die Sprecherin, die den Geliebten für sein Fortbleiben kritisiert, ihr Credo »Ich will deine Liebe jeden Tag« selbst nicht einhalten kann, lässt die Argumentation seltsam unausgegoren erscheinen.

Dienstag hatt' ich Dienst? Und Donnerstag hat's schon wieder gedonnert? Der Montag monoton? Die Mitternacht, die als Mittwoch erschien? Da wird einem ja ganz schwindelig … Zumal die Mitternacht, diese Verkleidungskünstlerin, dann jede Nacht als etwas anderes erscheint. Fehlt noch, dass sich ein schläfriges 6 Uhr 59 nur eine Minute später in ein putzmunteres 7 Uhr verwandelt hat. Der Song, der das komplette Programm abspult und irgendwann elektronisch verfremdet auch noch die Wochentagskürzel **MO DI MI DO FR SA SO** herunterbetet, ist ein gutes Beispiel dafür, wie unterschiedlich ein Text in verschiedenen Kontexten wirkt. Nena singt ihn äußerst cool, über schönen Akkordfolgen und einem wunderbaren Groove. Eingebettet in mitreißende Musik flutschen die Lyrics und machen Spaß. Ausschließlich gelesen verlieren sie hingegen ihre Kraft – da wirken sie albern und lieblos. Wie an einem Donnerstag zusammengeschraubt.

Luxuslärm feat. Max Mutzke, *Bis es weh tut* (2016)

Gastsänger Max Mutzke im Duett mit Janine Meyer, Sängerin der Band Luxuslärm aus Iserlohn. Es geht um leere Seelen in leeren Zimmern oder so, wir hören eine »gefühlvolle« Ballade über die Einsamkeit nach dem Beziehungsaus, sie gipfelt in den aufwühlenden Fragen: **Warum spüren wir erst, dass wir leben, / Wenn es weh tut? / Warum wissen wir erst, was wir hatten, / Wenn es weh tut? / Warum riskier'n wir alles, was wir haben, / Bis es weh tut?** Separation business as usual, könnte man sagen. Wenn nicht Max Mutzke in der Rolle des verzweifelten Loners plötzlich tief in die Metaphernkiste greifen und den Text aus dem Gleichgewicht bringen würde: **Lauf wie ferngesteuert rum, / Nur um irgendwas zu tun. / Asche regnet ins Sonar, / Kaltes Schweigen in der Luft. / Es ist die Einsamkeit, die ruft.** Und das ist die volle Poesiebreitseite: goodbye, Verständlichkeit – hello, Bedeutungs-Overkill. Und: hallo, Unsinn …

Wieso? Na, weil man entweder ferngesteuert ist oder aktiv handelt. Planlos selbstverantwortlich rumlaufen und gleichzeitig wie auf ein Ziel hin ferngesteuert? Das funktioniert nicht. Ziellos umherzieh'n, nur um irgendwas zu tun – das wäre gegangen: Hätte aber nicht so spektakulär geklungen wie der Kontrollverlust. Und was soll das mit dem Sonar? Ein Sonar ist doch ein Ortungsgerät, das vor allem unter Wasser eingesetzt wird. Läuft unser Loner als U-Boot ferngesteuert herum? Und auch wenn in U-Booten Brände ausbrechen können: Welche Asche soll da wo hineinregnen? Schon klar: Die Geliebte ist weg und nicht mehr zu orten. Doch um das zu verdeutlichen, hätte es keine flammende U-96-Tiefseemetaphorik gebraucht.

Und man kann die Textstelle noch weiter hinterfragen: Wenn die Geliebte so weit weg ist, dass man sie nicht mal mehr orten kann, dann ist Schweigen ebenfalls nicht ganz passend. Denn Schweigen unterbricht in der Regel ein Gespräch – oder herrscht zwischen Menschen, die sich im selben Raum befinden. Etwas wie Funkstille hätte hier besser gepasst, und man wäre sogar noch im Bild geblieben. Zu guter Letzt: Schweigen, erst recht, wenn sich nur ein einzelner Mensch im Raum befindet, bedeutet, dass da nichts ist. Kann so ein Nichts richtig kalt sein, geschweige denn in der Luft liegen? Kann Einsamkeit laut rufen?

Träume kommen langsam und gehen oft zu schnell, / Du siehst das Glück von hinten im Rückspiegel, hauen sich die beiden Getrennten dann noch ein schickes Abschiedsbild um die Ohren, gefolgt von der neunmalklugen Drohung: **Spar dir deine Tränen, du wirst sie noch brauchen.** Hier hat möglicherweise Chers Hit *Save Up All Your Tears* (1991) Pate gestanden. Doch während das Bild der aufgesparten Tränen im Cher-Song plausibel war, weil einem schon immer herzlosen, gefühlskalten Macker prophezeit wurde, dass er früher oder später doch einmal weinen würde, ergibt es bei Luxuslärm und Max Mutzke nicht wirklich Sinn. Wofür sollen die Trennungsgeschädigten im Song ihre Tränen aufsparen, wenn doch jetzt schon für beide alles zum Heulen und der ganze Song ein einziges Geflenne ist? Will man noch einen Rosenkrieg anzetteln? Eventuell vor Gericht gehen? Und: Haben Menschen nur eine begrenzte Menge an Augenflüssigkeit im Tank, weshalb sie schon sehr genau planen müssen, wann im Leben sie warum wie viele Tränchen vergießen? Fragen über Fragen, denen man boshaft eine letzte hinzufügen könnte: Warum spür'n wir nicht, wenn wir texten, dass es weh tut?

»… auf den nuklearen Winter und die harte Zeit dahinter« Schweres Poesiegeschütz

Drei Songs, die den vielzitierten Krieg der Geschlechter allzu wörtlich nehmen. Und zwei Betroffenheitsstücke, die es mit der Drastik etwas übertreiben.

Wolfgang Petry, *Verlieben, verloren, vergessen, verzeih'n* (1991)

Sicher können Liebende mit ABBA in Anspielung auf Napoleon ihr persönliches Waterloo erleben. Doch wenn Wolfgang Petry in seinem Megahit *Verlieben, verloren, vergessen, verzeih'n* das Ende des Zweiten Weltkriegs, die bedingungslose Kapitulation und den Zusammenbruch des NS-Staates anklingen lässt, dann ist das schon starker Tobak. **Du gingst von mir in einer Stunde, / Es war die Stunde null**, so fängt der Text an, um reichlich unbeholfen fortzufahren: **Ich hatte meinen Tiefpunkt, / Du nahmst mir vieles krumm** … Nein, die historische »Stunde null« hat in einem Herzschmerz-Schlager, in dem eine gekränkte Frau ihrem Ex so einiges nicht verzeiht, nichts zu suchen. Da können noch so viele Wolle-Fans euphorisch mitklatschen.

Fury in the Slaughterhouse, *Friendly Fire* (1993)

Fury in the Slaughterhouse gehören zu den beliebtesten deutschen Bands. Die wackeren Hannoveraner, die 2021 ihr erstes Studioalbum nach 13 Jahren Pause veröffentlichten, stehen für gefühlvollen Indierock und sind nicht nur in der Heimat, sondern auch europaweit erfolgreich. Da trifft es sich gut, dass sie auf Englisch singen. Einerseits lässt sie das internationaler klingen, andererseits hören Fans nicht mehr so genau hin. Und überhören so wohl auch die donnernde Kriegsmetaphorik, die 1993 den Song *Friendly Fire* vom sehr erfolgreichen vierten Studioalbum *Mono* überfrachtet.

Das eigentlich sentimentale, fast schon rockballadige Stück beschreibt eine zerstörerische Beziehung, eine Art Hassliebe, in der das Song-Ich der schwächere Part zu sein scheint. Er ist der Dummkopf, der sich immer wieder seiner Königin ergibt und die ihm im Gegenzug sowohl das Herz als auch das Genick bricht. Aber hat er dann nicht endlich mal die Nase voll? Nein! Er träumt sogar davon, in ihrem freundlichen Feuer zu sterben – so bezeichnet man die Angriffe von militärischen Einsatzkräften, die versehentlich auf die eigenen Leute schießen: **I'm your fool and you're my queen, / The one that I admire. / Well, we've reached the top, and don't look back, / You took my heart and broke my neck. / Ooh, how I desire / To die in your friendly fire.**

So weit, so unerquicklich, möchte man sagen, aber gut: Wenn's die Liebenden so haben wollen ... Doch dann ziehen die Furys die Schraube noch einmal an, und dieses Mal für meinen Geschmack einen Tick zu weit: **Well, I want you, girl, and that's all I want. / I'll be the blitzkrieg tank at your bedroom front. / And I'll roll over your landmines.** Auweia.

»Blitzkrieg«, haben sie das wirklich gesungen? Der Begriff verursacht Unbehagen. Er meint in erster Linie den völkerrechtswidrigen Überfall auf Polen durch die deutsche Wehrmacht zu Beginn des Zweiten Weltkriegs. Weshalb ein Blitzkriegpanzer auch nicht in einem traurigen Lovesong auffahren sollte, erst recht nicht an der heimischen Schlafzimmerfront. Man kann ja verstehen, dass das Ich des Songs emotional etwas durcheinander ist. Aber es besteht wirklich kein Grund für ihn, auch noch über Landminen der Partnerin zu rollen. Ein Glück für die Furys, dass es den Song bis heute nicht in der Luft zerrissen hat ...

Poems for Lalla, *Cold World* (1994)

Leonard Cohen, Bob Dylan, Henry Miller, Charles Bukowski, Jack Kerouac, Nick Cave – die Songs und Romane dieser literarischen Hochkaräter sind bevölkert von Aussteigern, Träumern und Visionären, von Säufern und Junkies, gefallenen Engeln aller Art. Sie spielen in den finsteren Ecken, gern in den Rotlichtbezirken der Stadt, erzählen von neurotischen Beziehungen, von Rausch und Verlust, von Euphorie und tiefstem Leiden, von Zärtlichkeit und roher Gewalt. Und so herzzerreißend es in diesen wilden Welten auch zugehen mag, stets sind sie der Welt des Establishments vorzuziehen – jener Welt, die Individuen mit ihrer aalglatten Fassade, ihrer bigotten Moral, ihrem Zwang zur Anpassung, ihrem Gesinnungs- und Leistungsdruck zu erdrücken droht.

Irgendwo in dieser Tradition sieht sich wohl auch der gebürtige Weißrusse Nikolai Tomás. Mit seinem Berliner Bandprojekt Poems for Laila kultiviert der rastlose Exzentriker seit den späten Achtzigerjahren einen düster-romantischen Folkrock mit starkem osteuropäischem Einschlag, der von Sehnsucht und Verlangen, von Einsamkeit und gescheiterter Liebe, vom Kampf gegen die Windmühlen einer profitorientierten Leistungsgesellschaft und für eine bessere Welt erzählt.

Es liegt aber fast schon in der Natur der Sache, dass die Welt, wie sie ist, dabei manchmal arg plakativ dargestellt wird. So wie in *Cold World*, einem angesichts des düsteren Themas überraschend beschwingten Song vom 1994er Album *I Shot the Moon*. Über einem dylanesken Countryrock-Groove beschwört Tomás mit sarkastischem Unterton drastische Bilder herauf – zum Beispiel gleich in den ersten Versen ein paar Kinder, die offenbar unter einer vom Baum hängenden Leiche mit Murmeln spielen: **There's a body hanging on a summery tree / Since before the last rainy day / Some kids are playing marbles / Right beyond its rocking feet.** Es ist ein überharter Einstieg in einen melancholischen Neunzigerjahre-Popsong, der wenig elegant den erschütternden Klassiker *Strange Fruit* von Billie Holiday anklingen lässt, egal ob gewollt oder ungewollt. Was an Lynchmorde des Ku-Klux-Klans oder an Szenen aus politisch instabilen Ländern erinnert, will nicht recht passen zur späteren Gegenüberstellung von einem Junkie, der schon mehrere Rückfälle hatte, und einer Kaninchen speisenden modernen jungen Frau, die von einer großen Karriere träumt: **The junky got his third relapse / The fourth one's very near / A modern rabbit eating girl / Conjures up her great career.** Und diese Bilder von harten großstädtischen Gegensätzen wollen wiederum nicht passen zu dem eher albernen Blick in leere chinesische Restaurants, in denen eine zerkratzte Buddhafigur über ein paar ausgefranste Begonien spottet: **Empty chairs in empty Chinese restaurants / And a buddha with scars all over his face / Who gives a nasty sneer to some frayed begonias / Trembling on a dusty window board.**

Offenbar gefällt sich Nikolai Tomás in großen Gesten, bizarren Bildern und der Irritation des Publikums. Dass es dabei auch um ihn selbst geht, darf vermutet werden, wenn das Song-Ich mittendrin von vor sich hin klimpernden Musikern erzählt und wehleidig festhält: **But no-one thinks about me.** Dennoch versucht der Song, einen anderen Eindruck zu vermitteln: nämlich den, dass all die merkwürdigen Sprachbilder etwas mit der kaltherzigen Welt zu tun haben müssen, die der Sprecher im Refrain so eindringlich beklagt und trotzdem nicht mehr verlassen will: **It's a cold world / But I don't wanna leave it anymore.** Verwirrend ist das allemal – plagten das Song-Ich einst Suizidgedanken? Aber noch bevor man sich darauf einen Reim machen kann, schreit Tomás eine Bemerkung über Frauen im Umfeld des Sprechers heraus, die – es geht um Sex ohne Küssen – auf Prostitution, zumindest auf seltsame, lieblose, ungesunde Beziehungskonstellationen schließen lässt: **Your mother fucks without a kiss / Your sister does the same.** Welche Rolle der Sprecher in diesem emotionalen Chaos spielt und welchen Anteil er selbst an der Kaltherzigkeit der Welt hat, wird nicht offensichtlich, soll wohl auch offenbleiben. Es ist eine unausgegorene Drastik-Schmerz-Zerrissenheit-Collage – emotionale Tiefe kommt so nicht auf.

Zehn Jahre später sang Tomás auch mal auf Deutsch und ließ zum Beispiel das Ich des Songs ***Umgestalten*** davon träumen, egoistische **Rentnerkämpfer** im Aldi-Markt, yuppiehafte **Frühstücksterroristen** und nervige **Solomütter** samt ihren schreienden Bälgern **mit dem Schlachtermesser** zu massakrieren. Auch hier blieb letztlich unklar, worauf das Ganze hinauslaufen sollte: Satire oder ernst gemeinte, drastisch zugespitzte Fantasie? Zwischen all die schönen, anregenden Poems-for-Laila-Stücke hat Tomás immer wieder aufgesetzt krasse Songs wie *Umgestalten* und *Cold World* platziert, die einen wehmütig denken lassen: Das haben Cohen und Dylan, Miller und Bukowski, Kerouac, Cave & Co. runder und glaubwürdiger hinbekommen.

Christina Stürmer, *Reine Nebensache* (2006)

– Sag, wann hast du wieder mal Zeit für ein Treffen?
– Ach, im Moment sieht's schlecht aus. Aber vielleicht neben dem nächsten Frühling. Oder spätestens hinterm Sommer.

Hä? Ein sprachlich kaputter Dialog wie dieser ist nur vorstellbar, wenn man *Reine Nebensache* vom dritten Christina-Stürmer-Album *Lebe lauter* kennt. Der Songwriter, Tobias Röger, ist eigentlich Profi, er hat auch für Udo Lindenberg, Wolfgang Petry und Helene Fischer geschrieben. Doch hier, in diesem traurigen Song über eine zerfahrene Beziehung, ist er offenbar nicht ganz auf der Höhe seiner Kunst.

Die Strophen enthalten zum Beispiel unfreiwillig komische Verse wie diese: **Wir liegen wie erschlagen in unserem Leergut rum. / Der stürmende Beifall, / Die Ovationen des Pfandregals als unser Zielpublikum.** Schnelle Frage, bitte antworten, ohne nachzudenken: Wer hat schon mal in seinem Leergut rumgelegen und die Ovationen des Pfandregals entgegengenommen? Ich jedenfalls nicht. Doch endgültig entgleisen Herrn Röger die Lyrics, wenn das Song-Ich verzweifelt insistiert: **Ich will alles oder gar nichts, / Und noch ein kleines bisschen wart ich / Auf die Stunde, die Sekunde, dann geht das alles hier zugrunde** und, Obacht, **Auf den nuklearen Winter / Und**

die harte Zeit dahinter. / Ich will leben und nicht reine Nebensache sein. Wow!

Da ist sie, die grammatikalisch völlig verkorkste Zeile mit der »harten Zeit hinter dem Winter«. Was allerdings genauso irritiert, ist die Andeutung eines tödlichen Konflikts mit Vernichtungswaffen. Hallooo?!, möchte man die unglücklich Liebenden beschwichtigen: Eure Beziehung mag ja in Scherben liegen, und das ist wirklich schrecklich. Aber ihr habt doch keine Atombomben aufeinander geworfen, also bitte! Ein solcher Vergleich verbietet sich schon mit Blick auf die furchtbaren Erfahrungen aus der Geschichte. Beeindruckend ist jedoch die unerschütterlich feste Stimme, mit der Christina Stürmer diesen Schmarrn vorträgt – und den Song tatsächlich noch über die Ziellinie rettet.

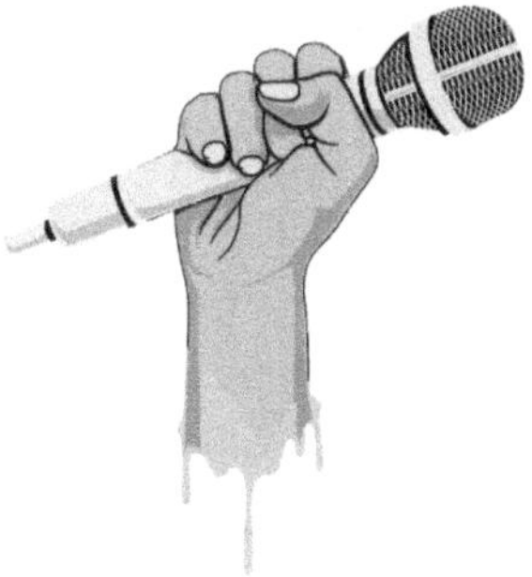

III. Pimp my Lyrics

Helden der Extrempoesie

Stars aus der Heimat, wir können nicht ohne sie. Wir feiern sie, wir kritisieren sie, und doch bestimmen sie unseren Alltag, stiften Identität. Das wird etwa dann schlagartig bewusst, wenn man im Ausland unterwegs ist und plötzlich zwischen all den andersartigen Klängen einen Hit aus Deutschland hört. Man muss die Menschen, die da singen und spielen, nicht besonders mögen – trotzdem erklingt ein bisschen Zuhause. Allein die Erinnerung an die gewohnte Umgebung und die Fantasie, hier in der Fremde Adressat dieses Songs zu sein, schaffen ein gutes Gefühl.

Das heißt nicht, dass unsere Stars Narrenfreiheit genießen. Erst recht nicht, wenn sie gleich in mehreren Songs unorthodox texten und damit gewissermaßen als Serientäter:innen agieren. Mit dem einen oder der anderen möchte man da – bei aller grundsätzlichen Zugewandtheit – schon ein Wörtchen reden, um der eigenen Irritation über schräge Lyrics Ausdruck zu verleihen. Dass es dabei auch mal zu heftigem Kopfschütteln kommt, muss gestattet sein.

Der Wendler
Schlager am Abgrund

Würde man den perfekten Schlagerparodisten suchen, man käme an Michael Wendler nicht vorbei. Vom treudoofen Augenaufschlag bis zum besonders nachdenklichen Blick, von den betont lässigen Sunnyboy-Klamotten bis zum »angerockten« Video- und Bühnen-Gepose, vom extrem weichgespülten Gassenhauer-Beat bis zu den auffällig synthetischen Arrangements – alles beim Wendler ist den einen Tick überzogen und ins Trashige gewendet, der die Mechanismen des Genres subtil entlarvt. Nur: Michael Wendler ist kein Parodist. Was er macht, ist sein voller Ernst. Und das hat ihn über die Jahre trotz erstaunlich großer Fangemeinde in vielen Augen zur tragischen Figur werden lassen.

Hinzu kommt: Michael Wendler ist jener »Mr. Peinlich«, der 2020 monatelang wegen seines Liebeslebens durch die Boulevardmedien geisterte und sich am Ende durch unerwartete verschwörungstheoretische Einlassungen ins Reputations-Nirwana katapultierte. Fast müßig zu sagen, dass der unfreiwillige Komiker auch songlyrisch gern ins Fettnäpfchen tritt. Man muss gar nicht kleinlich auf die Suche gehen, um in einigen seiner Hits Formulierungen, Beschreibungen und Bilder der Marke »Knapp vorbei ist auch daneben« zu finden. Manches springt einen geradezu an.

So wie in ***Nina*** **(2008)**, einem flotten Song über Eifersucht. Die Frau aus dem Titel ist offenbar fremdgegangen, jetzt will ihr Lover sie nach einer schlaflosen Nacht zur Rede stellen – wobei auch der fahrbare Untersatz ein Wörtchen mitreden will: **Ich rase auf der Autobahn, / Selbst mein Motorrad will zu dir**, deliriert er los. **Überholverbot? Interessiert mich nicht, / Auch wenn ich sterbe jetzt und hier.** Ja was denn nun: Sehnsucht und das Bedürfnis nach einer Aussprache? Oder gleichgültig in den Tod? Logik scheint den Gehörnten nicht zu interessieren, so wie auch Ursache und Wirkung bei ihm in keinem angemessenen Verhältnis zueinander stehen wollen: **Ich steh wieder in Flammen, / Und ich brenne, und das schmerzt auf meiner Haut.** Wo andere Menschen Höllenqualen leiden, zwickt's den Wendler im Feuer grad' ein bisschen an der Oberfläche? Toller Typ!

Tragisch daneben auch der Song ***Echolot*** **(2008)**, in dem ein sehnsüchtig Liebender seine Verflossene sucht. Da werden die Segel nicht gesetzt, sondern *an*gesetzt, da liegt der Gebeutelte brach, behandelt die Wüsten mit einem Kamm und sucht die Traumfrau sogar auf dem unbelebten Erdtrabanten. Nicht zu glauben? Hier ein O-Ton: **Siehst du das Schiff dort im Ozean? / Es setzt nie wieder die Segel an. / So wie das Wrack lieg ich brach vor dir / Vor deinem Bild, / Da lieg, lieg, liege ich hier. / Ich kämmte die Wüsten dieser Welt, / Bestieg alle Berge bis zum Himmelszelt, / Schaute sogar bis auf den Mond, / Ob du da wohnst.**

Zumindest dem Publikum wird schnell klar, warum der Schmachtende die Gesuchte nicht findet: Er scheint nicht alle Sinne beieinanderzuhaben. Und benutzt ein Echolot, ein in der Schifffahrt verwendetes Instrument, das ihm vor allem in der Wüste und im Universum kaum eine Hilfe sein dürfte. Zudem haben ihm unbekannte Mächte, aus welchem Grund auch immer, das Suchen untersagt: **Echolot – ich such dich mit dem Echolot. / Ich habe schon Nord-, Ost-, Süd- und Westverbot, / Doch ich such dich mit dem Echolot.** Das klingt nach einem Gott aus der Maschine – nur dass der Wendler offenbar das Prinzip nicht verstanden hat: »Deus ex machina« bezeichnet die völlig überraschende Lösung einer scheinbar aussichtslosen Situation oder eines Konflikts. In diesem Song aber macht irgendeine nicht näher beschriebene Kraft alles nur noch schlimmer. Bei so viel Missgeschick wird's für das Song-Ich wohl auf ewig bei der albernsten Textzeile des Stücks bleiben, sie wurde eben schon zitiert: »Vor deinem Bild, da lieg, lieg, liege ich hier …«

In ***Einer liebt immer mehr*** **(2019)** beschreibt dann ein Verliebter nichts weniger als das Gefühl des Verliebtseins. Wobei anklingt, dass diese Liebe nicht mit derselben Intensität erwidert wird. Soll vorkommen und ist immer wieder einen Schlager wert. Doch was macht der Wendler? Wechselt im Gefühlschaos unmotiviert zwischen »ich« und »man«, ergeht sich in grotesken Beschreibungen und sorgt für grammatikalische Verwirrung: **Es kommt mir irgendwie vor, / Als wär' mein Kopf voll verdreht. / Hab dieses Kribbeln im Bauch / Und sich der Boden bewegt, / Wenn man liebt, / Wenn man liebt, / Wenn man liebt.** Ja, ich habe auch immer Flugzeuge im Bauch, wenn man jemanden gernhat. Aber es kommt noch schöner. Denn dem völlig Zerstreuten unterlaufen buchstäbliche Geschmacksverirrungen, wie man sie auch nicht in jedem Schlager findet: **Ich weiß nicht, ist das normal, / Wenn man gar nichts mehr checkt? / Wenn selbst die Pizza vor mir / So wie Altpapier schmeckt?** Und das, wo doch alles ganz wunderbar schmecken sollte, wenn man liebt – oder nicht? Trockener Kommentar einer

Userin auf Youtube: »Wenn deine Pizza nach Altpapier schmeckt, solltest du den Karton vielleicht nicht mitessen.« **Ich gebe dir alles / Und schenke dir mich**, flötet der Wendler bemüht verführerisch, wieder und wieder, aber so recht will die Angeflötete nicht darauf eingehen. Und man kann sie ja verstehen: Wer solchen Unsinn von sich gibt, den nimmt man nicht mal geschenkt.

Ich werd' dich jeden Tag in den Wahnsinn lieben, so vergeigt es der Wendler in einem anderen Song, und letztlich offenbart auch ***Egal***, sein Monsterhit aus dem Jahr **2017**, einen erschütternden Mix aus Einfältigkeit und innerer Widersprüchlichkeit. Da wundert sich ein Verlassener in rätselhaft hölzernen Versen über das veränderte Äußere seiner Ex, das irgendwie mit deren neuem Lover zu tun haben muss: **Du siehst so anders aus mit deinem blonden Haar, / Weil er es schöner fand, wie es vorher war.** Ja wie war's denn nachher?, fragt man sich, denn was genau der Sprecher mit dieser Beobachtung sagen will, enthält er uns vor. Und bringt es gleich im Anschluss fertig, die Ex in ein und demselben Moment beleidigt zum Schweigen und ungeduldig zur Beantwortung seiner vor Selbstmitleid triefenden Fragen aufzufordern: **Sag nichts, sag nichts, // Ich weiß es ganz genau – ich frag dich noch einmal: / Ist er denn besser als ich, oder liebst du mich nicht?!**

Das Problem des Textes: Der Protagonist sieht und weiß, dass die Ex einen anderen liebt, bekommt aber vom Songschreiber immer wieder verordnet, so zu tun, als würde er den Verlust der Dame und ihre neue Affäre gerade erst nach und nach aufdecken. Was dann auch im Refrain zu einem unerträglichen Rumgeeiere führt: **Sag nichts, sag nichts. // Egal, du hattest mich nach dem »Hallo«, / Egal wo du warst und wieso, / Ich weiß es ohnehin.**

Der Verlassene erscheint wie eine Figur aus einem Asterix-Comic, die sich im einen Moment naserümpfend, tief gekränkt, voll übertriebenem Pathos abwendet, im nächsten gar bitterlich schluchzt, um im übernächsten wie ein HB-Männchen in die

Luft zu gehen. Und wenn uns diese Karikatur eines Verlassenen auch noch Einblicke in tiefste seelische Wunden vermittelt, hat das feinstes Schenkelklopfpotenzial: **Du hast mich echt verletzt, nicht mal ein Abschiedskuss / War ein verprügelter Hund, Mann, wie weh so was tut, / Sag nichts ...**

Die Ex wird sich gewiss hüten, etwas dazu zu sagen. Und auch als Hörer:in kann man nichts mehr sagen, weil: Es tut einfach nur weh. Weshalb wir auch die Schlussszene stoisch über uns ergehen lassen, in der der gebeutelte Antiheld das allzu Offensichtliche noch ein letztes Mal auf absurdeste Weise ignorieren muss: **Du stehst mit Koffern da, ich hoff', du kommst wieder heim. / Oder packst du vielleicht die letzten Sachen ein? / Sag nichts ...**

Egal hat Michael Wendler selbst geschrieben – und sich dabei musikalisch von Matthias Reims *Das machst du nur, um mich zu ärgern* inspirieren lassen. Ein plagiatorischer Fauxpas, für den er zahlen musste. Betrachtet man den Absturz des »Künstlers« ein paar Jahre später, wirkt dieser ganze Unsinn erst recht wie ein düsteres Omen. Der Wendler? Sag nichts!

Peter Maffay
Da wird sogar die Sonne rot

Im Schlager heißt es fröhlich »Schmacht!«, und Rock ist, wenn es mächtig kracht. Das Beste aus beiden Welten versuchte Peter Maffay zu vereinen und hatte in den Siebzigerjahren großen Erfolg damit. Maffay-Fans durften sich auch im braven Mitklatsch-Universum ein bisschen wie in der Bikerhöhle fühlen. Verwirrte Teenager, Gestrandete und anderweitig vom Leben Gebeutelte bevölkerten die Songs des »Steppenwolfs«, fast so wie bei den Rolling Stones. Aber auch nur fast: Denn damit diese im Kern deprimierenden Musikstücke *Hitparade*-kompatibel blieben, versah der Künstler sie gern mit zart-romantischem Schmelz, man könnte auch sagen: einer Prise Kitsch. Nach der Devise:

Lieber ein kleines bisschen zu viel als ein kleines bisschen zu wenig. Dem Erfolg hat das bis heute nicht geschadet.

Josie, ein 1975 erschienener Song über ein Mädchen an der Schwelle zum Erwachsenwerden, kreist um das Wechselbad der Gefühle, das mit der Frauwerdung einhergeht – und um die naiven Illusionen, die schmerzhaft an die harte Realität angepasst werden müssen. **Sie hat ein Kleid aus Sonnenschein / Und traut sich nicht, es anzuziehen**, lautet eins der Bilder aus dem Poesiealbum, **Und nur heimlich, wenn es keiner merkt, / Sieht man sie darin spazieren gehen.** Was genau im Kontext damit gemeint ist, erschließt sich nicht genau – aber wenn es um die Hemmung, Freude zu zeigen, geht, drängt sich die Metapher aufdringlich in den Vordergrund. Und dazu möchte ich vorsichtig anmerken: Meinen Anzug aus Sonnenschein lasse ich auch lieber im Schrank, ich fühle mich in ihm nur selten passend gekleidet.

An anderer Stelle heißt es melancholisch: **Mit jedem Blick in ihren Spiegel / Sehen sie zwei Augen fragend an, / Und ihr Freund, der Wind, / Ist plötzlich stumm ...** Was stutzig macht. Und verwundert fragen lässt, ob Freunde wie der Wind der richtige Umgang für Josie sind. Auch die eindringliche Schlussfolgerung aus diesen luftdurchlässigen Bildern sorgt für hochgezogene Augenbrauen: **Vergiss die Märchenträume und halte dich bereit!** Ach, Peter, du Frauenflüsterer!

Am bizarrsten aber mutet jenes Bild an, mit dem verdeutlicht werden soll, dass die Entwicklung der Protagonistin nichts ist, was von jetzt auf gleich über die Bühne geht: **Der Tag geht abends schlafen und wacht als Morgen auf. / Doch aus dem Kind von gestern wird nur langsam eine Frau.** Himmel! ... Das wirkt nur im ersten Moment tiefsinnig, bei näherer Betrachtung entpuppt es sich als hoffnungslos banal – wir erinnern uns an die manierierten Manierismen. Macht dann vielleicht auch der Mittag um halb zwei ein Nickerchen und schreckt als Nachmittag wieder hoch? Dass das Kind von gestern wohl auch übermorgen noch ein Kind sein wird, versteht sich von selbst. Vielleicht hört die Heldin deshalb auf den ungewöhnlichen Namen Josie. Das lenkt ab, es klingt exotisch, irgendwie nach England, USA und Rock 'n' Roll. Hieße sie Bärbel oder Heike, würden Schmalz und Unsinn aus diesem Song wohl viel offensichtlicher triefen.

Sehr gefühlig kommt auch ***Und es war Sommer*** daher, dieser unwiderstehliche Maffay-Hit aus dem Jahr **1976**, inspiriert von Bobby Goldsboros deutlich coolerem US-Hit *Summer (The First Time)* aus dem Jahr 1973. Zu Kitsch und Pathos gesellen sich Nonsens und unfreiwillige Komik: **Die Sonne brannte so, als hätte sie's gewusst. / [...] / Sie gab sich so, als sei ich überhaupt nicht da. / [...] / Doch bleib bei mir, / Bis die Sonne rot wird, / Dann wirst du sehen.** In der Tat: ein Text so knapp vorbei und doch daneben, dass sogar die Sonne rot wird. Allerdings: Bei aller Klischeehaftigkeit, die man heute heraushört, bargen diese Verse zu ihrer Zeit eine gewisse Brisanz. Weil ein leicht melancholisch gestimmter Mann erzählt, wie er im Alter von 16 Jahren von einer erwachsenen Frau verführt wurde. Minderjährigen-Sex also – Hölle und Verdammnis!

Hin und her gerissen zwischen Erinnerung und unmittelbarem Noch-mal-Erleben spricht der »Held« des Songs von sich selbst mal in der dritten, mal in der ersten Person. Und natürlich wird auch die nächtliche sexuelle Begegnung in, vorsichtig gesagt, blumigste Worte gefasst: **Wir gingen beide hinunter an den Strand, / Und der Junge nahm schüchtern ihre Hand. / Doch als ein Mann sah ich die Sonne aufgehn. / Und es war Sommer.** Die Frage, ob das Ganze nicht auch im Herbst hätte passieren können, drängt sich zwar auf, ist hier aber nur von geringer Bedeutung. Entscheidend ist der Altersunterschied zwischen den beiden Liebenden.

Peter Maffay wurde nicht gestattet, diesen Titel in der *ZDF-Drehscheibe* vorzustellen. Das ZDF argumentierte, der Text sei »eindeutig zweideutig« und passe deshalb nicht in die Sendung. Grund waren wohl diese Verse: **Ich war 16 und sie 31, / Und über Liebe wusste ich nicht viel. / Sie wusste alles / Und sie ließ mich spüren, / Ich war kein Kind mehr.** Auch der eine oder andere Radiosender weigerte sich, den Song zu spielen. Dennoch wurde *Und es war Sommer* samt dem gleichnamigen Album ein Riesenerfolg im deutschsprachigen Raum. Es dauerte nicht lange, da trat Peter Maffay, der sanfte Rebell, mit dem »kontroversen« Lied doch noch im ZDF auf. Und wo genau im ZDF? Natürlich in der *Hitparade*, bei Dieter Thomas Heck.

Und damit zu ***Du hattest keine Tränen mehr*** aus dem Jahr **1979**. Die »Handlung« dieses von Maffay und Volker Lechtenbrink geschriebenen Schmachtstücks ist schnell erzählt: Der Ich-Erzähler, ein gebeutelter Mann, der vom Leben und der Liebe nichts mehr erwartet und den niemand vermissen würde, trifft auf der Straße, schnief, eine Frau, der es exakt genauso geht. Und so kommt, was kommen muss: **Du zittertest, / Dein Blick war leer. / Ich hörte zu und wärmte dich / Und zog dich von der Straße // Und nahm dich mit zu mir.** Zur besseren zeitlichen Einordnung: Das war **gestern, als wir uns trafen**, und wenn's nach dem Song-Ich geht, dann würden die beiden jetzt zusammen in den Sonnenuntergang reiten … Na ja, nicht ganz. Aber doch ein bisschen: **Ich wünsche sehr, / Dass du noch länger leben möchtest. / Wenn wir zusammenhalten, / Ertragen wir die Welt, so wie sie ist.** Oje …

Da sind sie wieder, diese schlagertypische Unbekümmertheit und das Bestreben, jede noch so extreme emotionale Regung auf einen mittleren Erregungsgrad herunterzudimmen oder heraufzudrehen. Hallo?! Hier geht es um eine suizidgefährdete Frau von der Straße, und das Song-Ich, schon auch Nutznießer dieser Situation, bittet höflich um noch ein wenig Lebenswillen? **Du hattest keine Tränen mehr** … Auch das ist eher ein Vers zum Steinerweichen! Man muss an ein umgekipptes Gefäß denken – aus dem offenbar auch das letzte bisschen Sinnhaftigkeit ausgelaufen ist. Anders ist nicht zu erklären, dass aus dem triefenden Selbstmitleid des gebeutelten Ich-Erzählers der folgende lyrische Fremdkörper hervorsticht: **Wenn ich jetzt sterben würde, / Könnt' ich die Welt mir träumen, // Wie sie nicht war.** Könnt' ich was?! Ich will ehrlich sein: Wenn *ich* jetzt sterben würde, könnt’ ich Maffay-Lyrics mir träumen, wie sie nie waren. Nur: Wenn *ich* jetzt sterben würde, dann hätt’ ich sicher andere Probleme.

Auch Maffay selbst träumt sich offenbar die Welt, wie sie nie war. Im Refrain von ***Sonne in der Nacht*** etwa, dem somnambul dahinfließenden Titelsong seines **1985**er Albums, gibt es neben Banalitäten wie erwachenden Träumen und Spaziergängen am Meer krasse Naturschauspiele wie nächtlichen Sonnenschein, lodernde Lava und, physikalisch besonders reizvoll, Morgentau, der sich wacker auf glühendem Sand hält: **Sonne in der Nacht, / Träume sind erwacht, / Feuer im Vulkan, / Wir beide Arm in Arm. / Tau auf heißem Sand, / Nie gesehenes Land, / Sonne in der Nacht, / Was hast du gemacht?**

Ist die Geliebte etwa Wonder Woman? Projiziert der Liebende etwas zu viel in die Partnerin hinein? Man weiß es nicht. Jedenfalls geht es auch in den Strophen gepflegt unnatürlich zu. Zumindest unfreiwillig mehrdeutig. Da hält die Geliebte, die doch **nur für den Augenblick** Geliebte sein sollte, plötzlich – autsch! – **mein Herz in der Hand, / Und aus dem Augenblick wird ein Leben lang**. Hoffentlich drückt die neue Lebensgefährtin nicht allzu fest und nicht bis ins Rentenalter zu. Da wirken Blicke wie lebendige, sprachfähige Wesen und ergeben sich Körper *nur* dem Gefühl, was eine ebenso umständliche wie letztlich beliebige Umschreibung für Zärtlichkeiten und mehr ist: **Blicke berühren sich / Ohne ein Wort, / Und der Verstand verliert den Verstand. / Körper ergeben sich / Nur dem Gefühl, / Kälte und Einsamkeit sind verbannt.** Der Killervers ist natürlich der, in dem der Verstand den Verstand verliert. Und so wird man das Gefühl nicht los, dass auch in diesem Text die Sprache viele Wörter macht, ohne sinnvoll Sinn zu ergeben.

Erstaunlich ist, dass Peter Maffay, der so gern eine Lebensreise mit intensiven Erfahrungen beschwört, gut 35 Jahre nach *Sonne in der Nacht* textlich kaum Neues zu bieten hat. *So weit*, sein »Coronaalbum« von **2021**, reagiert zwar mit dem flotten ***Lockdown Blues*** auf eine aktuelle Problemlage, liefert ansonsten aber denselben ungelenken Poesiealbumsprech zu Standardthemen wie Vergänglichkeit und Neuanfang, Verantwortung oder Zweisamkeit und ein rastlos rockiges »Immer weiter«. Auch der beseelte Appell, dass Krieg und Profitgier echt nicht okay sind, muss dabei sein.

Verdichtet findet sich all das in ***Wounded Knee***, einem Song über das Massaker, das die US-Armee im Winter 1890 an Lakota-Indianern in South Dakota verübte. Damals wurden Hunderte wehrlose Menschen, darunter etliche Frauen und Kinder, gnadenlos niedergemetzelt. Dass bei Maffay von einer »Schlacht« die Rede ist, markiert eine heikle historische Ungenauigkeit, zu der sich ein dem Reim geschuldetes Herumeiern mit Singular und Plural gesellt: **Die Schlacht am weißen Fluss, / Die erinnert uns daran, / Dass Macht und Gier niemals zu Frieden führen kann.** Wer sich noch an die arme Josie und ihren Freund, den Wind, erinnert, begegnet in *Wounded Knee* ein paar Seelenverwandten, die offenbar auch einen guten Draht in die Stratosphäre hatten: **In einem Land vor uns'rer Zeit / Waren sie schon immer da. / Sie lebten friedlich mit dem Wind, / Ein Volk dem Himmel nah.** Aber spielt ein »Land vor unserer Zeit« nicht auf ein Erdzeitalter vor der Menschheit an? Und wie man es auch dreht: Selbst die Ureinwohner Amerikas können nicht immer schon da gewesen sein. Womit wir bei den Maffay'schen Klischees wären, die allzu gern in manierierte Manierismen münden: **Und immer, wenn der Winter geht, / Wird auch ein bisschen Zeit verweht** heißt es tiefsinnig über das Leid heutiger Nachfahren dieser Ureinwohner, das zu guter Letzt mit einem Holzhammerreim auf den Punkt kommt: **Doch dieser tiefe Schmerz geht nie / Wounded Knee.**

Es gibt auf *So weit* überraschend viele dieser abgedroschenen Schwurbelweisheiten, und meist haben sie etwas mit »Zeit«, mit »Anfang«, »Ende« und »Unendlichkeit«, mit »Werden« und »Vergehen« zu tun. Wenn er nichts weniger als das Leben an sich verhandelt, gibt Maffay gleich ein ganzes Arsenal davon zum Besten, etwa in ***Jedes Ende wird ein Anfang sein***: **So wie ein Kreis,**

der sich niemals verliert, / Der unendlich endlos ist und niemals beginnt / [...] / Oh, jede Zukunft wird Vergangenheit. / Oh, und jedes Ende wird ein Anfang sein. Beinahe innovativ klingt da: **Auch wenn der Winter den Sommer niemals sieht, / So weiß er doch ganz genau, dass es ihn immer gibt.** Schlaues Kerlchen, dieser Winter.

Im Song ***Wann immer*** versichert ein Vater seinem Nachwuchs, immer für ihn da zu sein, und das in besonders nachdrücklichen Worten: **Ich wünsch' mir von dir, dass du weißt, ich bin hier / Wann immer auch wann immer ist.** Und im Liebeslied ***Wir zwei*** blitzt ein trunkenes Sprachbild auf, das auf fast schon unverschämte Weise den Maffay'schen Schmachtvers-Klassiker »Der Tag geht abends schlafen und wacht als Morgen auf« zitiert: **Der müde Tag legt sich jetzt schlafen, / Die Flasche Wein bleibt mit uns wach.** Hossa! Dass eine hellwache Flasche Wein und etwas Leidenschaft das Sprachzentrum vernebeln können, belegen die folgenden Verse aus demselben Song, in denen der Sprecher seine liebe Not mit dem Satzbau hat: **Ich weiß, / Es war kein Zufall, den weiten Weg zu gehen, / Und wir zwei / Nur so lang gesucht haben, / Damit wir hier jetzt stehen.** Das Gefühlschaos gipfelt in der kühnen Spekulation: **In einem Lied über mein Leben / Bist du die Zeile, die noch fehlt, / Denn das ganz große Finale wär' / Ohne dich noch nicht erzählt.** Wieso die Partnerin, mit der der voll im Saft durch seine pralle Existenz reisende Sprecher längst zusammen ist, eine noch fehlende Zeile im Song seines Lebens sein soll, erschließt sich hier genauso wenig wie der wissende Blick auf ein großes Finale, das er noch überhaupt nicht absehen kann.

Aber es passt zu Maffays Song-Ichs, die sich gern mal in den Zeitläuften und im Dickicht der Klischees verirren – oder komplett neben sich stehen. So lässt in ***Wenn wir uns wiedersehen***, einem Stück über den Tod des geliebten Vaters und ein zukünftiges Treffen im Jenseits, der Sprecher eine verstörende Selbstdistanzierung erkennen: **Du hast mich zu dem gemacht, / Den ich heut im Spiegel seh'.** Oha ... »Zu dem gemacht, der ich heute bin« wäre wohl angemessener gewesen – der Typ da im Spiegel mutet wie ein Fremder an. Bei solchen lyrischen Extravaganzen überrascht es immer wieder, dass ganze Heerscharen von Rezensent:innen an des Meisters Lippen hängen und mit Blick auf *So weit* begeistert die Mär von einem erneut sehr persönlichen, überaus tiefschürfenden Longplayer in die Fanwelt tragen.

Johannes Oerding, Cheftexter hinter dieser vermeintlichen Album-Nabelschau, wird sicher gutes Geld für seine schweißtreibende dichterische Arbeit bekommen haben. Vielleicht sollte er einen Teil davon ins vielzitierte Phrasenschwein stecken, zum Beispiel um es anschließend an Kolleg:innen zu spenden, die von der Coronakrise deutlich ärger gebeutelt wurden. Was Mister Tabaluga selbst betrifft: Man darf davon ausgehen, dass der Mann, den Peter Maffay jeden Tag im Spiegel sieht, auch in Zukunft, wenn wieder mal ein bisschen Zeit verweht ist, ein paar »sehr persönliche« Songs veröffentlichen wird. Vielleicht geht dann zur Abwechslung mal die Nacht morgens schlafen, um als Abend wieder aufzuwachen. Oder es kommt tatsächlich auch die Vernunft mal zur Vernunft. Fest steht: Was immer wann auch immer wie auch immer geschieht, einst wird eines Übermorgens Gestern anbrechen, da werden selbst die Maffay-Songs der Zukunft nur noch klingende Vergangenheit sein. Egal, ob noch eine Zeile fehlt – oder ein Refrain.

Die Toten Hosen
Wenn Wörter im Weg sind

Von ätzenden Punks zur BRD-Rockinstitution: Die Toten Hosen aus Düsseldorf haben eine bemerkenswerte Karriere hinter sich. Seit 40 Jahren bieten sie Abgehsongs und glaubwürdige Haltung – nur dass man heute statt Respektlosigkeit Reife und eine gewisse Verantwortung spürt. Frontmann Andreas Frege alias Campino ist eine wichtige Stimme gegen Rechtsrocker und Rechtspopulisten, aber auch gegen tumbe, mit antisemitischen

Versen hantierende Künstler wie Kollegah & Farid Bang. Sein entschiedenes Statement gegen die beiden Skandalrapper bei der insgesamt letzten Echo-Verleihung 2018 verdient noch heute größten Respekt.

So klar und deutlich sich Campino bei solchen Anlässen auszudrücken weiß, so unfertig wirken manche der Songtexte, die er und seine Kumpels im Lauf ihrer Karriere von sich gegeben haben. Klar, als Punker, bedingt auch noch als Rocker ist man verpflichtet zum Ungehobeltsein – und muss sich, wenn's gar nicht anders geht, auch mal provokant über den eigenen bildungsbürgerlichen Background lustig machen. So wie **1990** im Song ***Abitur***, der mit falschem Präpositionaladverb und kaputtem Reim daherkommt: **Ich hab' Abitur, ich bin so stolz dafür.** Haha, schon lustig, ja!

Und doch wirken Hosen-Lyrics gelegentlich, als wären sie nicht einfach nur bewusst »daneben«, sondern als ginge mental nicht mehr – als würden Campino & Co. ungewollt eine wunderbare Zeile aus dem alten Carpenters-Hit *This Masquerade* (1973) befolgen: **We tried to talk it over but the words got in the way.** Das betrifft dann auch den einen oder anderen schwer nachzuvollziehenden Argumentationsgang.

Gerade in den ersten Jahren ihrer Bandkarriere schienen die Hosen ganz bewusst alles dafür getan zu haben, als asoziale, rebellische und, vor allem, ungebildete Saufbrüder wahrgenommen zu werden. Anders lässt sich doch ein Song wie ***Modestadt Düsseldorf*** auf dem Debütalbum *Opel-Gang* (**1983**) nicht erklären, oder? Zum einen wird hier die Schickimicki-Reputation der Rheinmetropole ordentlich aufs Korn genommen, wenn es heißt: **Wir sind nur aus Düsseldorf, / Wo kein Mensch irgendwelche Sorgen hat**; zum anderen wird bewusst unsauber formuliert, unter Missachtung von Rhythmus, Genus und üblichem Sprachgebrauch: **Wir sind nicht aus Berlin, / *Die* die DDR umschließt. / Wir *sind* auch nicht von Frankfurt *her*, / Wo die Drogenszene alles erschwert.** Die unreinen Reime verstärken die »Leckt uns am Arsch«-Haltung – ein Ansatz, von dem das gesamte Album lebt. Auf die Spitze getrieben wird er durch die blödsinnig vulgäre »drei Wörter, davon zwei Synonyme«-Aufzählung im legendären Slogan aus dem Stück ***Hofgarten***: **Ficken, bumsen, blasen / Alles auf dem Rasen!**

Unfertig wirkt auch der Text zu ***Letzte Wache*** vom zweiten Hosen-Album *Unter falscher Flagge* (1984). Dabei geht es hier um etwas durchaus Ernstes, nämlich ums Abschiednehmen, und zwar von einer oder einem Verstorbenen. Ein letzter Blick auf den Sarg und ein schlechtes Gewissen, weil einiges nicht mehr ins Reine gebracht werden konnte, das ist nicht lustig, das ist traurig – und damit verlässt der Sprecher den Raum, der vielleicht eine Kirche, vielleicht eine Gruft ist. Paradox wirkt der Vers **Vorbei ist eine Ewigkeit,** dem man aber noch eine gewisse lyrische Qualität bescheinigen kann. Eher unrund und banal, beinahe zynisch klingt aber die Feststellung: **Dein Gastspiel ist hiermit aus, / Die vielen Blumen sind morgen alt**. Und dann fällt der Vorhang: **Ich geh zur Tür hinaus, / Nur die verwesene Luft steigt mir noch nach.**

Das klingt, sagen wir, alles andere als normal. Ja kann denn Luft Treppen steigen? Und wieso »nur« die Luft? Wer oder was sollte sich dem Sprecher denn sonst noch hinterherschleppen? Hoffentlich nicht die Toten! Vor allem aber: »verwesene Luft«. Was, bitteschön, ist das? Leichname verwesen, nicht aber die Luft, die man atmet. »Verwesene«, das klingt überdies wie ein Partizip, nur dass es dieses Partizip nicht gibt. Nein, Ironie scheint hier nicht im Spiel zu sein. Schon eher entsteht ein »Gewollt, aber nicht gekonnt«-Eindruck, als hätten die Hosen sich sprachschöpferisch-literarisch betätigen wollen und wären grandios gescheitert. Oder hatte in ihren Köpfen schon die Hirnstarre eingesetzt?

Das könnte man auch angesichts von ***Sekt oder Selters*** fragen, ebenfalls aus dem Jahr 1984. Hier wird ein junger Mann besungen, der offenbar eine junge Frau geschwängert hat, weshalb er sie heiraten muss. Klar, dass dieses Schicksal als Leben im Gefängnis beschrieben wird, über das der Kegelclub des Frischvermählten lauthals lacht. **Nie mehr fremden Mädchen winken, / Nie mehr mit den Jungens trinken, / Aller Sekt wird nur noch Selters sein** – das darf man als Anti-Establishment-Band durchaus so sehen. Was hier allerdings nach hinten losgeht, sind bescheuerte sprachliche Bilder und etwas, was man zumindest aus heutiger Sicht nur als latente Misogynie empfinden kann. Und die spricht eher gegen die Hosen als gegen das Establishment. Na schön, den Traualtar als **Schafott** lassen wir noch durchgehen. Doch **Eng wie Handschellen sitzt dein Ring** ist schon ein reichlich bemühter Vergleich, zumal die Wirkung von Handschellen weniger aus dem engen Sitz als aus dem Blockieren der Hände resultiert. Auch der Vormagen eines Wiederkäuers, der hier plötzlich ins Spiel kommt, wirkt eher deplatziert: **Ist die lästige Verwandtschaft erst weg, / Ist es bald dein Pansen, der dich quält!** Ach, Hosen!

In diesen wenig schlüssigen Wortfolgen klingt bereits die Gehässigkeit durch, die sich anschließend vor allem über die schwangere Braut ergießt. Einmal heißt es in einem weiteren schiefen Bild botanisch verbrämt: **Du hattest es nie so gemeint, / Auf einmal ist ihr Bauch aufgekeimt** – ein anderes Mal werden »ihre« Zärtlichkeiten als nunmehr körperlich abstoßend beschrieben: **Sie gibt dir einen langen nassen Kuss, / Wie du ihn von heute täglich dulden musst!**

Lieben die Hosen ihre Charaktere? Denn das ist, was große Autor:innen auszeichnet. Ich bin nicht sicher. Natürlich kann ich nicht beurteilen, wie die langen nassen Küsse der Bandmitglieder seinerzeit ankamen. Aber Bier- und Jägermeisterfahnen, veredelt durch den Geruch von Schweiß und Rauch, dürften für die von Hosen Geküssten auch nicht immer nach Freiheit und Abenteuer geschmeckt haben.

Unsensibel und nicht gerade politisch korrekt geht es weiter mit ***Fußball***, einem **1999** erschienenen Song über einen alkoholisierten Loser und seinen Versuch, eine Frau abzuschleppen. Die Hosen peppen das nur wenig gefühlige Thema auf, indem sie ihm einen fußballmetaphorischen Anstrich geben. Und zunächst könnte man sagen: warum nicht? Verliererstory plus Rausch plus schräge Romanze plus Volkssport Nummer eins – das riecht nach einer perfekten Kombination für einen Song von Deutschlands bekanntester Punkband.

Aber dann scheint die Idee mit Campino & Co. durchzugehen. Das Ganze spielt **auf 'ner Party am letzten Samstag.** Der Ich-Erzähler **suchte einen Gegner, / Bei dem man noch 'ne Chance hat. / Es war ein typisches Auswärtsspiel, / Wie immer gegen den Abstieg.** Und dann folgt das gesamte rhetorische Arsenal der Fußballberichterstattung, mehr plump als elegant übertragen auf den Aufreißversuch: Unser Held **ging sofort in die Offensive**, doch **kam nicht recht ins Spiel**, und die abwehrstarke Dame ließ ihn **hart im Abseits stehn**. Von Versuchen, **in ihren Strafraum reinzukommen**, ist die Rede, vom **gewissen Drang nach vorn** – und davon, **ihren Abwehrriegel aufzubrechen / Für 'ne Torschussgelegenheit**. Und schließlich, gibt's ja gar nicht, fällt doch noch das ersehnte Tor! Ein **tödlicher Freistoßtrick**, den Ball **souverän versenkt**. Im Nachgang allerdings die buchstäbliche Ernüchterung: Der Treffer wurde **am grünen Tisch aberkannt, / Weil angeblich ein Foulspiel / Mit reichlich Alkohol vorlag**.

Aber ist diese Beschreibung eines Anmachversuchs mittels Fußballsprache wirklich witzig? Fußball ist ein Kampfspiel, ein Wettstreit von Kontrahenten, es geht ums Gewinnen, es geht ums Besiegen und darum, den Gegner auszuspielen, auszutricksen, es geht um Überlegenheit. Keine gesunde Basis für einen Flirt, einen One-Night-Stand oder gar eine spätere Beziehung – oder etwa doch? Handelte der Song von einem Freundschaftsspiel und einem vergnüglichen Unentschieden mit anschließendem geselligen Beisammensein – mir wäre wohler.

Doch der Erzähler wirkt eher notgeil, er will mit aller Macht zum (Frei-)Stoß kommen. Und spätestens, wenn er drängt und mit Tricks versucht, den »Abwehrriegel« der kaum interessierten Dame »aufzubrechen«, bekommt die Metaphorik einen unangenehmen Beigeschmack. Muss der Sex mit einer **müde gespielten**

Partnerin, auf rücksichtsloses Drängen hin, dazu noch im Vollrausch, stattfinden und später von der Dame bereut werden? Ich weiß nicht … Es sei denn, wir haben es hier mit einem Rollen-Ich zu tun, das sich in seinen verschrobenen Ansichten selbst entlarvt. Aber dafür müsste der Sprecher noch deutlich plakativer zu Werke gehen.

Vielleicht hat Autor Campino ja selbst gespürt, dass der Text eher deprimiert und vielleicht sogar gegen die Band spricht. Nur so erklärt sich für mich die unausgegorene Schlussstrophe, in der der Erzähler die unappetitliche Metaphorik plötzlich auf den realen Ligaalltag wendet und sich gleichzeitig deutlich von Spielen dieser Art distanziert: **Heut geht's doch keinem mehr ums Schönspielen, / Das ist schon lang nicht mehr gefragt. / Hauptsache, das Ding geht irgendwie rein / Mit Brechstangen-Fußball. / Jedes Kreisligateam macht auf Champions League, / Wo bleibt hier das Niveau? / Den Spaß an diesen Gurkenspielen / Habe ich längst verloren.**

Hinzu kommt die unerklärliche zeitliche Diskrepanz zwischen »Party letzten Samstag« am Anfang des Songs und »Den Spaß habe ich längst verloren« am Ende. Nein, mit dem Unsinn, den er da eben noch verzapft hat, will der Sprecher plötzlich nichts mehr zu tun haben. So wird ein eigentlich flottes Stück durch eine aus dem Ruder laufende Zentralmetapher zum Eigentor, das man wenig überzeugend wegzuerklären versucht. Ein Songtext wie ein gebrauchter Tag auf dem Rasen.

Aus dem Ruder laufende Metaphern, dazu schwerstes Poesiegeschütz produziert auch der Song ***Im Westen nichts Neues***, wieder von **1999**. *Im Westen nichts Neues*? Das ist doch der Titel eines Antikriegsromans von Erich Maria Remarque, erschienen 1929! Und genauso heißen drei düstere Verfilmungen, die jüngste lief 2022 in den Kinos und stammt von Edward Berger. Sind also die Schrecken des Ersten Weltkriegs auch Thema in diesem Hosen-Song? Mitnichten. Bei Campino & Co. geht es um Schrecken ganz anderer Art: die Schrecken des Büroalltags, und der wird hier als grausamer Krieg geschildert.

Noch einmal zum langsamen Mitlesen: Büroalltag in good old Germany – ein einziges Gemetzel! **Jeden Morgen nach dem Aufsteh'n / Geht es wieder in den Krieg**, so steigt Campino ein, und dann heißt es auch schon: **Jeder gegen jeden bis zum allerletzten Mann.** Gibt's auch Frauen? Ach, egal. Hauptsache, der Text fährt härteste Geschütze auf, von **Gehorsam** und **Verantwortungspflicht** bis **Verrat** und **Kriegsgericht**, von **Feigheit** über **Taktik** bis **Tagesbefehl** und **verbrannte Erde. [...] Es gibt Tapferkeitsmedaillen / Für die, die sich bewähr'n**, bis zum bitteren Fazit: **Einen Tag gewonnen / Und ein Leben verlor'n.** Das alles, wie gesagt, im Büro! Man muss hier beim Hören wirklich in Deckung gehen, denn es qualmt aus allen Silben, es donnert zwischen den Zeilen, da wird grausam hintergangen und gestorben. Gesang wie Kriegsgeheul, an jedem Wort klebt Blut. Kaum auszuhalten ...

Ganz offensichtlich sehen sich die Hosen auch 1999 noch in der Verantwortungspflicht, gegen das Establishment anzustinken, gegen bürgerlichen Mief und gesellschaftliche Zwänge. Nur so gibt's Tapferkeitsmedaillen aus der Szene, alles andere wäre Verrat. Doch offensichtlich hat Campino noch nie ein Büro von innen gesehen und kann einen Kopierer nicht von einem Panzer unterscheiden. Vielleicht hat er sich auch die eine oder andere Hirnzelle weggebommerlundert, während andere ihr Leben am Schreibtisch ließen. Wie sonst hätten sie zustande kommen können, diese hoffnungslos pathetisch-martialischen Verse, die wie Münchhausen auf der Kanonenkugel meilenweit an der Wahrheit vorbeifliegen?

Der schuftende Mensch als kleines Rädchen im Getriebe, das Arbeitsleben als Hamsterrad – das sind altbekannte, aber treffende Metaphern. Ein Weltkriegsszenario für den Büroalltag zu bemühen, erscheint als Kanonenschuss auf Spatzen, als Gang auf dünnem Eis. In manchem Businessanzug steckt mehr Wahrheit als in diesem Tote-Hosen-Song!

Und noch einmal dick aufgetragen, ohne auf den Punkt zu kommen: ***Du fehlst***, veröffentlicht 2012. Der dramatische Song über einen schmerzlichen Verlust scheint simpel, ist aber tricky. Als ich das erste Mal den Refrain hörte und mitlas, dachte ich: Wie schizophren ist das denn?! **Du fehlst meinem Leben / Und manchmal auch mir selbst. / Ja, du fehlst meinem Leben immer mehr.** Wie kann man zwischen dem eigenen Leben und der eigenen Person trennen, fragte ich mich, ist nicht beides unauflöslich miteinander verbunden? Und wie kann ein anderer Mensch dem eigenen Leben mehr fehlen als einem selbst? Ich dachte zunächst an eine Trennungsgeschichte, eine gescheiterte Liebe.

Vor diesem Hintergrund machten es Verse wie die folgenden nur noch schlimmer: **Ich bin wie ausgestorben, / Bin irgendwie nur noch halb. / Wohin mit diesem halben Leben / Kurz vorm freien Fall?** Das hörte sich an, als könne der Sprecher sein Leben abspalten, es in der Mitte teilen und wie Mangelware an einen anderen Ort verfrachten. Und als wäre der Protagonist mal ein stark bevölkerter Ort gewesen, der jetzt verlassen daliegt. Eine Tierart stirbt aus, vielleicht auch die Menschheit. Und Dörfer liegen da wie ausgestorben, wenn es keine Existenzgrundlage für die Einwohner mehr gibt. Aber ein aussterbender Mensch? Und wenn die schmerzlich vermisste Person die große Liebe war, wie konnte sie diesem Menschen nur manchmal fehlen?

Anders betrachtet aber ergibt der Song durchaus Sinn: wenn man nämlich nicht mehr von einer gescheiterten Liebe, sondern von einem Todesfall ausgeht. Vom Tod einer Person aus dem Bekanntenkreis, die immer da war, die man mochte, zu der man aber nicht das allerengste Verhältnis hatte. Jetzt, da sie gegangen ist, merkt man plötzlich, dass sie fehlt im Umfeld, im Leben und im Alltag. Und dass man sie doch mehr ins Herz geschlossen hatte, als man dachte. Dass sie auf seltsame Weise in einem zu Hause war. Dann darf man sich auch wie ausgestorben fühlen: weil der gegangene Mensch plötzlich nicht nur im täglichen Leben, sondern tatsächlich auch im eigenen Herzen fehlt.

Allerdings braucht man einen Moment, um den möglichen Zusammenhang zu erschließen. »Du fehlst *mir*, und du fehlst *in* meinem Leben« – ein solcher Satz hätte womöglich keine Probleme bereitet. Es sind der unschöne Verfremdungseffekt des direkten Dativs (»Du fehlst meinem Leben«), das einschränkende Wörtchen »manchmal« und der ein Gegensatzpaar suggerierende Zusatz »mir selbst«, die den Refrain noch im Nachhinein unbeholfen erscheinen lassen – Engländer würden »clumsy« sagen. Womöglich haben das Versmaß und die Gesangsmelodie nach Füllwörtern wie »manchmal« und »selbst« verlangt: damit es sich gut singen lässt. Zur Verständlichkeit aber hat das nicht beigetragen.

Hinzu kommen kleine sprachliche Ungenauigkeiten und Ausrutscher, die die Irritation noch verstärken. **Man sieht sich um und weiß nicht weiter, / Die Zeit scheint grad' zu steh'n,** heißt es etwa gleich zu Beginn des Songs, **Und könnte man sie so zurückdreh'n, / Ich schwöre, ich würd' rückwärts geh'n.** Aber was ist hier gemeint? In der Zeit zurückspringen, um dann die schönen Momente noch einmal zu erleben? Oder buchstäblich die Rücklauftaste wählen? Eher Letzteres schimmert hier durch, auch wenn es vielleicht nicht beabsichtigt war. Das Bild eines Trauernden, dessen Leben schnell zurückgespult wird, mutet reichlich bizarr an. Zumal der Sprecher weder selbst aktiv rückwärtslaufen würde, wie er sagt, noch emotional etwas von der Rewind-Aktion hätte. Da wäre textlich mehr drin gewesen.

Ich bin nur da und sitz ganz still / Und finde keine Ruh, klagt der Trauernde weiter, **Komm' mir die ganze Zeit zu einzeln vor, / Schaff's von alleine nicht mehr hoch.** »Komm mir die ganze Zeit zu einzeln vor«? Geht das nicht geschmeidiger? »Einzeln« bezeichnet so etwas wie eine für sich genommene Einheit und ganz bestimmt kein Gefühl. Es klingt genauso absurd wie das gegen Ende des Songs geäußerte Vorhaben: **Ich werd' versuchen, nur nach vorn zu seh'n /Vor mir seh' ich nichts. / Doch ich muss lernen, dass dieses Nichts / Immer noch besser als gar nichts ist.** Puh, und an dieser Stelle muss man bei aller Betroffenheit doch den Kopf schütteln. Nichts ist besser als gar nichts? Und vielleicht ist ja gar nichts immer noch besser als überhaupt gar nichts? Solche rhetorischen Spielchen erinnern an den TV-Sender, der für die Ausstrahlung besonders beliebter Kinohits regelmäßig mit dem lustig-lustigen Superlativ »Der Film-Film« warb. Oder an den Werbespruch: »Wir haben keine Chance. Also nutzen wir sie.« Doch was in PR und Sport noch als Augenzwinkern durchgeht, markiert in einem Trauersong einen zynischen Fremdkörper. Und der macht in diesem eigentlich kraftvoll-bewegenden Stück so manches kaputt, da kann Campino noch so ergreifend singen.

Schon seltsam: Ebenfalls 2012 sang Campino wunderbar stimmungsvolle und ansprechend gereimte Verse wie diese: **Durch das Gedränge der Menschenmenge / Bahnen wir uns den altbekannten Weg: / Entlang der Gassen zu den Rheinterrassen, / Über die Brücken, bis hin zu der Musik / Wo alles laut ist, wo alle drauf sind, um durchzudreh'n. / Wo die anderen warten, um mit uns zu starten und abzugeh'n.** Und jetzt alle: **An Tagen wie diesen wünscht man sich Unendlichkeit. / An Tagen wie diesen haben wir noch ewig Zeit** … Und man möchte Campino freudig zurufen: Geht doch!

Wolf Maahn
Der Unverstandene

Die Fans deutschsprachiger Rockmusik und Wolf Maahn – leider ist es nie die ganz große Liebe geworden. Dabei brachte der 1955 geborene Wahlkölner viele Voraussetzungen für eine steile Karriere mit: eine gute Stimme, gefühlvolles Gitarrenspiel, kompositorisches Talent und ein Gespür für mainstreamtaugliche Vierminutenstücke – ohne die Gefahr, in seichten Kitsch abzudriften. Ein nicht ganz so geschmeidiges Auftreten, begleitet vom immer spürbaren Fremdeln mit den Gesetzmäßigkeiten der Branche, dürfte jedoch einer der Gründe für den ausgebliebenen Superstarruhm sein. Und vielleicht haben auch die Songtexte ihren kleinen Beitrag zur Reserviertheit eines breiteren Publikums geleistet: Immer wieder wollten sie hoch hinaus, kreisten engagiert um Grundsätzliches – und lagen manchmal doch das entscheidende Quäntchen daneben – in der Wahl der Metaphern, in der zum Ausdruck gebrachten Haltung, in der konkreten Argumentation. Wolf Maahn ... ein Künstler, der die Liebe des Publikums sucht, das Publikum aber immer wieder irritiert und sich hier und dort in seiner Songlyrik verliert.

Das zeigt schon unser erstes Songbeispiel, eine Abgehnummer aus dem Jahr **1986**. Schnell, funky, vom Sound her auf dem damals neuesten Stand – hätte so auch auf den *Flashdance*- oder *Beverly Hills Cop*-Soundtrack gepasst. Ein Riesenspaß ... wenn da nicht die seltsam blutleere sprachliche Komponente wäre. Es fängt schon beim irrwitzigen Titel an, der da lautet: ***Stadt der Waschmaschinen***. Hui! Das klingt, als wären erste Ideen für den Werbespot eines Elektrogroßhandels aus der Marketingabteilung durchgesickert. Unsexy, ohne poetischen Reiz. Vor allem: Was zum Teufel soll »Stadt der Waschmaschinen« bedeuten?

Natürlich kann man in der Skyline einer Großstadt Türme und Kästen in teils abstrusen Ausführungen erkennen. Nur: Waschmaschinen zeichnen sich dabei ganz bestimmt nicht ab. Was also könnte unseren Songdichter umgetrieben haben? Befragen wir den Text: **Arbeit, Pause, die Welt dreht sich von 8 bis 5**, so lautet der erste Vers, **Essen zu Hause, hier wird dein Leben umgemünzt**. Na schön, wir ahnen Kritik am Alltagstrott. Aber seien wir ehrlich: Ist das auch nur ansatzweise spektakulär? Essen wir nicht alle gern zu Hause? Obendrein klingt es unbeholfen, vage, denkt man an das Leben, das hier so kryptisch »umgemünzt« wird. **Und du fühlst dich einsam, du suchst nach irgendwas**, plätschern die Lyrics weiter, **irgendein Bedürfnis, und du bist total geschafft**. Viel »irgendwas« und »irgendein«, aber nichts Konkretes. Und dann? Ein Rohrkrepierer: **Lachen, Weinen, alles ist gut abgestimmt.** Ein uninspiriertes Strophenende.

Nein, auf den Punkt ist dieser Text nicht formuliert. Unter gut abgestimmtem Lachen und Weinen kann man sich ebenso wenig vorstellen wie unter irgendeinem Bedürfnis. Dennoch macht der in Umrissen erkennbar werdende Erzähler im Refrain des Songs ein riesiges Fass auf, wenn er in fast biblischem Ton den Welterklärer gibt: **Kommet und seht, wie alles geht in der Stadt der Waschmaschinen. / Alles ist fein, sauber und rein in der Stadt der Waschmaschinen.** Damit kommt zwar etwas Zug in die Sache, songtechnisch geschleudert wird jetzt mit gut 800 Umdrehungen. Doch worauf schleudert das Ganze hinaus? Was hat »fein, sauber und rein« mit Angestelltenjobs und der Suche nach »irgendwas« zu tun? Ich habe keinen Schimmer. Das heißt: Ich habe einen Schimmer. Aber ist diese Kritik an einer *cleanen* »24/7«-Existenz wirklich zwingend? Da lacht ja die Buchhaltung!

Leider verharrt auch die zweite Strophe im rhetorischen Schongang. Und eigentlich ist sie nicht mehr als eine Variation der ersten. Jetzt geht es um Banalitäten wie Berufsverkehr und ordentliches Aussehen. Außerdem war da noch irgendwas. Und statt Lachen und Weinen sind nun tiefe Gefühle wie Liebe und Hass gut abgestimmt: **Autos, Bahnen, die Welt dreht sich von 8 bis 5. / Menschen, Kleider, alles ist auf schick getrimmt. / Dich packt die Sehnsucht, da war doch irgendwas. / Doch fehlen die Worte, und du bist total geschafft. / Lieben, Hassen, alles ist gut abgestimmt.** Danach noch mal Welt erklären, Refrain, die erste und die zweite Strophe in einer dritten Strophe gemixt – und dann war's das mit diesem Song. Anonyme Großstadt, triste Büroexistenz, Einsamkeit, der Mensch als bloßes Arbeitstier? Das gab's in Rock und Pop schon zehntausendmal … und zehntausendmal aufregender formuliert.

So stolpert »Stadt der Waschmaschinen« als groteskes Sprachbild über den eigenen hohen Anspruch. Man vermutet zwar, dass es die Menschen sind, die hier maschinengleich für blitzsaubere Fassaden vor ihrer inneren Leere sorgen – doch berührend ist das nicht. Am packendsten wirkt noch der vielstimmige **Ah-ya-ya-yaaah-yah**-Ruf, der jeweils zum Refrain überleitet und einen Hauch von Dschungel ins Spiel bringt. Er rettet ihn nicht, diesen Song, der ganz offensichtlich selbst mal ordentlich hätte durchgeschleudert werden müssen.

Das »maahnische« Stück ***Ich wart' auf dich*** von **1986** war übrigens einer der ersten Songkandidaten, die mir zu diesem Buch in den Sinn kamen. Weil mich schon damals, als ich es zum ersten Mal hörte, eine Zeile seltsam berührte; weil der Text an allen Ecken und Enden knirscht; und weil mir der Künstler mit seiner Lonesome-Rebel-Masche immer schwer zu fassen schien, vom Namen seiner Band (Die Deserteure) über die klischeehaften Rockerklamotten und den betonten Wuschelkopf bis hin zum demonstrativen Zigarettenqualmen. All das wollte nie so recht zu dem linkisch-braven Jüngelchen passen, das da hinter der unangepassten Tough-Guy-Pose schüchtern-selbstverliebt hervorlugte.

Wie gesagt: Gerade in *Ich wart' auf dich* sind es auch die Lyrics, die Gewöhnungsbedürftiges auffahren. Es geht um das sehnsüchtige Warten eines Lovers auf die früh aus dem Haus gegangene Geliebte. Offenbar ist der Sprecher selbst erst am Morgen nach Hause gekommen, denn gleich zu Beginn heißt es: **Morgens, wenn ich die Tür aufschließe, / Bist du schon lange unterwegs.** Und dann geht es auch schon los mit dem sprachlichen Geholpere: **Dein Kleid hängt leer am Bügel, / Und in der Tasse ist ein letzter Rest / Vertrockneter Kaffee.** Zum leeren Kleid am Bügel die Frage: Welches Wort passt nicht in diese Beobachtung? Und wie sähe das Ganze aus, hinge das Kleid voll, also samt Trägerin, am Bügel? In Sachen Kaffeetasse will man eigentlich nicht kleinlich sein, und doch sind es eher Pflanzen, feste Stoffe, die ***ver***trocknen – Flüssigkeiten wie Kaffee dagegen trocknen und verdunsten. **Aus der Küche scheint die Sonne ins Zimmer** ist gleich der nächste Vers, der irritiert. Ja sapperlot, die Sonne scheint vielleicht vom Himmel, aber doch nicht in der Küche. Und schon gar nicht von dort ins nächste Zimmer.

Der Text braucht aber nun mal dieses krumme Bild, denn im gleißenden Gegenlicht ergeben sich wunderbare Impressionen – zum Beispiel diese: **Es ist still, / So still, dass die Staubkörner, /**

Die Staubkörner in der Luft stehen bleiben und erfrieren / Wie zu einem Bild. Das klingt im ersten Moment hochpoetisch, keine Frage. Aber: Was, bitteschön, haben fehlende Geräusche mit dem Stillstand von Staubkörnern zu tun? Es erschließt sich nur zäh. Und dass diese Staubkörner den Kältetod sterben, war sicher auch nicht das, was Wolf Maahn eigentlich sagen wollte. Ganz sicher war hier nicht »zu einem Bild erfrieren«, sondern so etwas wie »***ge***frieren« oder »***ein***frieren« gemeint, der berühmte *frozen moment* im Film. Was, wie man es auch dreht und wendet, nicht passen will, wenn doch zuvor noch vom warmen Sonnenlicht die Rede war.

Im folgenden Vers wird es dann endgültig surreal: **Die aufgeschlagene Zeitung verspricht uns ein Leben / Auf den bunten Seiten dieser Welt.** Gut möglich, dass uns die Zeitung ein buntes Leben in der Welt da draußen verspricht – aber ganz bestimmt nicht auf irgendwelchen bunten Seiten, erst recht nicht im Kleinanzeigenteil.

Diese Häufung an textlichen Ungenauigkeiten ist ärgerlich. Gerade weil die Musik, die ganze Atmosphäre des Stücks das Warten auf die Geliebte wunderbar einfangen. Der anbrechende Tag, die Spuren, die die Frau in der Wohnung hinterlassen hat – vom getragenen Kleid über die benutzte Kaffeetasse bis hin zur Zigarettenkippe in der Eierschale –, all das kann man sich beim Hören wunderbar vorstellen und nachempfinden. Wenn da nicht diese nach Aufmerksamkeit heischenden Verse wären: Hallo, wir atmen Authentizität! Glänzen mit sensiblen Alltagsbeobachtungen! Mit ehrlicher, rauer Songpoesie! Capisce?

Am unangenehmsten aber berührt mich noch heute jene Stelle, an der sich der erschöpft Wartende in einer selbstverliebten, saft- und kraftlosen erotischen Fantasie verliert. Hier werden plötzlich seltsame intime Details heraufbeschworen, die herausstechen und für mich den Tatbestand *too much information* erfüllen. Das Kleid der Geliebten spielt dabei erneut eine denkwürdige Rolle: **Ich bin müde – Und ich wünsch' mir jetzt dein Kleid voller Leben / So möcht' ich dich eine Zigarette rauchen**

sehen, / Um dann müde in dich zu kriechen. Ein »Kleid voller Leben …«, »müde in dich zu kriechen …«, huaaaahhh! Die Vorstellung, wie sich der oben beschriebene Möchtegern-Bohemien schläfrig schlaff in den Körper der Geliebten drängt, die eben noch hollywoodtauglich eine Zigarette für ihn geraucht hat, lässt mich alles andere als wohlig erschauern. Das klingt kaum nach romantischem Miteinander, sondern eher nach autistischer Triebabfuhr. Aber nichts für ungut, bestimmt war's hochsensibel gemeint.

Süße Frauen, die klassisch »weiblich« funktionieren und als perfekt gestylte Göttinnen durchs Leben schweben, scheinen das Idealbild unseres Rock-'n'-Roll-Wolfs zu sein. Kein Wunder, dass er zehn Jahre später seine liebe Not mit weiblichen Wesen hatte, die diesem Klischee nicht mehr entsprechen wollen. Bis zuletzt hofft man, dass uns der Künstler **1995** in seinem Song ***Gattung feminin*** nur ein peinliches männliches Rollen-Ich präsentiert, um dessen überkommene Chauvi-Haltung zu entlarven. Doch vergeblich. Letztlich gibt es keine Überzeichnung, keine ironische Zuspitzung, die auf eine Distanz des Autors zum Sprecher im Song schließen lässt. Und so muss man konstatieren: Herr Maahn, damals um die 40, meint in *Gattung feminin* tatsächlich, was er da singt! Dazu passt ein groovendes Rock-Arrangement zwischen *Brown Sugar* von den Rolling Stones und Robert Palmers Hit *Addicted to Love*: taffe bis kontroverse Männermusik aus einer Zeit, als Männer noch Männer waren.

Die Probleme des Songs sind die Probleme, die das Song-Ich formuliert – und es sind ganz offensichtlich auch die Probleme des Autors: männliche Weicheier und allzu selbstbewusste Frauen, die durch ihre Art Anmut und Attraktivität eingebüßt haben. Es ist beinahe eine geheimdienstliche weibliche Verschwörung, die hier in vermeintlich lässigem Rock-'n'-Roll-Jargon angeprangert wird – eine gezielte Unterwanderung der Gesellschaft durch respektlose Emanzen und weibliche Emporkömmlinge, die wie umweltzerstörerische Konzerne die natürliche Ordnung auf den Kopf stellen: **Chefagentin, obercool, / Sägt den Typ**

von seinem Stuhl, / Hat längst kapiert, was Siegerstraße heißt. / So viel Evas sind supertaff, / So viel Willis superschlaff / Brandrodung, ein Stück Natur verwaist. Die Einstiegsverse sind noch so na ja. Aber Brandrodung? Zerstörung der menschlichen Natur? Junge, Junge!

Wer bisher verpennt hat, um was es geht, wird im Refrain mit einer rhetorischen Frage auf Kurs gebracht: **Gattung feminin / Wer hat sie geseh'n, / Gibt's die noch? / Gattung feminin / Das weiblich zarte Gen fehlt schon oft.** Und wie dabei das Idealbild von weiblicher Anmut zu einer eigenständigen Gattung (neben dem Menschen?) verklärt, die moderne selbstbewusste Frau als misslungene Genmutation verdammt wird, das lässt einem schon die Gesichtszüge entgleiten.

Frauen mögen bitte zart sein und nicht **Amazonen, blond und stark**, so wird weiter geätzt – und man spürt förmlich die Hilflosigkeit des Sprechers. Kaum zu glauben, aber diese Amazonen **checken dich ab an der Bar, / Klopfen Sprüche der unverblümten Art** – na so was! Sollte ein derart rüpelhaftes Verhalten nicht den Männern vorbehalten bleiben? Gern könnten Frauen Karriere machen, poltert der Verunsicherte weiter, das sei nur fair – na immerhin. Doch diesen einen Gefallen mögen sie ihm bitte gnädigst tun: **Lasst mich noch schmachten, / Lasst mich bereu'n, / Redet wie Engel, spielt mit mein'n Träum'n / Und lasst Karate nur heute Nacht ausfall'n!** Vielleicht könnte man noch ergänzen: ***Lasst mich heut Nacht müde in euch kriechen* ...**

Da scheint ganz deutlich der ewig gestrige Rockromantiker durch, der all das mit bereitwilligen, schönen, passiven Frauen erleben möchte, was Generationen von kernigen, tonangebenden, selbstverliebten tollen Hechten vor ihm mit bereitwilligen, schönen, passiven Frauen erlebt haben. Nur dass die Frauen sich längst verändert haben und auch selbst mal den Ton an- beziehungsweise vorgeben. Wolf Maahns Song-Ich ist schon 1995 ein Auslaufmodell. Es kann die unumkehrbare Entwicklung nicht wertschätzen, sondern nur als unfaire Retourkutsche, als persönliche Beleidigung auffassen: **Nichts ist, wie es war, schaut euch um. / Gattung feminin / Frau dreht stöckelhart den Spieß um …**

Die letzte Behauptung ist selbstentlarvend, enthält sie doch das Eingeständnis, dass zuvor die Männer die Frauen dominiert und mies behandelt haben. Wolf Maahn weiß, wie man mitreißend und stilsicher rockt! Aber eine spannende zeitgemäße Botschaft? Gelingt ihm nicht. Oder blitzt da irgendwo doch ein Funken Ironie auf? Aufklärung erbeten.

2015 besangen MIA spielerisch die *United States of Ich & Du*, und das war ein Riesenspaß: Gefeiert wurde ein freigeistiges Spontankollektiv, das seine Agenda wohl eher im Club als im Parlament oder am Küchentisch zelebrierte. Wie bemüht dagegen fünf Jahre zuvor Wolf Maahns Versuch, eine sich entwickelnde und festigende Liebesbeziehung ausgerechnet in ein staatstragendes Motiv zu gießen: ***Vereinigte Staaten***. Und wie umständlich seine Verse im Refrain, die kurze Vokale auf lange Vokale reimen und Liebesdinge in unsinnlich zurechtgebogene Bilder von Biodiversität und politischen Verfassungen fassen: **Liebe, Amen, / Wir leben zusammen. / Vielfalt der Arten / In Vereinigten Staaten.** Herrje – *Stadt der Waschmaschinen* revisited. Der Reim ist wohl auch der einzige Grund, warum die liturgische Akklamationsformel »Amen« noch mit hineinmontiert wurde.

Vielleicht bringt es uns weiter, / Und wir werden weiser, / Und im Interesse beider / Sind wir um viele Erfahrungen reicher reimt sich Maahn wacker voran und lässt dabei eher an eine Mischung aus Vertragsverhandlung und Therapiesitzung denken als an die große Liebe. Schließlich folgt mit **Und wir werden schlauer, / Und es gibt uns Power, / Denn wir kennen uns immer genauer** eine Kette an herzigen Allerweltsreimen, die fast schon nach einem kleinen Schüler-Fortsetzungswettbewerb schreit: »Harmonie auf Dauer«, »Zwischen uns fällt die Mauer«, »Und der Himmel wird blauer« … Wer bietet mehr? Dabei vergisst man gern eine weitere Frage, die sich nebenbei aufdrängt und auf die Wolf Maahn keine Antwort gibt: Wer ist eigentlich Präsidentin oder Präsident dieser Vereinigten Staaten?

Die ***Kathedralen von Zahlen***, »eröffnet« im Jahr **2004**, sind ein weiteres monumentales Sprachbild zur Beschreibung der schädlichen Auswirkungen des Kapitalismus auf unsere Welt. Doch auch hier regieren eher diffuse Bilder – konturlose **Herren der Ringe**, die den skrupellosen Makler feiern, **wenn die Börsenglocke schlägt**, dazu **verbrannte Erde** oder **die Priester vom schnellen Geld, / Ayatollahs der schnellen Welt**. Spielt der Autor im widersprüchlichen letzten Bild auf Islamisten an – auf Terroristen gar? Es wäre ein rhetorisches Spiel mit dem Feuer. So passt am Ende auch in diesem Song nichts richtig zusammen.

Bestimmt hat Meister Maahn das Herz am rechten Fleck – zumindest hoffen wir das. Doch wäre er gut beraten gewesen, hätte er sich hier und da mehr Zeit beim Formulieren genommen. Oder eine Prise Selbstironie eingebracht – so wie es der Kollege Westernhagen, ein ähnlicher Haudrauftexter, immer wieder in Kombination mit einem gelungenen Heranwanzen an den Massengeschmack geschafft hat. Wer weiß, vielleicht hätte der singende Deserteur mehr Verständnis erfahren. Und auch beim Charts-Publikum nachhaltig gepunktet.

Herbert Grönemeyer
Der Unverstehbare

Angela Merkel, Udo Lindenberg, Thomas Gottschalk, Joachim Löw, Helene Fischer, Michael Schumacher, Günther Jauch, Heidi Klum, Steffi Graf: bundesrepublikanische Ikonen der vergangenen Jahrzehnte, Symbolfiguren, auf die sich viele Menschen einigen können. Zu diesen großen Konsensfiguren, die selten völlig unumstritten sind, aber doch konstant gehätschelt werden, gehört auch Herbert Grönemeyer: menschelndes Sprachrohr des gesellschaftlichen Mainstreams; Motor eines eigenwilligen Kopfkinos; schwitzender Konzert-Entertainer im Dienste der Fans. Und, natürlich, für immer Leutnant Werner in Wolfgang Petersens Romanverfilmung *Das Boot* (1981) – noch so eine Ikone bundesrepublikanischer Kultur.

Angie, Jogi, Steffi, Thommy & Co. – solche Monumente müssen Marotten haben: Eigenheiten, die zu Markenzeichen werden und immer wieder Spekulationen oder Sympathiebekundungen befördern, manchmal auch süffisante Parodien. Der eine quasselt, die andere macht »die Raute«, der nächste hat gelegentlich den Finger zu nah an der Nase. Bei Grönemeyer sind es der steinerweichende Stoß- und Pressgesang und über die Stränge schlagende Texte, gern aus eigener Erfahrung gespeist. Oft versteht man sie schon akustisch nicht. Und manchmal scheint ihnen ein tieferer Sinn innezuwohnen, der jedoch so scheu ist, dass er sich einfach nicht offenbaren will. Trotzdem schwören wir Stein und Bein auf »unser'n Herbert«, und das sei dem nimmermüden Kreativbündel auch gegönnt. Die eine oder andere steile These, das eine oder andere kühne Sprachbild in seinen Texten dürfen wir trotzdem stirnrunzelnd unter die Lupe nehmen …

Kinder an die Macht heißt beispielsweise eine plakative Forderung aus dem Jahr **1986**. Schon klar: Das Bild vom uneigennützigen, verspielten, ja gänzlich unschuldigen Dreikäsehoch war eine zugespitzte Idealisierung, die einer bestimmten Zeitstimmung entsprach – die Achtzigerjahre waren eben nicht nur von Konsum und Lifestyle geprägt, sondern auch vom Aufstieg der Grünen, der Etablierung einer neuen Friedensbewegung. Dementsprechend gut kam der Song an. Und doch bin ich schon damals bei seinem Erscheinen gerade wegen dieser Zuspitzung umgehend ausgestiegen. Nö, denke ich noch heute, wenn ich den Song höre, ich bin dagegen. Kinder an die Macht? Bloß nicht! Wo **Panzer aus Marzipan** sind, wo Wachstumserscheinungen und Eiscreme über die dunklen Seiten der menschlichen Seele triumphieren, herrscht Realitätsverlust, erscheinen die kleinen Lieblinge in allzu strahlendem Licht: **Es gibt Zahnlücken, / Statt zu unterdrücken, / Gibt's Erdbeereis auf Lebenszeit.**

Man muss nur kleine Geschwister oder Kids im Sandkasten beobachten: Da werden erbitterte, teils gewalttätige Machtspielchen gespielt. Mark Twain erzählt authentische Alltagsgeschichten über Kinder, die tote Tiere mit sich herumtragen und lebende Frösche aufblasen, nur so zum Spaß. Und wer William Goldings Roman *Lord of the Flies* (*Herr der Fliegen*) gelesen hat, bekommt eine Ahnung davon, was mit Kindern geschieht, die ohne Aufsicht durch Erwachsene ihre Existenz bestreiten müssen: Sie bilden Gruppen, fangen an, sich gegenseitig zu bekriegen, auszugrenzen, zu vernichten.

Insofern muss ich abwinken, wenn es bewundernd heißt: **Gebt den Kindern das Kommando, / Sie berechnen nicht, / Was sie tun. / Die Welt gehört in Kinderhände, / Dem Trübsinn ein Ende.** Ich bin sicher, es wäre der Anfang vom Ende, säßen Youngster an den Schalthebeln der Macht. Nur der folgenden Gröni-Meinung zu Kindern kann ich etwas abgewinnen: **Sie sind die wahren Anarchisten / Lieben das Chaos, räumen ab. / Kennen keine Rechte, keine Pflichten, / Noch ungebeugte Kraft. / Massenhaft / Ungestümer Stolz.** Das, muss ich sagen, trifft tatsächlich zu, zum Beispiel auf den größten Kindskopf, der je im mächtigsten Land der Erde an der Macht war: Donald Trump. Aber: Sind Chaos, Rechtlosigkeit und Anarchie, mangelndes Pflichtbewusstsein und überbordender Stolz wirklich das, was die Welt dringend braucht? Ich wage es zu bezweifeln.

Dass Meister Grönemeyer auch in Gefühlsdingen zur großen Geste inklusive halsbrecherischer Wortspiele neigt, zeigen weitere Songs aus dem **1986**er Album *Sprünge*. In ***Nur noch so*** etwa heißt es ebenso inbrünstig wie gagaesk: **Überkomm' mich mit all deiner Liebe, / Überfrau mich mit Gefühl.** Nein, nicht »übermann«, sondern »überfrau«! Es ist eine anstrengend spitzfindige Entwaffnungsrhetorik, an der sich auch **2014** nichts geändert hat, wie folgende Bonmots aus dem Album *Dauernd jetzt* zeigen: **Ich lieb' mich durch zu dir [...] Ich dauer' jetzt, leb' momentan [...]** Oder auch: **Lehne mich am Abgrund an.** Das klingt nach Krampf, nach Einsatz von Macheten im Ringen mit der Liebe und den physikalischen Gesetzen, aber auch nach aussichtslosen Bemühungen. Denn wer das Hier und Jetzt mit dem Augenblick verwechselt und nur momentweise am Leben ist, wer in der Gegenwart »einfriert« und das Bodenlose als Stütze wählt, bekommt nicht allzu viel gewuppt. Ähnlich Seltsames geschieht in ***Fang mich an***, ebenfalls vom Album *Dauernd jetzt*. Da behauptet das Song-Ich tatsächlich: **Das Wetter klemmt** – und beschreibt die Geliebte beim Verrichten mysteriöser Tätigkeiten: **Du holst den Wind / Zum Trocknen rein.** Möchte man in so einer Welt leben?

Lieb mich wenig, / Dafür lieb mich lang ist noch so ein unorthodoxes Statement aus *Fang mich an* – und nicht minder sperrig, erst recht, weil es um eine glühende Liebe geht. Wieso sollte sich ein zärtlich Schmachtender mit nur wenig Zuneigung für den Rest seines Lebens zufriedengeben? Das ergibt doch keinen Sinn! Abgesehen davon, dass das Wörtchen »lang« in dieser besonderen Formulierung unglücklich auch an ein Längenmaß denken lässt. À la: *Schatz, ich gehör' ja eher zu den Kurzen – liebst du mich bitte mal lang?!*

Ohnehin scheint der Sprecher in diesem Song etwas neben der Spur zu sein, sonst würde er das angehimmelte Du nicht zusätzlich mit der absurden Forderung aus dem Songtitel behelligen: **Nimm dir die Freiheit, / Mir den Verstand. / Fang mich an!** »Fang mich an«? Die Ankündigung, sich durchzulieben, war schon eine Zumutung für das Du im anderen Song – nicht auszudenken, was der Sprecher da beim Durchlieben alles nieder- und beiseitegeliebt hat. Aber dieses Anliegen hier toppt alles. Wer sich derart überspannt an die fast schon ungesund verklärte Person heranwanzt, hat eigentlich nur eine Antwort verdient: »Verschwinde aus meinem Leben – sonst hör ich dich auf!«

Es wirkt schon beinah manisch, wie Grönemeyer die Sprache strapaziert, um herausfordernde neue Sinnzusammenhänge zu kreieren. So wie es in ***Ich lieb mich durch*** in einem fast schon Maffay'schen Manierismus heißt: **Du denkst dich durch durchs**

Denken, so wird man beim Hören das Gefühl nicht los, dass sich auch der Künstler immer wieder reichlich mühsam durchs Dichten durchdichtet. Dazu gehört auch, eigentlich nüchtern, sachlich, sperrig klingende und kaum Emotionen weckende Begriffe in den songlyrischen Kontext zu zerren und literarisch aufzuladen. »Schiffsverkehr« ist ein solcher Begriff, er kommt ähnlich spröde daher wie »Infrastruktur«, »Transportwesen« oder »Logistik«. Grönemeyer macht ***Schiffsverkehr*** nicht nur zum Titel eines Songs, sondern gleich zum Titel eines ganzen Albums aus dem Jahr **2011**. Und das weckt Interesse: Kann es sein, dass das Zentralorgan bundesdeutscher Befindlichkeit aus dem kleinen Brocken Beamtensprech tatsächlich ein paar Tropfen Poesie herauszupressen vermag?

Die Antwort fällt ernüchternd aus. Tatsächlich kreist der Song ums Maritime, erzählt von einem feuchtfröhlichen Aus- und Aufbruch ins Ungewisse. Doch bevor im Refrain das spröde Titelwort zum ersten Mal fällt, hat die Sprache schon mehrmals geklemmt. Da entfaltet das Song-Ich nicht etwa ein Blatt, sich selbst oder seine Kräfte, sondern einfach nur seine Hand. Und findet sich nicht auf zweien von zwei Füßen wieder, sondern lediglich auf einem. Das Ganze bei gesetzten Feuern und im wortverspielten Nebel: **Entfalte meine Hand, / Die Anker los, / Denn auch jedes Tief dreht sich ins Hoch. / Fall auf meinen Fuß, / Die Feuer sind gesetzt, / Und die Nebel leuchten.**

Schön gaga geht es weiter in der zweiten Strophe: **Werde, wer ich bin. / Gute Fahrt, / Dämonen sind versenkt. / Aufgeklart, / Es gibt kein Damals mehr, / Es gibt nur ein Jetzt, ein Nach-Vorher.** Hm … Natürlich hat man Verständnis, denn das Song-Ich lässt eine leidvolle Vergangenheit samt Herzschmerz hinter sich. Doch der Blick in eine bessere Zukunft gerät doch sehr prätentiös: Was ich bin, das muss und kann ich nicht mehr werden. Arg bemüht, dieses paradoxe Identitätsgeschwurbel. Und dass das Jetzt als »Nach-Vorher« beschrieben wird, gehört in die Schublade manierierter Manierismen. Genauso gut hätte Grönemeyer sagen können: Der Sprecher des Songs ist auf dem

Weg ins Morgen, das heißt, er reist ins Nach-Heute, ins Nach-Nachher, vielleicht sogar ins Nach-Morgen, also ins Übermorgen. Und so weiter und so wenig ergiebig.

Es folgen anstrengende Wortkaskaden, aus denen vor allem zwei Wendungen hervorstechen: der nach Kaffeefahrtpromotion klingende Hinweis **Im Paradies sind Plätze frei**, dem bloß noch die Bitte um Reservierung fehlt, natürlich zum Sonderpreis; und ein weiterer Manierismus, in Gestalt der unsterblichen Worte: ... **leb mich voran, / Und ich verliere mich in mir.** So als könnte man sich genauso gut zurück, nach Steuerbord oder auch nach Backbord leben. Aber Grönemeyer ist ja, wir erinnern uns, auch in der Lage, sich hartnäckig zu jemandem durchzulieben. Da kann es – **verliere mich in mir** – schon mal passieren, dass man seiner selbst verlustig geht. Egal, ob's zu der selbstbewussten Behauptung **Werde, wer ich bin** vom Songbeginn passt. Nein, diese Lyrics entbehren jeglicher Eleganz. Von Sinnhaftigkeit ganz zu schweigen.

Das Grundproblem des Textes ist und bleibt jedoch der spröde Titelbegriff, den Grönemeyer nicht gewinnbringend einsetzen kann. Im Rahmen der trotzigen Forderung **Ich will mehr Schiffsverkehr** wirkt er unfreiwillig komisch – wie der Seufzer eines Kapitäns, der coronabedingt pausieren muss und die nächsten Einsätze herbeisehnt. Darüber hinaus steht er letztlich im Widerspruch zu dem, was die Strophen auszudrücken versuchen. Das Ich im Song erzählt vom Aufbruch in die Freiheit, und zwar – **Die Segel sind gefüllt** – in Form eines einsamen, draufgängerischen Segelabenteuers. Mit Schiffsverkehr aber sind doch eher Ozeanriesen assoziiert, oder nicht? In der Bilderwelt knirscht es gewaltig.

Der größte Widerspruch ergibt sich jedoch aus den Beschränkungen, die die moderne Seefahrt dem Menschen auferlegt: Das Ich im Song träumt vom spontanen Entdecken und Erkunden – doch Schiffsverkehr ist verbunden mit fixen Routen, mit effektivem Transport von A nach B, und das nach strengsten internationalen Regeln. Da kann Grönemeyer noch so wortreich auf

Kolumbus machen und den Piraten der Karibik mimen – mit Blick aufs Meer bleibt er Freizeit- oder Berufskapitän, im schlimmsten Falle Schleusenwärter. So spannungsvoll der Song losrockt: Dieses Schiff wird in vertrautem Fahrwasser stecken bleiben. Und die kleinen lyrischen Lecks im Rumpf werden es langsam sinken lassen.

Seine Strategien der Hauruckmetaphorik und des extremen Manipulierens sprachlicher Wendungen verbindet Gröni mit herzzerreißenden Geschichten und Bekenntnissen, auch mit dem Buhlen um die Gunst des Publikums. Bevorzugt gibt er den wackeren Kämpfer, der mit den Tücken des Alltags und den Schlägen des Schicksals ringt. Das ist mitunter humorvoll, doch häufig wirkt es kantig. Und dennoch muss man den Mann lieben, auch wenn man ihn nur selten versteht.

Ein weiteres Beispiel für diese ganz spezifische Herbert-Dynamik liefert ***Schmetterlinge im Eis***, ein Song aus dem Jahr **1998**. Da betrauert einer einen großen Verlust, wir dürfen annehmen, es geht um eine geliebte Person. Ob es sich um eine Trennung handelt oder ob die geliebte Person gar gestorben ist, bleibt unklar. Letzteres ist am wahrscheinlichsten. Was zählt, sind das Gefühl des Alleingelassenseins und das Bekenntnis des Sprechers, ohne den abwesenden Menschen nicht leben zu können.

Das kann man machen und darf man machen, da gibt es kein Vertun. Allerdings kommt es darauf an, wie man es macht. Und Grönemeyer wählt die XXL-Ausführung – »Eingeständnis schwerster Beziehungsschuld samt absolut gerechtfertigter Höchststrafe und Schwelgen in Trauer und Selbstmitleid«. Größtes Gefühlskino also, und genau das macht *Schmetterlinge im Eis* so anstrengend. Immerhin weiß die spannungsgeladene Musik zu fesseln: mit perlendem Piano, mit dramatischen Streichern sowie mit überraschend stimmigen Elektro-Fiep- und -Blubbersounds. Die Lyrics dagegen, anfangs eher gesprochen als gesungen, später aufgewühlt herausgeschrien, gehen gleich vom Start weg mit dem Autor durch. Um die ungeheure Belastung zu beschreiben, die sein Song-Ich für die geliebte Person gewesen sein muss, wählt er unangenehme, teils absurde Bilder. Sie lassen das Gegenüber wie ein Tier, ein Möbelstück, wie Betreuungspersonal oder jemanden im Boxring erscheinen, nur nicht wie eine nahestehende Person: **Hab' dir viel aufgehalst, / Auf dir abgestellt, / Dein Herz umgedreht, [...] / Deine Nerven zerrissen, / Dein Stehvermögen ausgereizt, / Dich angezählt**; darauf folgt – Achtung: **Deinen guten Willen zum Stehkragen aufgepumpt, / Deinen Blick unendlich getrübt, / Dir Übermenschliches abverlangt.**

Ich bin mir sicher: Meine Frau würde ihre Nerven schonen und schon gar nichts auf sich abstellen lassen – angesichts der geschilderten Verfehlungen hätte sie mich wohl schon zehnmal verlassen. Allein die Sache mit dem aufgepumpten Stehkragen wäre ein veritabler Scheidungsgrund gewesen. Doch Grönemeyer lässt nicht locker, in den folgenden Versen legt er sogar noch eine Schippe drauf. Also denken wir uns wieder das alles bestimmende Wörtchen **Hab'** dazu und lauschen weiteren schlimmen Beziehungstaten: ... **meinen Wahn abgeteilt, / In deinem Zimmer jede Ecke eingeklagt / Für mein falsches Los, / Dich vergöttert, geplättet, zerrüttet / Mit meiner Sucht nach Trost, / Meine Knoten zum Lösen überlassen, / Meine Wogen zum Glätten vermacht, / Hast jede Welle ruhig ans Ufer gelegt.** Es ist kaum zu glauben, was sich das Du da alles hat gefallen lassen müssen und was es unternommen hat, um den Sprecher auszubalancieren. Was der wiederum zufrieden zur Kenntnis genommen hat. Frei nach dem schon etwas egoistischen Motto: Danke, dass du mich ertragen hast.

In der zweiten Texthälfte sucht der Sprecher nach möglichst spektakulären Bildern für sein Verlassen- und Verlorensein, für die Strafe, die ihn unweigerlich ereilen muss. Und er findet sie: auf dem Feld der Rechtsprechung und im Film, vermutlich in den großen Melodramen. Es folgen weitere Textauszüge, bitte Taschentuch bereithalten: **Keiner holt meinen Koffer, / Eröffnet mein Verfahren, / Zahlt die Kaution. / Keiner verschafft mir ein Alibi, / Keiner nimmt mein Gnadengesuch an. / [...]//**

[...] **Keiner übernimmt meinen Bann, / Keiner macht ungeschehen, / Fängt für mich von vorn an. / Keiner löst meine Schlinge, / Setzt mein Urteil aus. / Keiner besticht den Henker, / Löst mich aus dem Alptraum heraus. / Keiner ändert das Drehbuch, / Keiner setzt den Film ab ...** Und: **Keiner verrät mir das Codewort, / Gibt mir deinen Aufenthaltsort preis.** Schon bitter, ohne Zweifel. Und doch nicht ganz der passende Code für eine Geschichte über Verlust.

In einem mehrfach eingeschobenen refrainartigen Teil droppt Gröni das rätselhafte Bild, das dem Song den Titel gibt: **Was ich verdiente, hast du mir gegeben. / Den gerechten Preis habe ich bezahlt. / Brauch' dich zurück zum Überleben, / Deine Schmetterlinge im Eis.** Hach ... seufz ... Aber was in aller Welt bedeuten Schmetterlinge im Eis? Eine Spurensuche: Im Alltag verbinden wir mit Schmetterlingen Buntheit und Schönheit, Anmut und Leichtigkeit. In der Mythologie werden die kleinen Flattertierchen assoziiert mit der menschlichen Seele, sogar mit Auferstehung und Transformation. Und ja, das könnte passen, im ersten Moment. Doch wenn tatsächlich die Seele der verloren gegangenen Person gemeint ist, warum tritt der Schmetterling dann in der Mehrzahl auf? Und warum braucht der Sprecher diese Schmetterlinge im Eis? Gefroren sind sie doch regungslos, tot, mit anderen Worten: wenig hilfreich. Oder befindet sich der Sprecher nur in einer Starre und sehnt sich nach der Leichtigkeit der gegangenen Person? Es wäre arg dick aufgetragen. Nein, keine dieser Vorstellungen fügt sich harmonisch in das Songganze, zumal die Motive »Winter« und »Eis« zuvor nicht eingeführt wurden. So birgt der Songtitel nur ein spektakuläres Einzelbild – spektakulär um seiner selbst willen.

Wie auch der Sprecher, statt Mitleid zu erwecken, schnell zu nerven beginnt. Weil er auch den guten Willen des Publikums zum Stehkragen aufpumpt. Weil er Mitgefühl aufdringlich einfordert. Und weil er sich als Trauernder an den überbordenden Bildern seiner eigenen Unzulänglichkeit berauscht. Von großem Kino war die Rede: Tatsächlich gibt Grönemeyer hier erneut den

Nicolas Cage unter den Songwritern: schleppt sich durch eine hoffnungslos tragische Rolle – mit reichlich Overacting. Und doch nötigt es Respekt ab, mit welcher Selbstgewissheit er den absurden Vers »Ich brauch deine Schmetterlinge im Eis« in die Welt shoutet.

Wer als Seismograf einer diffusen bundesdeutschen Gefühlslage dermaßen aufs Ganze geht und immer wieder begeistert gefeiert wird, der darf sich irgendwann auch bemüßigt fühlen, Musikstücke zu sportlichen Großereignissen wie der Fußballweltmeisterschaft beizusteuern. ***Zeit, dass sich was dreht*** heißt der aus mehreren Teilen collagiert wirkende Song, den Grönemeyer gemeinsam mit Amadou & Mariam zur WM **2006** veröffentlichte – und in dem er seinem Stil der unpräzisen, sperrigen Wortfolgen treu bleibt. **Wer jetzt nicht lebt, wird nichts erleben**, heißt es hochtrabend gleich zu Beginn, **Bei wem jetzt nichts geht, bei dem geht was verkehrt**. Na holla! Und schon fragt man sich, wie ein lebender Mensch ***nicht*** leben kann, was »jetzt leben« ganz konkret bedeuten soll oder warum all diejenigen, denen nicht nach Fußballgucken zumute ist, nichts erleben werden. »Bei wem jetzt nichts geht, bei dem geht was verkehrt« bekommt in diesem Kontext einen unfreiwillig abschätzigen Unterton, und bei der abenteuerlichen Konstruktion »verkehrt gehen«, die wohl »falschlaufen« oder »schieflaufen« ersetzen soll, ist vermutlich stilistisch-grammatikalisch das eine oder andere verkehrt gegangen.

Legt die Welt an den Punkt ist dann ein metaphorisch anregender Verseinstieg. Doch der wird gleich wieder zunichtegemacht durch die Fortführung **Geduld ist ungesund** – eine unsinnige Behauptung ohne poetische Kraft, dazu arg verschwurbelt: Es geht doch lediglich um das Aufgeregtsein kurz vor Spielbeginn. Später hören wir noch **Die Zeit bereit, nicht zu vertagen** und fragen uns verwundert, warum die Zeit hier nicht ***reif*** ist. »Die Zeit bereit«? Eine weitere dieser polternden »Ich bin anders«-Konstruktionen, die originell daherkommen wollen und gleichzeitig die Nerven strapazieren. Viel mehr an Text is' nich' in diesem denkwürdigen Song. Es gibt noch Versfetzen auf Französisch und vermutlich in einer afrikanischen Sprache, dazu den in Kombination mit Oooeee-Oooeee-Oooee-Rufen schier endlos wiederholten Refrain: **(Es wird) Zeit, dass sich was dreht, was dreht, was dreh-he-he-he-he-heht, / Zeit, dass sich was dreht ...**

Aber was beim ersten Hören noch »rund« klingt, entpuppt sich bei genauerer Analyse als mittelschweres Rätsel. Was genau soll sich denn drehen? Der Ball kann's kaum sein. Der ist zwar rund, doch vor allem rollt und fliegt er beim Fußballspiel. Was also könnte sich sonst noch drehen? Der Wind vielleicht oder irgendeine Stimmung? Fragen über Fragen. So funktioniert dieser hektisch trommelnde, hymnisch überfrachtete Song vor allem als musikalisches Überwältigungspathos, versetzt mit einer Prise Zumutung. Die textliche Botschaft? Unausgegoren, diffus. Mit anderen Worten: nicht auf den Punkt. »Zeit, dass sich was dreht«, dieser planlos wirkende Fußballsong mit dem unfreiwilligen Subtext »Da muss sich was ändern!« hätte im Nachhinein noch am ehesten zur Fußball-EM 2021 gepasst – zum sang- und klanglosen Ausscheiden der deutschen Mannschaft im Achtelfinale und zum traurigen Ende der Ära Joachim Löw.

PUR
Im tiefen Tal der Supermetaphern

Sie posen wie Rocker. Sie klingen mal nach Powerpop, mal nach Schlager. Sie haben auch in Bierzelten Erfolg. Und Hartmut Engler, der Frontmann und Texter, oszilliert gekonnt zwischen Bryan Adams, Dieter Bohlen und Matthias Reim. PUR-Lyrics sind alltagstrunken und überaus fantasievoll, bisweilen – man denke an Titel wie *Funkenperlenaugen* oder *Abenteuerland* – wähnt man sich im Cirque du Soleil oder im Traumtheater Salome. Mit diesem märchenhaften Rangieren zwischen allen Stühlen und handwerklich perfekten Ohrwürmern hat sich die Band aus Bietigheim-Bissingen in den deutschen Pop-Olymp katapultiert. Dort verweilt sie nun schon seit einigen Jahrhun…, pardon: Jahrzehnten.

Schaut man sich die Lyrics genauer an, dann offenbaren sich Parallelen zu den Texten von Herbert Grönemeyer und Wolf Maahn. Wie diese beiden Extrempoeten bearbeitet auch Hartmut Engler die Sprache auf Biegen und Brechen, auf gewagte oder infantile Weise – und manches Mal so lange, bis der Sinn kollabiert. Direkt an Grönemeyer und seinen Song *Flugzeuge im Bauch* scheint folgende Textstelle aus ***Lena*** anzuklingen, jenem beschwingten PUR-Stück, das **1990** zum Hit wurde: **Bin viel zu oft weit weg von dir. / Abgestürzt, gestrandet neben dir. / Mein Glück, dass du Bruchpiloten magst. / Du kennst mich gut, ich schwör' dir nie zu viel, / Aber du weißt, du bist mein wahres Ziel. / Du hast mich immer noch nicht satt, / Du bist Luft für mich, die ich zum Atmen brauch'** – und dann: **Die Landebahn in meinem Bauch.** Da ist er, der Herbert'sche »Danke, dass du mich erträgst«-Gestus, da geht's ums Fliegen und ums Abstürzen, um schweres Fluggerät. Das klingt witzig, auch wenn das Landebahn-Bild eher rätselhaft bleibt. Wenn der Sprecher neben der Geliebten immer wieder abstürzt oder strandet, wie kann die Geliebte dann die Landebahn in seinem Bauch sein? Und wer oder was, um Himmels willen, soll dort landen? Ganz abgesehen davon, dass Komplimente anders klingen. Wer will schon die Landebahn im Bauch der Partnerin oder des Partners sein?

Bereits dieses erste Beispiel zeigt: Empathie und Emotion spielen eine große Rolle in Hartmut Englers Texten, und beides lässt er im Überfluss sprudeln. Zwischenmenschliche Interaktion kann nicht intensiv genug sein, wie auch die folgenden *Lena*-Verse unterstreichen: … **lass' ich mich zu dir treiben, / Seelen aneinander reiben.** Vorsicht, es könnte wunde Stellen geben. Aber Meister Engler ist offenbar schmerzfrei. Der PUR-Poet, der seinem Vortrag in Videos gern durch intensives Gestikulieren Nachdruck verleiht, dichtet sich die Welt, wie sie ihm gefällt. Dazu gehört der Einsatz eines Klischeecharakters, der zum ersten Mal 1988 auf dem Album *Wie im Film* erschien. Die Band-Website erklärt: »›Wie im Film‹ […] enthält die Originalversion von ›Kowalski‹, mit der das Autorengespann Hartmut Engler / Ingo Reidl eine Kunstfigur erschafft, die den ›typischen Deutschen‹ persifliert und die im Verlauf der Jahre pointenreich immer wieder auf diversen PUR-Alben auftaucht.« Ah ja. Tatsächlich beschreibt der Song *Kowalski* einen dümmlich-dicken Pauschaltouristen, der im Hawaiihemd und mit Sonnenbrand von heißen Urlaubsflirts träumt – eine Sehnsucht, die natürlich unerfüllt bleibt. Schon klar: Ein bisserl Klischeereiten und Fremdschämen machen sich immer gut, das schafft Nähe zum vermuteten anspruchsvollen Nicht-Kowalski-Publikum.

Es sind diese Eindringlichkeit, diese Selbstgewissheit und diese Fingerzeige auf andere Menschen, gepaart mit verbalen Purzelbäumen, die so manchem PUR-Songtext einen merkwürdigen Anstrich geben. Das geht dann auch mal nach hinten los, bis hin zur lyrischen Selbstüberlistung. Etwa wenn Alkohol für ein lustiges Sprachbild in einem Lovesong herhalten muss. Natürlich: Ein Gläschen in Ehren kann niemand verwehren. Aber: Alkohol ist verführerisch, Alkohol ist gefährlich. Nicht umsonst nennt man übermäßigem Konsum Missbrauch. Und Menschen, die zu Alkoholmissbrauch neigen, werden schon mal mit einer abfällig-verständnislosen Bemerkung bedacht: Schon wieder besoffen, das arme Schwein, ein hoffnungsloser Fall!

Genau diese Implikationen fallen PUR in ihrem Song ***Ich hab' mich wieder mal an dir betrunken*** (1987) auf die Füße. **Hab mich wieder mal an dir betrunken**, heißt es feuchtfröhlich, **Hochprozentig, Liebesrausch: / Den schlaf' ich mit dir aus.** Wir wollen nicht päpstlicher als der Papst sein. Selbstverfreilich kann man von einer geliebten Person wie berauscht sein, das ist Standardliebesdichtung. Doch in der Annahme, eine unglaublich positive lyrische Intensität zu kreieren, reizen PUR die Metapher unerträglich aus. Von Liebe berauscht *ist* man – zur Flasche *greift* man. Aber die Partnerin als Flasche? Oje. »Wieder mal« und

»Rausch ausschlafen«, das klingt dann wirklich nicht nach Romantik. Eher nach ungesunder Gewohnheit, nach unkontrollierten Exzessen, die auf »Absolut nix los«-Phasen folgen, nach Lichter-Ausschießen, Kopfschmerz, Übelkeit – Kater nicht ausgeschlossen. Missbrauch eben. Und: nach jenen Kowalskis, die PUR so gern kritisch ins Visier nehmen. Nüchtern betrachtet kein schönes Bild für eine erfüllende Liebe.

Immerhin wissen wir jetzt: Rauschhafte Begegnungen, bei denen Flüssigkeiten eine Rolle spielen, haben es Songtexter Engler angetan. Verdichtet werden diese Motive in der synthetisch aufgepoppten Uptempo-Nummer ***Alice im Wunderland*** aus dem Jahr **1989** – dem einzigen mir bekannten Song, in dem zwei Menschen beim Sex unter freiem Himmel in den Boden wachsen und zusätzlich ein Auge für die Grashalme haben. Von Anfang an ist hier alles nass, die Wassermassen wirken kindlich-lebendig, das Paar umarmt sich im Regen und spürt nichts weniger als – das Leben. Mit PUR-typischem Pathos gewürzt klingt das so: **Die ersten Tropfen auf der Haut, / Kleine Pfützen werden wach, / Spielen große See. / Wir halten still und uns ganz fest, / Ergeben uns dem Regen, / Dem kleinen Hauch von dem, / Was Leben heißt. / Alle Schatten weggespült, / Wir steh'n nassumschlungen da: / Ein ganz bescheidener und kleiner Teil vom Wunder, das da Leben heißt.**

»Nassumschlungen«, das ist Engler pur. Und was anfangs noch ansatzweise kunstvoll wirkt, wird im weiteren Songverlauf albern-grotesk: **Jeder Grashalm lacht uns zu, / Vom vielen Trinken schon ganz grün**, heißt es reichlich sinnentleert, als wären Grashalme gar muntere Saufkumpane und erst mal schwarz oder blau, bevor der Regen kommt. Und dann die metaphysische Erfahrung – ein erotisch aufgeladenes Wurzelschlagen: **Im Wasserrausch. Wir beide wälzen uns dazu. / Unsere Hände spüren wie Wurzeln in der Erde diesen Strom, / Der Leben heißt ...**

Schon irre: Was andere Menschen vor allem beim intensiven Gärtnern erleben, erleben Englers Protagonisten in der sexuellen

Vereinigung: **Wir lieben uns im Gras, / Und mit uns geschieht / Das Wunder, das Wunder, das Liebe heißt. / Wir lieben uns im Gras, / Und mit uns geschieht das Wunder, / Das Leben macht.** Heureka! Hier geht's nicht nur um Erderfahrung und Sex, hier müssen gleich auch Nachkommen gezeugt werden.

Alice im Wunderland ist damit noch so ein Song, der uns *too much information* beschert. Der Vortrag unterstreicht den bizarren Charakter. Denn das alles wird in demselben belanglos-selbstverständlichen Ton dahingeworfen, in dem etwa ein Phil Collins seine Coverversion des alten Supremes-Hits *You Can't Hurry Love* vorträgt. Auch interessant: Obwohl hier von einer gemeinsamen Erfahrung erzählt wird, erlebt nur die Partnerin Alice dieses Wunderland. Offenbar musste – für den literarischen Anstrich? – unbedingt der zauberhafte Buchklassiker von Lewis Carroll zitiert werden, obwohl die dort erzählte Geschichte nicht das Mindeste mit Sex zwischen Matsch und grinsenden Grashalmen zu tun hat …

Dass dem PUR-Mastermind textlich wie emotional gelegentlich die Pferde durchgehen, belegt auch das flotte ***Ich lieb dich (egal wie das klingt)***, einer der großen Hits vom 1995 erschienenen Erfolgsalbum *Abenteuerland*. Da findet ein von der Liebe Enttäuschter ein neues Glück und kann dieses Glück kaum fassen. So überwältigt ist er von der Frau, die in sein Leben getreten ist, dass er eine fast schon Grönemeyer'sche Kaskade aus möglichen und unmöglichen Metaphern und Lobpreisungen auf sie niedergehen lässt: **Hast mich getröstet, hast mich gepflegt. / Bedingungslos, freier Eintritt in meine Seele. / Schlafende Geister geweckt, / Dummheiten gedeckt, / Neuen Mut in mich hineingelacht, / Mich belebt mit deiner großen Macht, / Ja, das kaum Geglaubte doch geschafft.** Ist »Mut in sich hineingelacht bekommen« die richtige Strategie – oder Selberschöpfen möglicherweise gesünder? Ich bin mir nicht sicher. Ganz sicher aber weiß ich: Meine Seele ist kein Museum, für das man im Nicht-Liebesfall Eintritt zahlt, also bitte.

Die Spannung steigt, wenn sich der Euphorisierte über die Verse **Ich hab' zwar lang gebraucht, gezögert, / Doch endlich muss es raus** zum zentralen Geständnis aufschwingt: **Oh, ich lieb' dich, / Egal wie das klingt, ich lieb' dich, / Ich weiß, dass es stimmt.** Und dann, Achtung!, Interaktion bis hin zum physischen Ausnahmezustand: **Denn ich lieb' mich bei dir, ich lieb' mich an dir, / Ich lieb' mich in dir fest.** Jesses Maria!

Keine Ahnung, was sich echte Fans dabei denken. Für mich klingen diese Verse ganz und gar nicht zärtlich. Auch alles andere als romantisch. Eher verstörend. Sind solche Saugereien denn erlaubt? Ist Hartmut Engler ein Oktopus? Sabbrig-schlabbernder geht's doch wohl kaum, daran kann auch das entschuldigend nachgeschobene **Oh, wenn du mich nur lässt** nichts mehr ändern. Dass jemand einfach so daherkommt und sich nicht nur *bei* und nicht nur *an*, sondern regelrecht *in* einem festliebt, das wünsche ich wirklich niemandem. Außer vielleicht den Rap-Dumpfbacken Kollegah & Farid Bang.

Aber eines muss man PUR lassen: Mut haben sie. Nur sitzen sie bisweilen im sprichwörtlichen Glashaus und werfen mit Steinen nach denjenigen, die ihrer Meinung nach ausschließlich Unsinn von sich geben – ohne zu merken, dass auch ihre eigenen Befindlichkeitsbeschreibungen mehr als abenteuerlich klingen. **Reden und danach erst denken / Ist ein Volkssport in der Tat, / Quasseln als Ersatzgedanke, / Wenn man keinen hat,** so beginnt ***Hohlraumversiegelung***, eine **2012** erschienene Anti-Dummschwätzer-Tirade, die sich über einem wohl ironisch gemeinten Schunkelrhythmus entwickelt: **Wir sind umzingelt von Gelaber, / Das uns gar nicht interessiert. / Verwickeln uns in Wortgefechte, / Die Vernunft verliert: / Beleidigt, isoliert.**

Das muss man erst mal sacken lassen. Um dann nachzuhaken. Moment mal, fragt man sich: »Ersatzgedanke«, »Danach erst denken«? Das impliziert doch, dass gedacht wird, wenn auch zu spät – und steht so im Widerspruch zur Behauptung, dass die Gescholtenen keine Gedanken haben. Und was soll das plumpe

Bild »umzingelt von Gelaber«, was die unsaubere Formulierung »verwickeln uns in Wortgefechte«? Aussagen umstellen niemanden, das tun nur Lebewesen. Und: Man verwickelt sich vielleicht in Widersprüche, oder man wird in Gefechte verwickelt, right? Aber man verwickelt sich nicht selbst in Gefechte. Und wenn man schon hadert: wieso im von PUR beschriebenen Fall? Wieso als Vernunftmensch beleidigt sein, wenn einen das Gelaber doch gar nicht interessiert?

Man kann diese Einwände als arg pingelig abtun, keine Frage. Aber in der nachfolgenden Bridge und dann im Refrain wird das Ganze zum Problem: Denn nun jagt eine Ungereimtheit die nächste. **Wenn nichts drin ist in den Köpfen, / Leere nur hinter der Stirn, / Dann gibt's 'ne Lösung, / Dass nichts austritt / Aus dem Quasselhirn**, heißt es giftig, bevor in hymnischer »Und jetzt alle!«-Manier das zentrale Anliegen formuliert wird: **Wir fordern / Hohlraumversiegelung / Schluss mit dem gequatschten Stuss.** Und damit kommen wir zu den Ungereimtheiten: Wie soll denn etwas entweichen, wo nichts enthalten ist? Ein Hohlraum ist, der Name sagt es, hohl. Leere muss man nicht kontrollieren, und das Gequassel kann eigentlich nur aus dem Mund kommen, nicht aus dem Raum hinter der Stirn. So führt sich die geforderte Lösung – ein Schädel- oder Hirnverschluss – selbst ad absurdum.

Noch deutlicher wird das, wenn man nachvollzieht, was eine Hohlraumversiegelung eigentlich bedeutet. Der Begriff stammt aus dem Automobilbereich und bezeichnet eine Technik, die verhindert, dass Wasser oder feuchte Luft in Hohlräume von Fahrgestell oder Karosserie eindringt. Es geht also nicht darum, das Austreten von etwas zu unterbinden – zumal ja, noch einmal, aus der Leere eines Hohlraums nichts austreten kann. Nein, es geht darum zu verhindern, dass in den Hohlraum etwas eindringt! Das Bild das PUR verwenden, ist also schlichtweg schief.

Neigen die Künstler vielleicht selbst zum gedankenlosen Quasseln? Ein Eindruck, der sich angesichts weiterer denkwürdiger Verse aufdrängt. **Die private Herzbanane / Wird wort-**

reich geschält lautet einer davon und lässt fragen, ob es möglicherweise auch Magengurken oder Lungenzwiebeln gibt. Als bemüht süffisanter Seitenhieb richtet er sich gegen – da sind sie wieder – **Stammtischkowalskis**, die, dem nächsten absurden Bild zufolge, überhaupt nichts zu bieten haben: **Nicht mal heiße Luft, die anzeigt: / Hier arbeitet ein Verstand. / Stattdessen treibt verbaler Ausstoß / Uns an des Wahnsinns Rand.** Als wäre »heiße Luft« das klassische Indiz für Verstand. Aber all das ist ganz sicher ironisch gemeint, und die Fans verstehen es wohl auch blind. Hauptsache, man kann sich im PUR'schen Hohlraum gemeinsam karnevalsmäßig schunkelnd über die Dummheit der anderen da draußen erheben.

Und was haben PUR zuletzt so gemacht? **2018** erschien noch ein Album, *Zwischen den Welten*, da schien Hartmut Engler schon etwas abzudriften – sang verwirrt von *Affen im Kopf* oder bettelte im Song ***Energie*** mit einem *crazy* Wortspiel um eine befreiende Kraft: **Etwas ganz Intensives spüren / Wäre jetzt meine Rettung aus dem Sentimental.** Das Sentimen-Tal? Oje. Ist das das Gegenstück zum Sentimen-Berg? Es steht zu befürchten. Auf jeden Fall ist es einer von gleich mehreren flüchtigen Orten, an denen sich der kühne Songschreiber allmählich zu verlieren scheint. Schon auf dem **2015**er Album *Achtung* war er anstatt ins Abenteuerland **Unterwegs ins *Heimwehland*** – auf einem Trip, der ihm offenbar sämtliche Sinne vernebelte: **Streich mir etwas Sonne auf frisch geback'nes Brot, / Ich wusste gar nicht mehr, wie gut das schmeckt**, so hieß es da schon leicht esoterisch, oder, noch schöner: **Reiner Blütenhonig / Tropft mir auf den Keks, / Klebrig-süße Finger abgeleckt. / Harte, trock'ne Logik / Als Verpflegung unterwegs / Ich spuck' sie gerne aus, sie hat mir selten gut geschmeckt.** Wenn das mal kein Bekenntnis zur Fragilität früherer PUR-Lyrics war.

Und ja, das Heimwehland. Was das wohl ist – und wo es wohl liegt? Man kennt Sehnsuchtsorte, die man einmal oder noch einmal besuchen möchte. Das kann natürlich auch die Heimat sein, nach der man sich aus der Ferne sehnt, ebenso ein Heimatland.

Wäre das bei PUR gemeint, wäre die Konstruktion eines Heimwehlands einfach überflüssig und schon mehr als albern. Dass aber das Land, in das man unterwegs ist, jenes Land sein soll, in dem man irgendein Heimweh verspürt, wirkt auch wieder reichlich grotesk. Müsste man dann nicht von diesem Land aus erneut aufbrechen, um irgendwann sein Heimweh endlich zu stillen? Nein, wie man es auch dreht und wendet: »Heimwehland« ergibt keinen Sinn.

Ein solches Land finden wohl nur Menschen, die auch Killer-Balladenverse schmieden können wie diese: **Ich hab' einfach entschieden, / Dass es für uns besser ist, / So ganz unteilbar zu sein. / Zum Glück für mich / Hast du es vermieden, / Was diesen Aspekt angeht, / Anderer Meinung zu sein / [...] / Ich freu mich, weiter mit dir umzugeh'n. // Denn richtig gemeinsam ist es mit dir.** Uff ... Diese Gedanken aus dem ordentlich schwülstigen Song ***Gemeinsam*** sollen vermutlich geschmeidig-verliebt und wildromantisch klingen. Tatsächlich kommen sie rüber wie subtile Drohungen einer Führungskraft im Rahmen eines Mitarbeitergesprächs. Doch zurück zu dem, was PUR zuletzt gemacht haben. Im November 2022 überraschte die Band tatsächlich noch mit einem neuen Album, *Persönlich.* Es wirkt wieder etwas geerdeter, wettert sogar gegen Verschwörungstheoretiker – und kommt doch nicht ohne die PUR-typischen »Textravanzen« aus. So macht der Sprecher im Titelsong seiner Angebeteten zunächst ein »privates und intimes« Liebesgeständnis, das niemand sonst hören darf, um anschließend – **Na ja / Ich bin Sänger** – übermütig an die Öffentlichkeit zu gehen und sich in Paradoxa samt haarsträubenden grammatikalischen Bezügen zu verstricken: **Ich persönlich will, / Dass dieses Lied / Für jeden, der so fühlt, / Persönlich wird. / Genauso wie für dich und mich. / Einfach nur für sich und sich, // Ich lieb dich.** Der Song ***Voll sein*** wiederum gipfelt nach einem irritierenden **Ha! Ha! Haha! Ha!**, gefolgt von einem kumpelhaften **Na dann**, in dem gefühlsbesoffenen Wunsch: **Lasst uns voll sein, / Wundervoll sein, / Voller Freude, voller Liebe, / Voll**

bis obenhin mit Herz. Und was diese Aspekte angeht, ziehe ich es vor, mich schnellstmöglich aus dem PURiversum auszuklinken: bevor auch mir noch reiner Blütenhonig auf den Keks tropft und Engler & Co. mich bis oben hin mit Herz abfüllen. Oder gar in irgendwelche Heimweh-Sentimentäler zwischen den Welten mitreißen …

Sportfreunde Stiller Lyrics süßsauer

Die Sportfreunde Stiller sind das Kontrastprogramm zu Bands wie PUR: auch im gesetzteren Alter noch jugendlich, beinahe szenig-studentisch, fußballaffin, mit punkigem Touch, lausbubenhaft und stets auf dem Boden der urbanen Tatsachen. Oft sehen die drei Musiker aus wie gerade erst vom WG-Frühstückstisch aufgestanden oder auf dem Weg zum Training, dazu bringen sie eingängige Indie-Rocksongs, die den Nerv eines großen Publikums treffen. Das hat ihnen verschiedene Auszeichnungen, etwa drei Echos, eingebracht, daneben ernten sie Sympathien für ihr soziales Engagement – unter anderem gegen rechts und für die Fairtrade-Fußball-Kampagne.

Unumstritten sind die Sportfreunde aber nicht, vor allem Frontmann Peter Brugger polarisiert: Die einen – man braucht nur die Kommentare unter den Youtube-Videos zu lesen – lieben seine schöne Stimme und seinen gefühlvollen Gesang, andere, wie die *Süddeutsche Zeitung*, stöhnen schon mal wegen seiner »Ü-BER-DEUT-LICHEN AUS-SPRA-CHE […], über die sich jeder Logopäde freuen dürfte. Mal ganz abgesehen vom, naja, nicht so ganz glatten Gesang«. Aber auch die Texte sind nicht jedermanns Geschmack. So zeigt sich derselbe SZ-Artikel aus dem Jahr 2016 abgetörnt von gelegentlichen »Fremdschäm-Reimen (›Du bist oft sorgenvoll, / Ich find den Morgen toll‹ oder ›Ich bin ein stummer Baum, / Du eine Augenweide‹)«, darüber hinaus gibt es Sprachbilder, die nicht hundertprozentig überzeugen.

Oder kann ein menschlicher Bauch das leisten, was ihm die Sportis **2013** in ***Wenn Pferde schlafen*** vage andichten (**Ich platze pfeifend ins stille Audimax, / Mein Bauch fährt auf und ab / Ähnlich wie der Dax**)? Andere Verse der Band versteht man wohl nur, wenn man den besonderen Kontext oder eine bestimmte Szene kennt: **Gib mir Speichel oder zumindest 'n Kuss**, heißt es kryptisch-schlabbrig, dabei ungewöhnliche Prioritäten setzend in ***Wellenreiten '54*** aus dem Jahr **2000**, und ***Unter unten!***, erschienen **2013**, irritiert mit bänkelbardig hölzernen Beschreibungen verschiedener Arten von Fehlverhalten. Kostprobe: **Habt ihr schon davon gehört, / Dass, wenn man viele Kelche leert, / Es irritierend schnell passiert, / Dass der Charakter variiert. / Wir schnuppern kurz an einer Brust, / Hui, die Hand kriegt Wanderlust. / Diese schamfreie Narretei / Schreit nach Kneipenschlägerei.** Hm … Finden Brugger & Co. das lustig? Oder geht's um etwas, was nur Fußballfans verstehen? Keine Ahnung. Ebenso kann die folgende grammatikalische Entgleisung im Song ***Wieder kein Hit*** (**2013**) ein bewusstes Spiel mit Sprache, aber einfach auch nur Nachlässigkeit sein: **Ich hab' heut wieder keinen Hit geschrieben, / Dafür schwob ich auf Wolke sieben.** »Schwob«? Bei diesen lustigen Rockmusikanten weiß man nie so genau …

Und damit sind wir mittendrin im Thema Sportfreunde-Stiller-Lyrics, das noch weitere Aufreger bereithält. Von Songtexten erwartet man ja klare, geschliffene Verse – selbst wenn die Figur, die sich äußert, Probleme schildert oder unsicher ist. Die Sportis aber scheint das gelegentlich nicht zu interessieren, wie ihr Hit ***Ein Kompliment*** aus dem Jahr **2002** unterstreicht: **Wenn man so will, / Bist du das Ziel einer langen Reise**, legen sie ihrem Song-Ich gleich als erste Zeile umständlich in den Mund und unterlaufen so jegliche Konvention. Der Sprecher ist alles andere als klar, scheint nicht die richtigen Worte zu finden, aber ein großes Mitteilungsbedürfnis zu haben. Und das macht die Sache sehr schnell anstrengend. Im Refrain heißt es leicht nölig: **Ich wollte dir nur mal eben sagen, / Dass du die Größte für**

mich bist, / Und sichergeh'n, ob du denn dasselbe für mich fühlst – und spätestens jetzt wird die Geduld mit diesem so unsicher wirkenden Liebenden strapaziert. Sag doch, was Sache ist, möchte man ihm zurufen, und gut is'!

Aber nein, der junge Mann gefällt sich sehr darin zu irritieren, zumal er an anderer Stelle durchaus wort- und bilderreich seine Gefühle für die Angebetete beschreibt: Sie sei **Die Perfektion der besten Art und Weise, / In stillen Momenten leise, / Die Schaumkrone der Woge der Begeisterung, / Bergauf mein Antrieb und Schwung**. Hach ja … Natürlich sind das klischeefrei-überschwängliche Verse – aber sie offenbaren schon das nächste Problem: unsaubere Bilder und Formulierungen. Perfektion ist Perfektion, oder nicht? Da braucht es doch keinen Zusatz »der besten Art und Weise«. Stille Momente sind still, eben *weil* man leise ist. Und die Geliebte mag vielleicht der Auslöser der Begeisterung sein, aber ganz sicher ist sie nicht die Schaumkrone der Woge dieser Begeisterung. Kraftvolle Poesie? Geht anders.

Und dann drehen die Sportfreunde an der Peinlichkeitsschraube: **Wenn man so will, / Bist du meine Chill-out-Area**, lassen sie ihren Protagonisten ungelenk weiterdelirieren, **Meine Feiertage in jedem Jahr.** Und hier darf man fragen, ob das wirklich noch ein Kompliment ist. Möchte jemand allen Ernstes in seiner eigenen Beziehung gern als Ruheraum oder arbeitsfreier Tag herhalten – zumal es in einer erfüllten Beziehung doch 365 Feiertage im Jahr geben sollte? Oder gar als **Süßwarenabteilung im Supermarkt**? Damit sich die Partnerin oder der Partner an einem satt und zum Übergewicht naschen kann? Du bist **So wertvoll, dass man es sich gerne aufspart**, ist die Krönung dieser Kette von Liebesbekundungen mit Pferdefuß. Denn es klingt, als wollte das Song-Ich die geliebte Person in Frischhaltefolie verpacken und für spätere schöne Momente zurücklegen – statt jeden Moment mit ihr zu genießen. Wenn das alle machen würden!

Am gewöhnungsbedürftigsten scheint mir aber die Haltung, die sich hinter diesem Romantikgebrabbel verbirgt: Hier spricht kein empathisch Liebender, sondern ein selbstverliebter Schluri, der sich an den eigenen groben lyrischen Ergüssen berauscht und die »Angebetete« in erster Linie zum Runterkommen, als Motivatorin und zum Genießen schöner Momente braucht. Das wirkt ebenso befremdlich wie das Schlussbekenntnis im Refrain: **... Und sichergeh'n, ob du denn dasselbe für mich fühlst.** »Das macht irgendwie das ganze Lied kaputt«, schrieb ein User auf dem Portal »songmeanings.com«, »es ist doch kein richtiges Kompliment mehr, wenn man dafür die gleiche Gegenleistung fordert!« Dem ist zuzustimmen. *Ein Kompliment* ist ein Liebeslied, das kaum jemand gern geschrieben bekommen möchte. Auch wenn's die Sportis vermutlich ganz anders gemeint haben und Hunderttausende Fans bei Konzerten immer wieder Feuerzeuge schwenken ob der vermeintlichen Feinfühligkeit und Anmut dieses eher grobschlächtigen Werks, das zum Evergreen der deutschsprachigen Rockmusik wurde.

Vielleicht deshalb brachten die Sportfreunde ein gutes Jahrzehnt später eine Art »Kompliment Teil 2« heraus. Auch ***Applaus*** von **2013** ist ein betont gefühlvoller, im Refrain fast hymnisch aufgemotzter Lovesong, in dem sich ein liebender Mensch beim geliebten Du bedankt. Und auch *Applaus* glänzt durch merkwürdige Sprachbilder, die eine zwiespältige Haltung transportieren. Diesmal beschreibt das Song-Ich in den Strophen verschiedene Situationen, in denen es vom Du zurück in die Spur gebracht wird: **Ist meine Hand eine Faust, machst du sie wieder auf / Und legst die deine in meine. / Du flüsterst Sätze mit Bedacht durch all den Lärm, / Als ob sie mein Sextant und Kompass wär'n. // [...] // Ist meine Erde eine Scheibe, machst du sie wieder rund, / Zeigst mir auf leise Art und Weise, was Weitsicht heißt. / Will ich mal wieder mit dem Kopf durch die Wand, / legst du mir Helm und Hammer in die Hand.** Wobei gerade das letzte Bild nicht ganz in die Reihe passt. Denn ein einfühlsames, leises, mit Bedacht flüsterndes Gegenüber würde einen Menschen, der mit dem Kopf durch die Wand, also etwas Unvernünftiges tun will, bestimmt nicht noch bestärken und ihm Schutzkleidung samt Wandbrecher zur Verfügung stellen. Auch die Erde, die wieder rund gemacht wird, markiert nur einen weniger gelungenen Vers: Zum einen muss jemand, der die Welt noch für eine Scheibe hält, schon ziemlich blöde sein, und das spricht nicht unbedingt für das Ich; zum anderen können auch Scheiben rund sein – das Du sollte die Erde also lieber zur Kugel machen. Anders ausgedrückt: Das Ganze scheint wenig rund formuliert.

Am unangenehmsten sticht aber einmal mehr der Refrain heraus: **Applaus, Applaus / Für deine Worte. / Mein Herz geht auf, wenn du lachst. / Applaus, Applaus / Für deine Art, mich zu begeistern. / Hör niemals damit auf.** Auch diese Worte klingen erst mal nett, vor allem wenn sie zu Musik gesungen werden, und dann auch noch so lieblich wie von Peter Brugger. Doch letztlich spricht aus ihnen dieselbe selbstverliebte Macho-Schlurigkeit, die schon den Sprecher in *Ein Kompliment* Sympathiepunkte kostete. Hand aufs Herz: Wie sexy ist ein Partner, den man immer wieder einfangen muss, weil er sich ständig verrennt? Den man laufend vor unüberlegten Aktionen bewahren oder von bescheuerten Meinungen abbringen muss? Und wie ätzend muss es sein, wenn dieser Partner sich auch noch hinfläzt und breitbeinig Beifall klatscht? Sind wir im Theater, oder was? Ist Liebe eine opulente Inszenierung, bei der sich der eine Part auf der Bühne abrackert, während der andere dreist im Publikum sitzt und genießt?

Wir hatten sie schon bei Grönemeyer und bei PUR, diese ansatzweise selbstgefällige, unangenehme »Danke, dass du mich erträgst«-Geste. Brugger & Co. setzen noch eins drauf, indem sie ihren Sprecher dem sich abrackernden Gegenüber gut gelaunt Beifall spenden lassen: »Hey, Schatz, du begeisterst mich echt total mit deiner Aufopferung. Von daher: Zugabe! Bitte weiter so!« Die Antwort kann nur lauten: So nicht, Sportsfreund! Liebe ist mehr als Nehmen, Liebe heißt auch Geben. Wie wär's, wenn du selbst mal was zur Partnerschaft beiträgst, vor allem aber an dir arbeitest?! Sonst kannst du dir neue Sextanten suchen!

Und damit zu einer anderen Facette der Sportfreunde Stiller: ihrem manchmal etwas gewöhnungsbedürftigen Humor. Dazu hole ich etwas aus. Man stelle sich einen jungen Rapper vor, der, auch wenn's unwahrscheinlich klingt, ein Faible für Chemie hat. Ganz besonders hat es ihm ein Mann namens Walter Reppe angetan, der Begründer der Reppe-Chemie, eines wichtigen Teils der modernen Acetylenchemie. Unser Rapper will ihm ein musikalisches Denkmal setzen und hat eine Idee: Reppe? Klingt das nicht wie Rap und rappen? Wie geil ist das denn?! Und schon beginnt er mit dem Texten und Produzieren.

Wohlgemerkt: Rap und Reppe haben nicht das Geringste miteinander zu tun. Aber egal! Der Name des Chemikers und die 1. Person Singular des Verbs »rappen« ergeben einen derart coolen Gleichklang, dass man einfach darauf rumreiten muss. In den Strophen des langsam Gestalt annehmenden Tracks fantasiert unser junger Künstler von Wortakrobaten und deren Sturm auf den Rap-Olymp, vom coolsten MC und der Crew-Chemie. Dann, in der Überleitung, stimmt er frech auf den Wortspielkracher ein, obwohl der Zusammenhang etwas leidet: »Doch nur einem gebühren diese Worte / Ein Privileg der ganz besonderen Sorte. / Kein Wort zu niemandem, wie ich preppe …« Und dann haut der Junge seinen Ein-Vers-Killerrefrain raus: »… nur mein Labor lässt's krachen: ›Ich, Reppe!‹«

Was hier so schwülstig bemüht und nur bedingt lustig anmutet, ist exakt das Prinzip hinter ***Ich, Roque***, diesem schmerzhaft gut gelaunten Grungerocksong der Sportfreunde Stiller von **2004**. Man ahnt: Es geht um die Musik, ums Rocken, und es geht um einen Mann namens Roque. Der soll sich spätestens im Fußballjargon der Lyrics und dann konkret im Video zum Song als Roque Santa Cruz entpuppen – jener gefeierte Stürmerstar aus Paraguay, der unter anderem beim FC Bayern München erfolgreich spielte.

Kleidungsstücke rocken, Firmengründer rocken, Kids wollen rocken, so assoziieren sich die Sportfreunde aus umgangssprachlichen Wendungen ein paar Strophenverse zusammen, um dann irgendwie – und irgendwie gewaltsam – den Bogen hin zu ihrem listigen Jahrhundertwortspiel zu spannen: **Denn es liegt wohl im Trend, dass jeder, der das Wort kennt, / Nicht mehr ganz genau weiß, was »Rock« eigentlich heißt.** Und im Anschluss an diese sinnfreie Behauptung dürfen sie endlich ihren sprachlichen Coup anbringen, der eigentlich niemanden wirklich interessiert, schon gar nicht Fans des FC St. Pauli: **Doch nur einem gebühren diese Worte / Ein Privileg der ganz besonderen Sorte. / Kein Wort zu niemandem, wie ich zocke. / Ich sag's nur meinem Fanblock: »Ich, Roque!«**

Huah! Klar, Peter Bruggers Gesang wirkt gespielt stupide, und dann ist da noch diese Billig-Keyboard-Melodie, die ständig wiederholt wird. Kann man das als ironische Distanz durchgehen lassen? Mit Einschränkung. Denn was überwiegt, ist die fast schon infantile Freude der Band, hier einen ganz famosen, superschlauen Witz gemacht zu haben. Einen Witz, der – »Here we are now, entertain us« – Fußball und Rockmusik kongenial zusammenbringt. Auch wenn Roque nur die spanische Variante des Vornamens Rochus ist und der Brückenschlag zu »Ich rocke« hakt. Sehen Brugger und Konsorten auch Songs als »schamlose Narretei«? Sie sind schon eine merkwürdige *Roch*band, diese Sportfreunde Stiller.

»Bin lang nicht mehr geflogen«
Die Giesinger-Oerding-Bourani-Verschwörung

Es sind die letzten Jahre der Ära Merkel. Die Bundesrepublik hat ihre Vorreiterrolle auf dem Gebiet der erneuerbaren Energien verloren, auch in Sachen Digitalisierung hinkt sie hinterher. Große Autokonzerne sind in einen Abgasskandal verwickelt, die Wirtschaft lahmt. Ob Bildung oder Pflege, »Flüchtlingskrise« oder Gefahr von rechts: Zukunftsorientierte Lösungen werden nur halbherzig gesucht. Und im Fußball? Sind »wir« schon lange nicht mehr, was wir mal waren. Kurz: Es herrscht Stillstand in Deutschland, im Osten wie im Westen.

Dennoch spinnt eine kleine Riege lässiger Kumpel-Songwriter immer dieselbe gut gelaunte, nachdenkliche Selbstbeweihräucherung fort. Im Zentrum: Andreas Bourani, Max Giesinger, Johannes Oerding. Mit ihren verführerisch gut gemachten Hits, die längst so etwas wie eine Marke kreiert haben, treffen die locker-coolen Sympathieträger seit Jahren den Nerv einer quirlig-abgeklärten Generation von halbwegs zufriedenen Endzwanzigern bis Mittvierzigern: Menschen, für die das Leben eine Kette von Chancen und Events ist, die sich selbst und ihre Clique für den Nabel der Welt halten, die nur gelegentlich an sich zweifeln und bei aller Partylaune unglaublich empfindsam sind. Typen, die ständig rekapitulieren, was sie schon alles erlebt haben, permanent ausloten, was sie noch erleben könnten, manchmal Rückschläge erleiden und prokrastinieren, aber letztlich ganz ergriffen sind von der Wildheit der Welt und ihrer eigenen Existenz. Ja, manchmal sind sie sogar empathisch und beziehen alleinerziehende Mütter oder die kleinen Leute in ihre Überlegungen ein.

Gemeinsam basteln Giesinger & Co. an einer unendlichen Sinfonie aus eingängigen »War schön, passt schon, wird schon«-Mantras, deren zentrale Botschaften seit einer gefühlten Ewigkeit »Du bist ein Wunder« (2011), »An guten Tagen strahl'n die Straßen nur für uns« (2019), »Ein Hoch auf uns« (2014) oder »Wir war'n nie stärker als jetzt« (2020) lauten. Gefeiert werden das Individuum, das die Gemeinschaft vor allem zum Abhängen benötigt, und die Hoffnung, dass dieses aufregende Leben mit seinen vielen Highlights und wenigen Tiefschlägen noch ein Weilchen so bleibt. Käme es aber hart auf hart, dann hätte womöglich die nächste chillige Grillparty Priorität vor dem Verändern der Welt. Mit anderen Worten: So jugendlich dynamisch diese smarten Hymnenschmiede, die im Rampenlicht auch den einen oder anderen coolen Dance-Move draufhaben, ihr Dasein feiern, so perfekt passen sie letztlich in die Ära Merkel. Giesinger-Oerding-Bourani-Songs klingen flockig und zukunftsorientiert, spiegeln einen Aufbruch aber nur vor. Letztlich liefern sie den druckvollen Soundtrack zur politischen Großen Koalition, zum Merkel'schen »Weiter so«. Kleinere Ungereimtheiten inklusive …

Max Giesinger, *Roulette* (2017)

Vor allem eins hat der Mann aus Busenbach im Landkreis Karlsruhe gezeigt: dass man ein Star werden kann, auch wenn man die Castingshow *The Voice of Germany* nicht gewinnt. Klasse Stimme, feine Melodien und eine schicke Soundproduktion heben Max Giesinger aus der Masse der Songwriter heraus, auch textlich wartet er mit netten Ideen und überraschenden Wendungen auf. Es sei denn, Ideen und Wendungen gehen mit ihm durch. So wie in *Roulette*, einem schwelgerisch dahinpulsierenden Song über einen jungen Mann, der aus seiner reizenden Nachbarin nicht schlau wird, weil sie mal mit ihm flirtet und ihn dann wieder links liegen lässt. **Sie macht einfach nicht klar Schiff, / Auch keine Karten auf den Tisch. / Dachte, dass ich sie durchschau'n kann, / Aber irgendwie auch nicht**, erfahren wir gleich in den ersten Versen das Nötigste, dazu gibt's ein paar wenige Beispiele für das seltsame Verhalten der geheimnisvollen Frau: von wohlkalkulierten Blicken über nur gelegentliches Grüßen bis zum Abdriften, wenn der Sprecher mal einen schlechten Tag hat. Nein, das ist nicht nett, und so fragt man sich: Wer macht denn so was?!

Der Großteil des Songs besteht aus der ständigen Wiederholung von entspannter Bridge und bewegendem Refrain: **Es war zufällig, dass sie nebenan eingezogen ist / Und ihre Wohnung auch ganz oben ist bei mir. / Und wenn wir uns seh'n, // Spielst du gelegentlich Roulette mit mir. / Ich bin der Einsatz, den du gern riskierst. / Am Ende werd' ich sowieso verlier'n, / Denn ich spiel' eigentlich nur Schach. / Und du setzt mich schachmatt.** Und spätestens hier knirscht es gewaltig im lyrischen Gebälk. Denn das Roulette-Motiv will nicht recht zu den geschilderten Ereignissen passen.

Es ist doch so: Wer Roulette spielt, spielt ein Glücksspiel, riskiert einen Einsatz. Und je nachdem, wie die Kugel fällt, ist der Einsatz futsch oder vermehrt sich. Ein Spiel mit ungewissem Ausgang. Denn: Die Kugel wird von einem Dritten, dem Croupier, geworfen, und bleibt irgendwo im Roulette-Rad liegen – wer setzt, hat also nicht den geringsten Einfluss auf den Ausgang des Spiels. Der verwirrte Sprecher dieses Songs suggeriert jedoch, die Nachbarin würde das Spielgeschehen aktiv bestimmen, ja sogar lenken. Absurder noch: Sie würde ihn selbst als Einsatz riskieren. Es ist vermutlich der erste Roulette-Song, der aus der Perspektive des Einsatzes erzählt – aber das nur nebenbei. Zurück zur Nachbarin: Die geht doch nach allem, was die Lyrics erzählen, überhaupt kein Risiko ein, zumal sie nur einsetzen kann, was ihr gehört. Und ihr Nachbar, das Song-Ich, gehört ihr ganz sicher nicht. Viel eher scheint diese Femme fatale ihre Macht, ihre Manipulationen zu genießen. Es ist auch gar nicht nachvollziehbar, wie ein möglicher Gewinn, geschweige denn ein Verlust aussehen könnte. Kurz: Der Song entwirft eine Vorstellung, die ins Leere läuft. Am Ende bezeichnet der Sprecher sich selbst als Verlierer – was nun völlig wirr anmutet angesichts der Tatsache, dass er der Einsatz ist.

Nein, Roulette ist der unpassende Aufhänger für das im Song beschriebene Spiel, das man eher als »Katz und Maus« bezeichnen könnte: Die Nachbarin macht sich einen Spaß daraus, dem Sprecher den Kopf zu verdrehen, ihn am ausgestreckten Arm verhungern zu lassen. Und als hätte Giesinger irgendwann selbst die Lust an diesem verunglückten lyrischen Manöver verloren, wechselt er gegen Ende des Refrains unvermittelt zu einem anderen Motiv, dem des Schachspiels. Und es folgt: eine Überraschung! Denn die Dame, die eben noch so berechnend Roulette gespielt hat, wechselt ratzfatz mit, setzt ihn sogleich schachmatt. Schon klar, irgendwie muss das arme Song-Ich ja zum wirklichen Opfer dieser verführerischen Eisprinzessin werden. Aber mal im Ernst: »Am Ende werd' ich sowieso verlier'n, / Denn ich spiel' eigentlich nur Schach. / Und du setzt mich schachmatt«? Das wirkt einfach nur lieblos drangeklatscht an das Herzstück des Refrains – es lässt den Song in sich zusammenfallen. Am Ende? Ja, am Ende fragt man sich, was uns der gute Max hier eigentlich erzählen wollte.

Roulette findet sich auf dem Album *Der Junge, der rennt*, das noch weitere musikalisch beeindruckende Stücke mit textlichem »So what?«-Effekt enthält. Nehmen wir ***In Balance*** mit seiner endlosen Gegenüberstellung von emotionalen Extremen, die der Sprecher letztlich immer auszugleichen vermag: **Ich bin manchmal viel zu wach, manchmal viel zu müde. / Hin und wieder tauch ich ab, / Manchmal geh ich fliegen. / Mal ein bisschen drunter, mal ein bisschen drüber, / Doch immer in Balance.** Oder ***Nicht anders gelernt*** mit seiner langen Aufzählung von schlechten Verhaltensweisen, die man einfach nicht ändert: **Keine Gespräche, / Lieber schweigend vorm Fernseher / Ich hab's nicht anders gelernt. Probleme vertagen oder nicht ernst nehmen / Ich hab's nicht anders gelernt. / Dass man seinen Mann nicht steht, wenn's mal schwer wird / Ich hab's nicht anders gelernt, ich hab's nicht anders gelernt.** Oder den Titelsong ***Der Junge, der rennt*** mit seiner nicht zur Ruhe kommenden Beschreibung eines Menschen, der nicht zur Ruhe kommt, weil er sich nicht festlegen, offenbar keine engeren Beziehungen eingehen kann: **Lebe auf der Überholspur, / Doch komme niemals an. / Die Kartons noch nicht ausgepackt, / Fremder in meiner Stadt. / […] / Muss immer in Bewegung bleiben, / Muss immer in Bewegung bleiben, / Würde mich so gern entscheiden, / Doch bin der Junge, der rennt.** Yo!

Das alles klingt smart, nach Action, Drama und Bewegung, entpuppt sich jedoch bei genauer Betrachtung – und damit sind wir beim Soundtrack der ausklingenden Merkel-Ära – als permanenter Stillstand, als elegantes Auf-der-Stelle-Treten auf dem immer selben emotionalen Level. Nichts wird erklärt, niemand entscheidet, nichts ändert sich. Womit sich der Kreis zu *Roulette* schließt, dieser Katz-und-Maus-Posse, die erst als Hasardspiel und dann als Schach verkauft wird, dabei nirgendwo richtig anfängt und nirgendwo richtig aufhört.

Folgerichtig hieß das 2021er Giesinger-Album ***Irgendwann ist jetzt*** – mit einem Titelsong, der erzählt, wie man alle möglichen Pläne und Träume immer wieder auf ein »Irgendwann« in der Zukunft verschiebt: sich freimachen von Zwängen, aufs Land ziehen, die Eltern öfter sehen, die Frau fürs Leben finden. Der auch rhythmisch packende Refrain deutet dagegen endlich so etwas wie eine Entwicklung an – dass dieses ominöse Irgendwann zu einem tatendurstigen Jetzt werden könnte: **Ich will nicht länger warten, bis was passiert. / Hab 120 Fragen, bin scheißverwirrt. / Doch ich fang endlich an zu glauben, dass alles, was ich brauche, / Schon immer in mir steckt: / Irgendwann ist jetzt.** Das Irre an diesem Refrain ist, dass er seine vermeintliche Dynamik mit der Wendung »anfangen zu glauben« schon gleich wieder einschränkt. Denn wer erst langsam anfängt zu glauben, braucht gewiss noch etwas Lebenszeit, bis wirklich Taten folgen. Und: »Irgendwann ist jetzt« ergibt auch in die andere Richtung Sinn, à la: Das »Jetzt«, an das das Song-Ich manchmal denkt, wird irgendwann schon kommen. Was nichts anderes heißt als: weitermachen wie bisher … So erweist sich der musikalische Verführer Max Giesinger in Sachen Storytelling und emotionale Tiefe als – vielleicht ja unbewusster – Meister des opulent ausgeschmückten eingefrorenen Moments.

Sido feat. Andreas Bourani, *Astronaut* (2015)

Poesie kann unerbittlich sein, das unterstreicht der Bombastsong *Astronaut.* Erst beschwert sich ausgerechnet Ex-Fäkalrapper Sido über das Versagen der Menschheit, über Unmenschlichkeit und Größenwahn, über Unvernunft und Gier – und dann, im Refrain, haut uns Andreas Bourani seine tiefschürfende Nachdenklichkeit um die Ohren. Wobei die Betrachtung des Augsburger *Auf uns*-Sängers doch bloß eine Erkenntnis variiert, die Reinhard Mey schon 1974 in seinem Klassiker *Über den Wolken* formuliert hat: dass aus der Luft, von ganz weit oben betrachtet, alles, »was uns groß und wichtig erscheint, plötzlich nichtig und klein« wirkt. O-Ton Bourani: **Ich heb' ab, / Nichts hält mich am Boden, / Alles blass und grau. / [...] / Ich seh' die Welt von oben, / Der Rest verblasst im Blau. / Ich hab' Zeit und Raum verloren hier oben / Wie ein Astronaut.** Beeindruckend ist, dass man im Hause Sido/Bourani nicht mal mehr ein Flugzeug oder eine Rakete braucht, um in die Luft zu gehen, man hebt einfach ab. So sind sie, die geschmeidigen Songwriter von heute, denen alles leicht von der Hand zu gehen scheint. Schnell noch eine entfernte textliche Anspielung auf den Eighties-Hit *Fade to Grey* eingebaut – und schon bekommt so ein Refrain eine gewisse assoziative Tiefe.

Zwar erinnert der Blick aus dem All den Sprecher zugleich an die Schönheit der Erde, und das ist ein feiner Gedanke. Doch folgt aus diesem Gedanken nur wieder einer dieser manierierten Manierismen, die weiter oben schon erörtert wurden. Zur Erinnerung: geboren, um zu leben; existieren, um zu existieren, und so weiter. In Bouranis Worten: **Sind wir nicht eigentlich am Leben, um zu lieben und zu sein?** Zeig' mir den einen Menschen, der lebt, um *nicht* zu sein. Und Liebe? Kann nie wirklich schaden.

Der Gipfel der Erkenntnis ist erreicht, wenn es salbungsvoll heißt: **Hier würd' ich gern für immer bleiben. Doch ich bin ein Wimpernschlag, / Der nach fünf Milliarden Jahren nicht viel mehr zu sein vermag.** Die Welt ist schlecht, ich würd' gern ewig von ihr wegbleiben, doch bin ich nur ein Wimpernschlag, der nur ein Wimpernschlag ist – und das nach fünf Milliarden Jahren? Man braucht schon etwas, um hier auch nur einen Funken Zusammenhang herzustellen. Der Sprecher ist endlich und muss irgendwann sterben. Doch statt diese simple, unabänderliche Tatsache einfach hinzunehmen, bemüht er eine übergroße Metapher, beschreibt seine Wenigkeit als Wimpernschlag, setzt diesen bedeutungsvoll in Relation zum endlosen Universum und suggeriert obendrein, dass ein Wimpernschlag, der letztlich nie mehr sein kann als ein Wimpernschlag, gelegentlich doch ein kleines bisschen über sich hinauswachsen könnte. In der Tat sehr abgehoben.

Das gilt auch für die fünf Milliarden Jahre, offenbar eine großzügig aufgerundete Anspielung auf das allgemein angenommene Erdalter, das rund 4,6 Milliarden Jahre beträgt. Diese Gravitas atmende Assoziation, aber auch die Erinnerung an die relative Bedeutungslosigkeit der Menschheit, deren Geschichte – nebenbei bemerkt – nicht mehr als ein paar Millionen Jahre umfasst, hätte es hier wirklich nicht gebraucht. Erst recht nicht, wenn man eigentlich an das Menschsein und die Menschlichkeit, an Liebe, Vernunft und Empathie appellieren will. So bleibt von *Astronaut* nicht mehr als ein weiteres Stillstandsmantra, das mit ansatzweise sinnfreier Überwältigungslyrik daherkommt und zwei Sprecher beinahe regungslos verharren lässt: den einen in seiner Betroffenheit, den anderen in seiner Weltflucht – samt sonderbarer Schwerelosigkeit. Gerade dem Sänger des Refrains möchte man wohlwollend zurufen: Ground Control to Major Bourani – Andi, komm wieder runter!

Johannes Oerding, *Ungeschminkt* (2019)

Wer seine eigene Existenz so intensiv erlebt, muss sich immer wieder das eigene Okaysein bestätigen – und auch andere darin bestärken, dass sie echt okay sind so, wie sie sind. Auch Johannes Oerding, Münsteraner Wahlhamburger, hat sich das auf die Fahnen geschrieben. An guten Tagen macht er richtig gute Texte. An schlechten Tagen schielt er eher nach gängigen Themen und Motiven und versucht sich einen eigenen Reim darauf zu machen. Beispiel: *Ungeschminkt*, ein Song, der ein von Selbstzweifeln gebeuteltes Du aufzubauen versucht. Die Message: Hey, du bist doch völlig in Ordnung – sogar richtig schön so, wie du bist. Christina Aguilera (*Beautiful*), Colbie Caillat (*Try*) oder Alessia Cara (*Scars to Your Beautiful*) haben's vorgemacht, gefühlvoller Balladenton ist Pflicht. Und eigentlich wäre daran nichts auszusetzen, wenn der gute Johannes in den hochempathischen Lyrics nicht haarscharf danebenformulieren würde. **Zeig mal her die kleine Narbe an deiner Hand. / Ja, ich weiß, so viele Male hast**

du dich verbrannt, steigt er ein und erweist sich damit vom Fleck weg als wenig sensibel. Denn jemanden, der sich für vermeintliche Makel schämt, drängt man ganz bestimmt nicht so direkt, diese Makel doch mal herzuzeigen.

Das mag spitzfindig sein, ja. Doch es kommt noch unpassender, und zwar gleich im Anschluss: **Wisch den Dreck nicht einfach weg, / Denn er macht dich für mich perfekt.** Den Dreck? Na, hoppla … Welchen Dreck denn? Die kleinen Narben an der Hand, die als Beispiele für schwere Schönheitsfehler ohnehin nicht besonders taugen, barsch als Schmutz und damit exakt als etwas Negatives zu bezeichnen, ist dem sicher gut gemeinten Anliegen wenig förderlich. **Vielleicht siehst du's grad nicht, / Komm', ich zeig's dir, dreh' dich mal ins Licht**, wiederholt der verunglückte Tröster den übergriffigen Fauxpas aus den Anfangsversen, um im Refrain dem Ungeschminkten, Echten zu huldigen. Doch gleich darauf gibt er dem schon angeschlagenen Song den Rest: **Zeig mal her, die kleinen Kratzer hab' ich doch längst geseh'n. / Wenn du willst, zeig ich dir meine, ich kann dich gut versteh'n. / Jeder Riss und jeder Fleck / Sind deine Special Effects.**

Da sind sie wieder, die so exakt wie unangenehm benannten Makel, die Risse und die Flecken, die angeblich keine sein sollen – diesmal noch ergänzt durch das schiefe Bild der Spezialeffekte. Wir halten fest: »Special Effects« sind gezielte Tricks und Manipulationen zur Herstellung einer gesteigerten (filmischen) Illusion. Womit sie genau das Gegenteil der ungeschminkten Authentizität darstellen, die der Songwriter hier zu beschwören versucht – und das angesprochene Du in noch unglücklicherem Licht erscheinen lassen. Verletzungen, Entstellungen oder Narben eines Menschen als bewusst herbeigeführte Spezialeffekte? Das Unschöne einfach umdeklarieren, und schon passt's? À la: Siehst zwar scheiße aus – aber hey, was für'n krasser Trick via Maske!? Eine schräge Vorstellung. Und der falsche Code. Sich aufmotzen für ein Date, *das* hätte tatsächlich was von Special Effects. Für die Special Effects in diesem Oerding-Song sorgt die feine Musik, die die kleinen textlichen Kratzer und Flecken recht verträglich überschminkt.

Wincent Weiss & Johannes Oerding, *Die guten Zeiten* (2021)

Johannes Oerding, dessen Albumtitel *Für immer ab jetzt* (2013) und *Kreise* (2017) Bände sprechen, kooperiert wie Andreas Bourani larmoyant mit Sido (*Pyramiden*, 2019) und fördert fleißig auch den Nachwuchs, der längst in die Fußstapfen unserer wackeren »War schön, passt schon, wird schon«-Riege getreten ist. Etwa durch die Zusammenarbeit mit Wincent Weiss, einem elf Jahre jüngeren Model und Ex-Teilnehmer von *Deutschland sucht den Superstar*. Als Oerding und Weiss 2021 den Song *Die guten Zeiten* herausbrachten, hatte man als aufmerksamer Musikfan endgültig das Gefühl, dass sich Max, Andreas, Johannes und all die anderen verschworen haben mussten, um Musikdeutschland in einer Zeitschleife gefangen zu halten. Denn auch dieser angeblich neue Song klang verdächtig nach »guten Tagen«, »Ein Hoch auf uns« und »Irgendwann ist jetzt«, nach Kontinuität und einfach großen Momenten, also so, als hätte man ihn schon zigmal gehört. Die erste Strophe lautet: **Ich denke viel zu oft an morgen / Wo will ich hin, und wer will ich sein? / Ist meine Zukunft schon geschrieben? / Treff' ich dich oder bleib' ich doch allein? // Es sind die immer gleichen Fragen, / Ich schlafe wieder mal nicht ein. / Find' ich Liebe, find' ich Frieden? / Was ich weiß, dass ich gar nichts weiß. // Ich kann das Gestern und das Morgen eh nicht lenken, / Also denk' ich in Momenten ...** und jetzt alle: **Die guten Zeiten, die sind jetzt!**

Die guten Zeiten lag etwas quer zur angespannten Stimmungslage in Deutschland. Dennoch wurde die Nummer zum ARD-Fußball-Europameisterschaftssong gekürt. Symptomatisch: Allen düsteren Vorzeichen und Prognosen zum Trotz versuchte die kleine optimistische Hymne, kollektive Partystimmung zu verbreiten, Hoffnung auf ein gutes Abschneiden der deutschen Nationalelf zu wecken und das Land auf die freudige

Rückkehr zur Normalität nach der überstandenen Coronakrise einzustimmen. Back to business as usual also. Was dann geschah, ist längst Geschichte: »Jogis Jungs« schieden sang- und klanglos im EM-Achtelfinale aus – und der Rest der Republik begann, sich auf die vierte Coronawelle vorzubereiten. Die Ära Merkel endete, mit ihr die guten Zeiten, die zuletzt nicht wirklich gute Zeiten waren, und die Hoffnung auf Veränderung stieg. Dennoch ist sie geblieben, die Angst vor einem unheimlichen (musikalischen) Déjà-vu.

The BossHoss
Rock 'n' Roll als Herrenwitz

Es begann etwa 2004 mit Coverversionen von Rockklassikern im Country-Gewand. Auf erfolgreiche Konzerte folgte ein Plattenvertrag, und schon 2006, auf ihrem zweiten Album, präsentierte die wilde Berliner Truppe um Alec »Boss Burns« Völkel und Sascha »Hoss Power« Vollmer erste eigene Songs. Seitdem eilen The BossHoss von Erfolgsalbum zu Erfolgsalbum, von TV-Show zu TV-Show, von Auszeichnung zu Auszeichnung: Echo, Kulturpreise, alles dabei. Es ist der wirklich mitreißende Mix aus Country, Rockabilly und Wüstenrock, aus Wildheit und Romantik, der The BossHoss zu Deutschlands liebsten Rock 'n' Rollern gemacht hat. Dazu geben Alec und Sascha die publikumsnahen Kumpeltypen – zwei dufte zünftige Musikerkerle, die viele Fans einfach gernhaben müssen.

Die Band hat sogar im englischsprachigen Ausland Erfolg. Das ist umso erstaunlicher, als ihre selbst geschriebenen englischen Songtexte zum Abenteuerlichsten gehören, was die Welt der Rocklyrik zu bieten hat. Im Kapitel über Künstler in der Fremdsprachenfalle klangen bereits eigenwillige Sprachauslegungen und deliriöse Wortspiele an. Ergänzen könnte man diese Liste der Absonderlichkeiten durch abstruse Wortschöpfungen wie im 2009 erschienenen Song ***Eagleize It***, dessen Titel »eagle eye«, »to legalize« und »to equalize« assoziieren lässt und sich mehr schlecht als recht mit »Egadleraugisiere es« übersetzen lässt. Oder durch regelrechte *nonstories*: höhepunktarme Trash-Geschichten aus einem gefühlten Amerika, die letztlich nichts von Belang erzählen. So wie **José and Myling**, ein Song aus dem Jahr **2007**. Zu lautstarkem »Uieee«-Country-Rock-'n'-Roll wird fast schon emotionslos berichtet, wie ein Mann fremdgeht und dann zu seiner Frau zurückkehrt.

Und das geht so: José ist ein **fellow from the real low skid row**, hat ein Herz **bigger than his car** und Augen **brighter than the sun by far**. Was an sich schon unsinnig anmutet, da ein Typ von der untersten »skid row« schon ein labiler Obdachloser und ganz bestimmt kein herzensguter Autobesitzer mit leuchtenden Augen ist. So what ... José hüpft mit Myling ins Bett, und schon sind die beiden ein tolles Paar: **She's queen, he's king, and they're a winning team.** Und: **José, the handsome big man in town, / Promised Myling to never let her down.** Wie süß. Doch dann erscheint aus dem Nichts ein Truck, und eine Frau steigt aus: **She was the cousin of a friend of Myling's oldest brother**, schon klar. Sie geht direkt in Josés Lieblingsbar, landet mit ihm und Bett und ... reist wieder ab. Das war's. Anschließend geht José, der Typ mit dem Herzen größer als sein Auto, heim zu seiner Königin, und beide lebten glücklich bis ans Ende ihrer Tage: **He went back to his queen to the winning team / José and sweet Myling.**

Wahrscheinlich wird sich nie ganz klären lassen, ob die rockenden Berliner Cowboyhüte diese klägliche **same old story** wirklich ernst meinen. Immerhin weiß man jetzt, dass in ihrem Song-Universum Männer nicht nur Lkw-große Herzen, sondern auch grenzenlosen Spaß mit Frauen haben. Und das zieht sich auf die aberwitzigsten Weisen durchs gesamte Werk. Auf ihrem gefühlvoll betitelten **2007**er Album *Stallion Bataillon*, ›(Zucht-) Hengstbataillon‹, etwa shouten und rocken sich Vollmer, Völkel & Co. ziemlich ungestüm durch den Song ***Shake and Shout***. Dessen Text ist nichts anderes als eine Kombination aus atemlosen Aufforderungen zum Sex und glühenden Lustbekenntnissen. Das ist grundsätzlich okay, warum auch nicht? Neu erfinden müssen The BossHoss dabei ebenfalls nichts, schließlich schwirren genügend Versatzstücke im Rockuniversum herum: **Baby, what you're doin' to me ... Shake your hips for me ... You make me** beziehungsweise **I make you scream and shout ... Gimme satisfaction ... Hold tight, feels right, drive me wild ...** ach, und **Baby, let it out** und so weiter und so fort.

Die Killerverse aber – die mit dem komischen Beigeschmack – hält der Refrain bereit. Da trifft das ›kleine Ding‹, das sich dem Song-Ich so vorbildlich kostenlos (**for free**) hingibt, eine Beglückungsankündigung der, sagen wir, ungewöhnlichen Art: **Hey little thing, if you want me, too, / I'll let my furious power rain down on you.** Ups! Was genau da so zornig und kraftvoll auf eine junge Frau niederregnen soll, das möchte bestimmt nicht jeder BossHoss-Fan allzu genau wissen. Selbst finsterste amerikanische Rockrüpel würden vermutlich zweimal überlegen, bevor sie ihre Lyrics mit platt-suggestiven Versen dieser Art anreichern. Zum Glück gelingt es den BossHoss-Jungs, diesen peinlich-feuchten Unsinn in einem begeisternden Rock-ICE auf den Weg zu bringen, der alles erbarmungslos mit sich reißt.

Aber es geht noch bizarrer. Schon in der Fernsehshow *Sing meinen Song* hatte man sich über ***Sex on Legs***, diesen verunglückten Songtitel aus dem Jahr **2011**, prächtig amüsiert. Das bedeutet nicht, dass die Welt schon genug den Kopf geschüttelt hätte. Denn auch die Strophenverse dieses musikalisch wie ein Mix aus Elvis Presley, *Sweet Dreams (Are Made of This)* und *Egyptian Reggae* daherkommenden Stücks galoppieren von einem Unsinn zum nächsten – in Form von sexy aufgeladenen Lovesong-Klischees, die lieblos aneinandergeklatscht werden: ›Ich fall' tot um, kann nicht mehr widerstehen, du hast mich niedergeschossen, aber ich hab' doch kein kugelsicheres Herz, oh, hör' nicht auf, dich so zu bewegen, du läutest bei mir alle Alarmglocken, und Tricks vollführst du auch mit mir, ja, ja, du hast mich mit einem magischen Fluch belegt.‹ Und so weiter und so hechelnd.

Man übersetze sehr schnell Wort für Wort ins Englische – und schon kann man halbwegs textsicher mitsingen. Der Fremdschämvers schlechthin aber bleibt die sehnsüchtig dahingestöhnte Titelphrase: **Ahhh, you're sex on legs.** Was in etwa so viel heißt wie: ›Ahhh, du bist Geschlechtsverkehr auf Beinen!‹ Wahlweise ginge auch ›Geschlecht auf Beinen‹, aber der ganze Metaphernsalat lässt nun wirklich keinen Zweifel daran, dass es BossHossens hier um verschärfte traute Zweisamkeit geht. Wenn es später noch **You're blowing my fuse, baby, gimme the news** heißt, dann muss ich endgültig aussteigen. Sonst knallt auch mir noch die Sicherung durch. Schließlich wurde ich nicht mit kugelsicheren Ohren geboren.

Ist man erst einmal sensibilisiert, dann erlebt man bei Alec, Sascha und Konsorten den Scorpions-Effekt: Ihr textliches Œuvre ist gespickt mit gewöhnungsbedürftigem *dirty talk*. Ich möchte nicht falsch verstanden werden: An sich sind die Themen Sex und eindeutige Zweideutigkeiten unproblematisch. Denn wo, wenn nicht im Popsong, sollte ausgiebiger und fantasievoller mit erotischen, auch mit abseitigen erotischen Sujets hantiert werden? Allerdings kommt es darauf an, *wie* man damit hantiert – und da rollen sich einem bei so manchem BossHoss-Song die Fußnägel hoch.

Es sind ja nicht nur die teilweise geschmacklosen Bilder und die ungelenken englischsprachigen Sex-Talk-Versuche, die Kopfschütteln verursachen. Es sind auch die kleinen pubertären Witzchen, die Boss und Hoss immer wieder in ihre Songs einfließen lassen. Etwa wenn sie in ***Jumpin' Around*** (2007) eine feiernde Menge und ein ganz bestimmtes »Baby« anfeuern, sich ekstatisch zu verausgaben, nur um mittendrin ein kleines »Osterei« zu platzieren. Denn zwischen all dem phrasenhaften Geshoute um **another dimension, need double attention, Want some more, I need much more interaction, Shake your thing** und **Gimme more of that physical action** blitzt ein einziges Mal kurz ein Vers auf, dessen Bedeutung die meisten Fans, wenn überhaupt, nur aus Hardcore-Pornos kennen: **Baby wants some**

double penetration. Haha, Baby und zwei Männer, die beim Sex gleichzeitig in sie eindringen – Doppelpenetration eben! Ein kompletter Stilbruch und völlig deplatziert zwar, aber hey, Hauptsache Schenkelklopfer!

Ähnlich »lustig« gehen die wackeren Rock-Zuchthengste vor, wenn sie ihre Coverversion des relativ kurzen Elvis-Presley-Songs ***Wolf Call* (2009)** noch etwas strecken, indem sie eine offenbar selbst verfasste Strophe hinzufügen und dem erotisch verspielten Originaltext ein unsanft krachendes **Wham, bam, baby** verpassen. Wham, bam? Das hatten wir doch schon. Aber klar … »Thank you, ma'm« ist das, was Machorock-erfahrene Fans mit David Bowies Rocksong-Zuspitzung *Suffragette City* (1972) im Kopf selbst ergänzen dürfen.

Überhaupt die Coverversionen. Seit jeher nehmen sie einen gewissen Raum im BossHoss-Werk ein. Und es überrascht nur wenig, dass die Jungs auch hier ein Händchen für Songs mit Texten der besonders dümmlich-schlüpfrigen Art haben. ***Dr. Kitch*** etwa ist die Bearbeitung eines Sixties-Songs des Calypso-Stars Lord Kitchener. Der Text erzählt, wie ein Arzt, der eigentlich gar keiner ist (**I am not a qualified physician**), einer Patientin namens Dorothy eine, jawoll, schmerzhafte Injektion verpasst. Wenn es ständig rein und raus geht, Dorothy vor der monströsen Nadel erschrickt (»**But the size of the needle frightens me**«), der Doktor auch noch das falsche Loch (**the wrong hole**) trifft und das Medikament in Strömen fließt (»**Doc, I can feel the penicillin going in**«), dann ist klar, was hier eigentlich verhandelt wird. Mag sein, dass das in den Sixties irgendwer in einem bestimmten Kontext ansatzweise lustig gefunden hat – im Jahr 2011 aber und von einer Berliner Band wirkt es trotz musikalisch ansprechender Umsetzung sexistisch-infantil.

Und wenn wir schon dabei sind: Was soll man von folgenden Versen halten? **Girl, / I wanna take you to a gay bar. […] // Let's start a nuclear war / At the gay bar, gay bar, gay bar! / […] / I wanna spend all your money. / […] // I've got something to put in you. / […] // You're a superstar at the gay bar, gay bar,**

gay bar! Zu Deutsch: ›Mädchen, ich möchte dich in eine Schwulenbar mitnehmen. Lass uns in der Schwulenbar einen Atomkrieg starten. Gib mir dein Geld, ich hab was, das ich in dich reingeben will, und du bist ein Superstar in der Schwulenbar.‹ And so on … Klingt das nicht seltsam? Und möglicherweise sogar fragwürdig?

Zur Ehrenrettung von The BossHoss muss man sagen: Auch dieser Song ist eine Coverversion, und vermutlich – hoffentlich! – ist er nicht ernst gemeint. ***Gay Bar*** **(2007)** wurde im Original 2003 von der amerikanischen Satireband Electric Six veröffentlicht und findet, sofern man diversen Chatforen Glauben schenken darf, selbst in Schwulenkreisen Anklang. Interessant ist, dass weltweit alle über diesen Rockkracher lachen, aber kaum jemand erklären kann, warum. Nur vage Thesen kursieren. Sie reichen von »kompletter Unsinn« bis »hochpolitisch« – Letzteres auch deshalb, weil im Video zum Song der als US-Präsident Abraham Lincoln verkleidete Electric-Six-Sänger mit diversen Klonen seiner selbst schwüle Gymnastik-Work-outs und Hotelzimmerpartys zelebriert. Legende Lincoln war Kämpfer für Gleichheit und Sklavenbefreier, dazu Republikaner, nun ja …

Die Initialen des Wortpaars »Gay Bar«, G und B, könnten auch für George Bush stehen, die Songverse verschlüsselte Anspielungen auf die Irakinvasion durch die US-Armee enthalten. Remember: »I've got something to put in you …« Oder die Schwulenbar steht für die intimen Zirkel mächtiger Männer, die ganz bewusst unter sich bleiben, ihre Geschäfte machen und Kriege anzetteln. Oder geht es doch um das Thema Zensur? Darum, dass Hits immer wieder aus offiziellen Playlists verschwinden, nur weil sie kontroverse Begriffe wie »nuclear«, »war« oder »gay« enthalten? Weshalb der Song frech all diese Begriffe in einem absurden Kontext kombiniere. Und so weiter und so fort … Ja, das alles könnte sein. Aber wirklich überzeugend ist davon nichts.

Letztlich wird man alleingelassen mit Botschaften wie: »Komm, lass uns in der Schwulenbar einen Atomkrieg anfangen!« Und das mutet mit Blick auf The BossHoss doch etwas unappetitlich an. Seien wir ehrlich: Die Band Electric Six kennt im deutschsprachigen Raum kaum jemand, *Gay Bar* war hier kein Hit. Das kulturelle US-Umfeld, die überzogene Performance des Originals, den karikaturhaften Gesang und das schrille Video muss man aber kennen, um das Stück nicht von vornherein als homofeindlich einzuordnen. Von daher finde ich den BossHoss-Ansatz, es als deutsche Band und ausgerechnet im konservativen Countryrock-Idiom zu covern, unglücklich bis kontraproduktiv, einfach gedankenlos. Satire ist gut und wichtig. Aber sie lässt sich nur sehr schwer eins zu eins in einen völlig anderen Kontext übertragen.

Ob die Berliner Jungs immer wissen, was genau sie da tun? Manchmal meine ich durchaus, so etwas wie Selbstironie zu spüren. Dann wieder wirken »der Sascha und der Alec« in Gesang und Attitüde so ernsthaft darum bemüht, als echte – authentische! – amerikanische Wüstenrocker wahrgenommen zu werden, dass ich mich nur fremdschämen kann. Reichlich grotesk wurde es, als The BossHoss 2020 auf SAT.1 bei *United Voices – Das größte Fanduell der Welt* ausgerechnet gegen den Schmusepopper Angelo Kelly antraten und Hunderte treuer Fans, von Schulkindern mit leuchtenden Augen bis zur mütterlich-engagierten Bürgermeisterin, einen kreuzbraven Linedance zum The-BossHoss-Hit *Don't Gimme That* einstudiert hatten. Schon herzig! Die Vorstellung, wie diese hingebungsvolle, aber texttaube Gemeinde ihre Lieblingsband als perfekte Familienunterhaltung feiert und züchtige Gruppentänzchen auch zu Songs über Doppelpenetration und Sperma-Injektionen aufführt, hat schon etwas Gruseliges.

Wie man es dreht und wendet: Am Ende klingen »sex on legs«, »nuclear war at the gay bar«, »double penetration« oder gar lustige Dauerwortspiele wie »It's beer o'clock« und »Truck 'n' Roll« nur nach billigen, feuchtfröhlichen Späßen unter »echten Männern«, die eben tun, was »echte Männer« tun müssen. Sex & Trucks & Fuck 'n' Roll oder: Rock 'n' Roll als fader Herrenwitz.

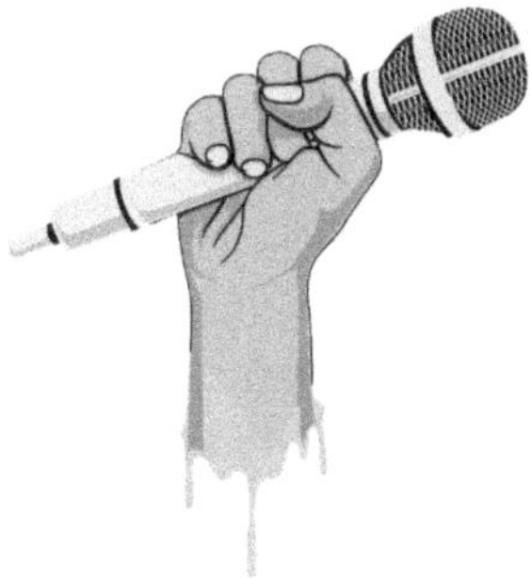

IV. »Potenter als ein Ochse«

Lyrics am Limit – Kehraus

Bernhard Brink, *Bombenfest* (1971): Chris Juwens und Peter Moesser schrieben diesen Schlager für den damaligen Newcomer Bernhard Brink. Die Message? Simpel: In der Welt da draußen geht's ziemlich turbulent zu, aber unsere Liebe ist unerschütterlich. Ungewöhnlich ist jedoch, dass das Ganze am sensiblen Thema »Geld und Finanzmärkte« festgemacht wird. Und nicht nur das: Wenn Zahlungsmittel schwanken und Preise bis zur Unkenntlichkeit wachsen, dann geraten auch noch Sprache und Logik mächtig aus den Fugen: **Überall schwanken die Kurse der Börsen und das Geld der Welt. / Und auch die Preise, die wachsen und wachsen, / Man kann sie kaum noch sehen.** Am befremdlichsten aber ist der gänzlich unromantische Refrain mit seiner Kriegsmetaphorik: **Bombenfest steht eins, / Das ist unser Leben. / Ja, bombenfest steht eins, das ist unser Glück.** Das ist alles andere als bombig – erst recht für einen Nachkriegs-Schlager aus Deutschland.

The Scorpions, *Inheritance* (1972): Anfangs verloren sich Hannover's Finest gern noch in schwurbeligen Schuld-und-Sühne-Storys und spinnerten Visionen. *Inheritance* scheint um Geldschulden zu kreisen – nichts Genaues weiß man nicht. In einer unsterblichen Zeile beschwört das Song-Ich Vorstellungskräfte, die in sein Hirn kamen: **Imaginations came into my brain.** Das kann nicht jeder von sich behaupten!

Wallenstein, *Mother Universe* (1972): Auf ihrem Album *Mother Universe* schreckten diese Deutschrocker nicht davor zurück, Shakespeares Sonett 97 aus dem frühen 17. Jahrhundert vollständig zu vertonen, dabei aber kleine textliche Änderungen vorzunehmen. *Shakespearesque* nannten sie das Ergebnis – schon dreist! Im Titelsong *Mother Universe* wiederum gaben sie mit ergriffen bebender Stimme Unsinn wie diesen von sich: ›Gestern machten mir Träume wirklich Angst vor den Dingen, die ich zwischen meinen Augen fühle. Ich frag' mich, wie's mir all die Jahre gelungen ist, als Made zwischen rostigen Bäumen zu leben.‹ Im eigentümlichen Wallenstein-Englisch: **Yesterday dreams really made me scared / About the things I feel between my eyes. / Wonder how it worked out all the years / To live as maggot between rusty trees.** Als es dann noch hieß, die Bilder eines Blinden hätten dem Sprecher klargemacht, dass der Atem in seinem Innern glauben müsse – **A blind man's pictures told me to perceive / The breath inside me just has to believe** –, geriet die hippieeske »Gegen Dunkelheit hilft nur Liebe«-Message endgültig aus den Fugen.

Silver Convention, *Fly, Robin, Fly* (1975) … up, up to the sky. Der verstörendste Songtext der Disco-Ära: ›Flieg, Rotkehlchen, flieg – hinauf, hinauf gen Himmel.‹ Das sind die kompletten Lyrics. Noch heute beeindruckt, wie stoisch-elegant die Sängerinnen Linda G. Thompson, Penny McLean und Ramona Wulf diesen Münchner Schmarrn zum Besten gaben.

Konstantin Wecker, *Liebesflug* (1981): Ein Manischer, der die Liebe als Lust, aber auch als Last empfindet, kann die nächste Frühjahrswallung kaum erwarten – und mittendrin geht Deutschland unter. Ziemlich viel auf einmal vom Meister des fiebrig-engagierten Pathos-Songwritings, mit dem an einer Stelle die Pferde gänzlich durchgehen: **Wer, bitte, soll mich jetzt noch kriegen? / Ich reit' auf einem Wattebausch / Die Zeit entzwei.** Was immer uns das sagen will: Don't try this at home!

Fancy, *Slice Me Nice* (1984): Kann ein Kuchen, der erst noch gebacken werden möchte, schon als Kuchen sprechen? Was fühlt man so als Torte für Hungrige? Und wie heiß muss ein Körper sein, der brennt wie eine Flamme, die blau ist? Der Münchner Eurodancer Manfred Alois Segieth hielt sich mit solchen Fragen nicht allzu lange auf. **I'm like a cake that wants to be baked, / I'm like a pie made for hungry guys, / My body's burning like a flame that's blue,** schmachtete er auf Englisch drauf los und bat gierig darum, nett in zwei Hälften geschnitten zu werden: **It's**

time for action, baby, / Cut me in two! / Slice me nice, slice me nice! Ein zweischneidiges Reimspiel …

Liquido, *Narcotic* (1998): Die Rockhymne aus Sinsheim setzt die Gefühle für die Ex mit einer Drogenabhängigkeit gleich. Doch so schön das Wort »narcotic« klingt, im folgenden Vers bedeutet es »betäubend« oder »narkotisierend« – und nicht »betäubt«, wie der Song-Sprecher zu vermuten scheint: **And I touched your face, / Narcotic mind from laced Mary-Jane.** Da ist der Verstand nicht etwa berauscht von verschnittenem Gras, sondern berührt das Gesicht der Geliebten als ›narkotisierender Geist von verschnittenem Marihuana‹. Später wird statt des Substantivs »addict« (›Abhängiger‹) das Adjektiv »addicted« (›abhängig‹) gewählt, um die Sucht nach eigentlich fragwürdigen Dingen zu beschreiben: **And I called your name, / Like an addicted to cocaine / Calls for the stuff he'd rather blame.** »Like ***one*** addicted to cocaine« wäre vielleicht noch gegangen – wie auch ein anderes Wort für »to blame« (›die Schuld geben‹) besser gepasst hätte. Aber egal: »blame« reimt sich einfach zu schön auf »name«. Und *Narcotic* wurde auch so ein Hit.

Kool Savas, *Pimplegionär* (2000): Gut, wenn Frauenhass, Gewalt und derbstes Fäkalienschleudern auch mal nach hinten losgehen. In diesen Track von Großmaul Kool Savas haben sich ein paar Verse eingeschlichen, die aufmerksame Rap-Fans insgeheim kichern lassen. Bei **Nutten haben Respekt vor dem Volumen meiner Leiste** etwa amüsiert man sich über die anatomische Verwirrung und die kontraproduktive Assoziation eines Leistenbruchs. Auch **Ich bin potenter als ein Ochse** beeindruckt wenig, ist doch ein Ochse ein kastriertes männliches Rind – und kein potenter Stier. Und dann ist da noch dieser Doppelvers: **Ich bin der beste Ficker nördlich vom Äquator, / Die stärkste meiner Hoes ist die Tochter vom Predator.** Merke, Kool Savas: Die Monster aus den *Predator*-Filmen sind potthässliche Wesen, so ein Töchterchen willst du nicht wirklich im Bett haben. Und: Der Predator lässt am Ende immer sein Leben.

Anajo, *Was ist die Zeit* (2004): Fragen direkt aus dem Leben gegriffen: **Aber was ist die Zeit / Ohne den Zeiger, der sie schreibt? / [...] / Und wer bin dann ich, wer bin dann ich / Ohne die Nase in meinem Gesicht?** Ob die Augsburger Indie-Popper auch ihre tiefschürfenden Lyrics mit dem Uhrzeiger geschrieben haben?

Anajo, *Honigmelone* (2004): Die Band schreckte außerdem nicht vor der Liebeserklärung an eine *Cucumis melo* zurück: **Honigmelone, du bist nicht ohne. / Nein, du bist mit – glücklich, wer's hat. // Ich habe die Annahme, du bist eine Ausnahme. / Ich hab' den Verdacht, du hast Geschmack.** Kantige Bekenntnislyrik, die Stiller'schen Sportsgeist atmet.

Annett Louisan, *Das Liebeslied* (2004): Zwar heißt es an einer Stelle warnend: **Meine Logik bricht sich das Genick**, trotzdem wundert man sich beim Hören über kostenpflichtige Bedenken und prügelnde Herzen: **Meine Zweifel war'n ihr Geld nicht wert, / Sie ergaben sich stumm. / Du bist alles, was mein Herz begehrt, / Es schlägt pausenlos um sich herum.** Auf dem Gipfel des Leidens bekennt das Song-Ich: **Alles an mir will zu dir** – und man denkt eher an Kleidung und Schmuck, die zum Geliebten streben, als an große Gefühle. Das scheint mir ähnlich unglücklich getextet wie Jahre später Sarah Connors **Alles *in* mir will zu dir ...**

Glashaus, *Du* (2005): So gefühlig kommen Musik und Texte des Frankfurter Soulpop-Trios aus Moses Pelham, Martin Haas und Cassandra Steen daher, dass man stutzt, wenn sich Verse plötzlich in einem lustlosen »et cetera pp.« verlieren: **Es zu malen fehlen die Farben, / Dich zu beschreiben fehlt das Wort. / Mir fehlt die Sprache, dir zu sagen, / Was du mir bist, und so weiter und so fort.** Kurz darauf werden einsichtigste Einsichten vermittelt: **Und je mehr ich an dich denke, / Desto deutlicher wird klar, dass seitdem ich dich kenne, / Nichts mehr ist, wie es mal war.** Da fehlen auch dem Publikum die Worte.

Peter Fox, *Schwarz zu Blau* (2008): Ein Song, dessen Text zunächst kaum auffällt – weil Sound und Drive einfach mitreißen. Hört man jedoch genauer hin oder gibt sich die leise Coverversion von Philipp Poisel (2010), dann kann man schon mal stutzig werden. Auf dem Heimweg nach einer exzessiven Clubnacht in Berlin, kurz bevor das Schwarz der Nacht zum Blau des Tages wird, watet der Sprecher in Cinemascope durch **Kotze** und **Scheiße**, durch Blut und **Ratten**, Schnaps- und Taubenleichen. Die ganze Stadt stinkt, **Ich atme ständig durch den Mund, das ist Teil meines Lebens**. Und doch lautet das Fazit: **Guten Morgen, Berlin./ […] // Und ich weiß, ob ich will oder nicht, dass ich dich zum Atmen brauch'.** Puh! Diese Gossenpoesie duftet ganz schön übers Ziel hinaus.

Lena Meyer-Landrut, *Taken by A Stranger* (2011): Ein Refrain wie ein Labyrinth: **Taken by a stranger, / Stranger things are startin' to begin. / Lured into the danger, / Trip me up and spin me round again.** Zu Deutsch: ›Besetzt von einem Fremden, seltsamere Dinge fangen an zu beginnen. In die Gefahr gelockt, stell' mir ein Bein und wirble mich noch mal herum.‹ Schon im ersten Vers hieß es kryptisch: **She's got (a) knuckle in her eye.** Ein Knöchel im Auge? Klingt schmerzhaft. Oder reibt sich hier ein Unschuldslamm kindlich-naiv die Augen? Und: Wer spricht da eigentlich: die Frau? Der Mann? Die Lena? Noch heute rätseln wir, warum Frau Meyer-Landrut ihren ESC-Titel von 2010 nicht verteidigen konnte – dabei hat vielleicht einfach niemand verstanden, was um Himmels willen sie dem Kontinent eigentlich sagen wollte.

Prinz Pi, *Du bist* (2011): Ein liebeskranker Rapper textet sich ins Delirium. Am zugänglichsten sind noch die widerlich-romantische Zeile **Viele gekriegt, viele verbraucht, eine geliebt** und das kinderkrippenmäßig geile **Verliebt wie ein Junge mit dem Bauch und darunter / Weiß, unter deinem Kleid warten Tausende Wunder** – hihi. Der Rest ist peinliche Selbstzerfleischung ohne Sprachgefühl und Verstand: **Du bist das, was ich vom Schicksal verlangt hab' / Die Patrone für meinen Kopf in der Kammer der Pumpgun. // [...] Die Nächte sind gegen Ende intensiver denn je / Zeit war nie so zäh wie Warten drauf, dich wiederzusehen / Auf dem Boden von der Flasche liegt ein tieferer See, / Als man glaubt, wenn man taucht, ist die Liebe zu seh'n. / [...] / Wenn der Whiskey mir nicht hilft, fahr' ich nachts ohne Licht / Durch die Vorstadt auf der Suche nach dem, was du nicht bist.** Und schließlich: **Besser Rebell ohne Grund als Rebell ohne Mund**. Da bevorzuge ich doch den Rebellen ohne Mund.

Silla, *Ich hasse dich zu lieben* (2011): Nicht selten wird es peinlich, wenn harte Rapper auf verletzlich machen. So wie Silla, bürgerlich Matthias Schulze, in *Ich hasse dich zu lieben*. Sprachliche Unfälle schrauben hier das Mitleidslevel ungewöhnlich in die Höhe: **Uh, ich liebe es, deine Art und Weise, wie du bist** – das ist in etwa die Art und Weise des Textes, wie er ist –, **wie du gehst, / Wie du schläfst, den Geschmack, wenn du mich küsst**. Dann heißt es noch: **Ich liebe dich, du bist zärtlich zu dein' Mann, / Immer ehrlich zu dein' Mann**, und so weita und so Ford. Das Besondere: Der weibliche Gegenpart in dieser brüchigen Beziehungskiste kommt ebenfalls zu Wort – in Gestalt der Sängerin Sarah Gad. Wunderbare Stimme, doch was sie textlich beisteuert, zieht einem endgültig die Schuhe aus: **Ich hasse dich zu lieben, weil du alles mit mir machst**, flötet sie und lässt an seltsamste Praktiken denken, von Am-Hundehalsband-durchs-Kaufhaus-Führen bis In-den-Wäschetrockner-Stecken. Und dann schiebt sie sehnsüchtig hinterher: **Ich kann nicht mit und nicht ohne dich.** Was so viel heißt wie »Ich kann nicht mit dich und nicht ohne dich«, richtig? Und spätestens an dieser Stelle merkt man, dass man sehr gut ohne diesen Song kann.

Robin Schulz feat. Akon, *Heatwave* (2015): *Heatwave* vom Osnabrücker DJ-Produzenten Robin Schulz fühlt sich an wie eine leichte Sommerbrise – Gastsänger Akon steuert smarte Vocals bei. Die Lyrics? Schräg. Einerseits denkt der liebende Sprecher jeden Tag ans Schlussmachen, andererseits ist die Geliebte sein Ein und Alles. Und das, hüstel, sehen nicht etwa Blinde mit dem Krückstock, sondern die Vögel von oben. Dass sie dabei tatsächlich ihre Augen benutzen, ist nur eine der irren Überraschungen in diesem Song: **Try so hard to get away, / Think about you every day, / Try so hard to live without. / […] / Birds' eyes just looking out, / And they can see that you're mine.** Getrieben von zwingender Logik ist auch der folgende Gedanke: ›Ich werd' dich nicht verlassen, außer mit dir an meiner Seite.‹ Im Original: **Never will walk away / Unless you're right by my side.** Und warum das alles? Weil die Liebenden wie über WLAN verbunden sind: **And our connection's like Wi-Fi.** Aber: Wi-Fi bezeichnet doch gar keine innige Verbindung, sondern nur ein Drahtlosnetzwerk, das auch mehr und ganz andere Teilnehmer:innen verbinden kann. Wäre nicht Bluetooth passender gewesen? Immerhin müssen sich da zwei Geräte »erkennen«, um miteinander agieren zu können. Aber wurscht, hier wirkt sowieso alles gaga. Oder wie soll man es nennen, wenn der zwiespältig Liebende es liebt, wie das Du kugelgleich ›abprallt‹ (**Just love how you ricochet**)? Ach, einfach nicht hinhören. Denn zumindest der Flow der Musik überzeugt.

Capital Bra (feat. Joshi Mizu), *Lass uns* (2017): Der Berliner Erfolgsrapper Capital Bra und Gastvokalist Joshi Mizu im Liebesrausch. Das geht nicht ohne superlative Superlative, hölzernes Gejammer und die tumbe Vermischung von Sex- und Gewaltmetaphorik. **Die beste der bestesten Chicks – ficken, bis das Bett hier zerbricht**, heißt es da locker flockig, und: **Deine Lip-**

pen schmecken bitter / Jedes Mal, nachdem du Schlücke von dem Hennessy nimmst. Ja, der Hennessy, der alte Cognac! Doch das ist alles nichts gegen: **Du hast recht, ich hab' sehr viele Feinde, / Doch nehm' sie auseinander, genauso wie deine Beine.** »Nimm die Beine in die Hand« dürfte der passende Rat für die Partnerin sein. Und dann ab ins Frauenhaus!

Xavier Naidoo, *Zuhause* (2017): Ein Mann kehrt nach langer Abwesenheit zur Familie zurück – und schon kollidieren unterschiedlichste Stilebenen. So **jauchzen und springen** die Kinder gar volksliedgerecht im Garten, denn sie – Obacht! – **haben so lang gewartet, / Wie man am langen Haar sieht.** Nein, es ist noch kein Dichter vom Himmel gefallen, wie man an diesen Versen sieht. Und: Gibt's denn in der Heimat keine Friseure? Oder hatte sich damals mit dem jetzt Heimkehrenden ausgerechnet der örtliche Haarstylist aus dem Staub gemacht?

Mike Singer feat. Kay One, *Alles an dir* (2018): Jungstar Singer feiert eine Liebe, die sich – wie nett – nur an Oberflächlichkeiten festmacht: **Deine Sneaker, dein T-Shirt, die Shorts ... / Mhm, ich mag deinen Style, Girl. / Deine Playlist, dein Insta und Snap ... / Glaub', ich find' dich ziemlich geil, Girl.** Die logische Konsequenz? Nackte Tatsachen müssen her: **Komm, wir ziehen uns alles aus, / Denn hier drin wird es langsam ziemlich heiß. Du bist so nice.** Das sind Topreime! Killerkomplimente! Dazu passt, dass unser Charmeur statt Ausstrahlung ausgerechnet das Aroma der Angebeteten lobt und ihre extraterrestrische Aura: **Dein Flavour, deine Haare, deine Haut / Sind nicht von dieser Welt.** Und dann meldet sich auch noch Gastrapper Kenneth Glöckler alias Kay One zu Wort, einst Buddy, dann Feind von Gangsta-Rapper Bushido. In einer Highspeed-Reimkaskade reduziert auch er die Herzensdame auf ein devotes Luxusweib und lässt Modemarken mit Bildern voller Gewalt kollidieren: **Yeah, verdammt, ich liebe deine Art und was du trägst./ Baby, wie du grade tanzt, bin krass erregt./ Bitte sage mir, dass du auf**

Machos stehst./ Ich kaufe dir die ganze Welt, sag', was dir fehlt./ Sa-sa-sag' mir den Store, ich bezahl' es sofort./ Schatz, die Königsallee bietet Prada, Dior,/ Gucci, Louis, schlag' zu wie ein Gladiator. Nein, das ist alles andere als nice.

Xavier Naidoo, *Anmut* (2019): Und noch einmal der gefallene Soulpop-Engel. Es ist der Song, in dem das Gesicht der Verehrtesten mehr Eindruck auf den Sprecher macht **als das Taj Mahal auf einen Tourist**. Aber wieso läuft hier noch ein Tourist ins Bild? Ist die Geliebte ein Fotostopp, nicht mehr als ein Motiv fürs Erinnerungsalbum? Seltsames Kompliment! Und dann noch diese Wendung: **Keiner hat solche Anmut, Grazie auf deiner Haut.** Als wäre Grazie ein Make-up, das Menschen attraktiver macht. Nein, Grazie ist eine gewisse Gesamterscheinung. Auf der Haut hat sie nichts verloren.

Mark Forster, *Monster* (2021): Die Ballade feiert das Kuscheln im Bett – unter der zur Festung ausgebauten Decke. Selbst Aliens, Monster und andere Fieslinge können das Paar nicht finden, erklärt Forster poetisch, um dann jegliche sprachliche Eleganz über Bord zu werfen: **Wegen möglicher Spione muss ich nah an dein Ohr geh'n. / Doch ich flüster' gerne rein, denn ich find' dein Ohr schön.** Aufgrund von eventueller Nachlässigkeit wird das offenbar alleinstehende Ohr hier zur Tonne, in die jeder Hanswurst etwas reinwirft.

Johannes Oerding, *Kaleidoskop* (2022) Einer der ersten großen Oerding-Hits der Post-Merkel-Ära, und zur Abwechslung herrscht mal richtig gedrückte Stimmung. Ist ja auch verständlich angesichts von politischen Krisen und Coronapandemie. Thematisiert wird ein existenzielles Gebeuteltsein – das »Du« im Text kann sich an ein echtes Gegenüber richten, funktioniert aber auch als Selbstanrede. *Kaleidoskop* wäre jedoch kein Oerding-Song, würde er nicht die Zuversicht verbreiten, dass irgendwann auch wieder gute Tage kommen. Drama, Drive, Melodien und Arrangement reißen mit, Zeilen wie **Man sagt zwar, die Hoffnung stirbt zuletzt, / Das heißt aber auch, sie stirbt nicht jetzt** gehen zu Herzen. Doch wo man nur noch ein tapferes Weitermachen und Nicht-Aufgeben beschwören müsste, um Fans, die gerade schwere Zeiten durchleben, erfolgreich optimistischer zu stimmen, fährt Meister Oerding grelle sprachliche Manipulationen und eine verspielte Zentralmetapher auf, wohl um das Ganze poetisch wertvoller erscheinen zu lassen. Ja, das Leben ist unberechenbar und kann Schicksalsschläge bereithalten, weshalb die absurde Verkehrung der Zusammenhänge in Versen wie den folgenden noch Sinn ergibt: **Ein leerer Blick ins große Nichts, / Die gleiche Frage: Wieso ich? / Auf eine Antwort, die dir keiner geben kann.** Wenn es aber heißt: **Ein viel zu großer Asteroid / Schlägt mitten ein ins Paradies / Und all deine Träume stehen / Bis zum Hals in Flammen**, dann läuft die spektakuläre Vermischung von Redewendungen verharmlosend ins Leere. Denn Flammen schlagen nun mal unkontrolliert hoch und verzehren alles, sie stehen nicht brav bis zum Hals wie Wasser oder irgendein Schlamassel. Ganz abgesehen von der sich aufdrängenden Frage, seit wann Träume einen Hals haben. Ein unsinniger rhetorischer Move, der zur zentralen Metapher dieses Songs führt, dem Kaleidoskop. Das Kaleidoskop scheint hier für das Leben an sich und für die Wende zum Guten zu stehen: **Doch irgendwann, irgendwann / Fängt es an sich zu verändern – Sommer im Dezember. / Ja dann, irgendwann / Ist da 'n Feuerwerk im Juni – Neuanfang im Juli. / Aus kalt und weiß wird heiß und rot / Und nichts bleibt gleich, Kaleidoskop. / Irgendwann, irgendwann / Lässt du einfach so die Zweifel los.** Hach … Echt schön, so ein Neuanfang. Aber ist dieses Bild stimmig? Ein Kaleidoskop ist eine Röhre, die mit farbigen Gegenständen gefüllt und mit Spiegeln versehen wurde. Schaut man gegen das Licht durch die Röhre hindurch und dreht sie, erkennt man immer neue symmetrisch schöne Muster. Das Kaleidoskop gilt als Spielzeug, der Umgang mit ihm kann meditative, gar therapeutische Effekte haben. Im übertragenen Sinne bezeichnet es eine bunte Mischung, ein ästhetisches Allerlei. Schade nur, dass so ein Kaleidoskop keine hässlichen, chaotischen, sondern gleichbleibend harmonische Formen produziert. Und dass man es selbst bewegen muss, will man neue Eindrücke erleben – die Gebilde im Kaleidoskop stoßen niemandem zu. Mit Blick auf die Lebensmetapher bei Johannes Oerding fragt man sich also: Wo haben Asteroideneinschläge und vernichtende Flammen, das chaotische Leben mit seinen Ups and Downs, seinen Irgendwanns und Einfach-sos, wo haben Paradoxien wie »Sommer im Dezember« ihren Platz in diesem Kaleidoskop? Und: Wie kann man in einem therapeutisch wertvollen Spielzeug leben und gleichzeitig von außen hindurchschauen? Den endgültigen Garaus macht der Text seinem zentralen Bild mit den folgenden ungelenken Versen: **Solang wir uns noch weiter bewegen / Und immer schneller rennen als jeder Regen / Steht dann ein ›Weiter so‹ / In mei'm Kaleidoskop.** Dass Regen am liebsten fällt und kaum Interesse an Sprintwettbewerben hat? Geschenkt. Aber: Schließt das einen konkreten Zeitpunkt markierende »steht dann« nicht grammatikalisch reichlich schräg an die Dauer suggerierende Eröffnung »Solang« an? Wo kommen bei all dem Du das Wir und das Ich plötzlich her? Weshalb soll ausgerechnet Bewegung für Stillstand sorgen, erst recht in einem Kaleidoskop? Und: Feiert das Kaleidoskop mit seinen ständig wechselnden symmetrischen Mustern nicht eigentlich genau das Gegenteil von echter Veränderung? Weil es nach einem ewigen neutralen »Weiter so« funktioniert, einlullend bunt, ohne Ausschläge in Extreme? Die provokante, aber gern gestellte Publikumsfrage »Ist das Kunst, oder kann das weg?« lässt sich mit Blick auf das Bild des Kaleidoskops mit einem höflichen »Das kann weg« beantworten. Der Song braucht dieses Bild nicht, und es passt auch nicht. Dass es ausgerechnet den Songtitel markiert und damit besonderes Gewicht erhält, ist unglücklich. Die seltsam blutleere Vorstellung eines gleichförmig farbenfrohen Lebens in einer mit Spiegeln verkleideten Röhre erinnert ein wenig an einen anderen bekannten Oerding-Song, in dem sich alles

in Kreisen bewegt. Fazit: So richtig weg vom Fleck kommt der nachdenkliche Barde mit dem lustigen Hut auch 2022 nicht. Und bevor auch wir noch anfangen, uns in Kreisen zu bewegen, stellen wir unser Kaleidoskop von Songtexten zwischen Anspruch und Auweia erst mal ins Regal.

Literaturhinweise

Alle Lyrics wurden nach bestem Wissen und Gewissen anhand von Hörprotokollen des Autors in Abgleich mit Band-Websites und gängigen Lyrics-Portalen zitiert. Die Websites wurden zuletzt am 13. 9. 2022 abgerufen.

21 Fragen an Jan Plewka. In: GALORE 4 (2021) S. 114. *[Fragen an den Sänger der Band Selig.]*

Ataris, Sophie: User-Kommentar zu Sportfreunde Stiller, *Ein Kompliment.* 6. 9. 2002: https://songmeanings.com/songs/view/76964/

Bexte, Bettina: Fluch der Akribik. Bremen 2017.

Bushido: Instagram-Statement zu CashMo. 26. 6. 2021: https://www.instagram.com/bushido/ *[Reaktion auf ein vom Rapper CashMo veröffentlichtes, 16 Jahre altes kompromittierendes Hotelzimmervideo.]*

Duden – Die deutsche Rechtschreibung. 28., völlig neu bearb. und erw. Aufl. Berlin 2020.

Halbig, Matthias: Frank Bornemann über 50 Jahre Eloy: »Der Weg in die Radiosender war mühsam«. In: *Dresdner Neueste Nachrichten.* 23. 4. 2019: https://www.dnn.de/kultur/frank-bornemann-ueber-50-jahre-eloy-der-weg-in-die-radiosender-war-muehsam-DTAUCSEUIONJWXNCQMKU6CNMTY.html *[Interview mit Frank Bornemann.]*

Kaiser, Carsten: 5 unglaubliche Anekdoten legendärer Recording Sessions der 80er. In: bonedo. 30. 8. 2016: https://www.bonedo.de/artikel/5-unglaubliche-anekdoten-legendaerer-recording-sessions-der-80er/ [Unter anderem über die Entstehung des Songs *I Should Be So Lucky* von Kylie Minogue.]

Meixner, Isabel: In all den wunderbaren Jahren. In: Süddeutsche Zeitung. 19. 12. 2016: https://www.sueddeutsche.de/muenchen/sportfreunde-stillerin-all-den-wunderbaren-jahren-1.3300868 *[Konzertkritik Sportfreunde Stiller. Über die Aussprache von Sänger Peter Brugger und Fremdschämtexte.]*

Menschen bei Maischberger. In: ARD. April 2007: https://www.youtube.com/watch?v=x82T3WLtumM *[Mit Gastmoderatorin Alice Schwarzer und dem Porno-Rapper Manuel Romeike alias King Orgasmus One.]*

Mohr, Christina: Bernadette La Hengst, Knarf Rellöm und GUZ sind DIE ZUKUNFT! In: satt.Org. 6. 5. 2010: http://www.satt.org/musik/10_05_zukunft.html *[Unter anderem über den Song* Mein Bett stinkt *von Die Braut haut ins Auge und die Coverversion von Die Zukunft.]*

Popsplits S02, E04: Ein Song und seine Geschichte: Phillip Boa & The Voodooclub – Container Love (1989). In: rbb. 26. 10. 2007: https://www.youtube.com/watch?v=-436S1mPHo0

PUR: Die PUR Geschichte seit 1975. In: pur.de: https://www.pur.de/band/die-band *[Unter anderem über die Kunstfigur Kowalski.]*

Schiller, Melanie: The Sound of Uncanny Silence. German Beat Music and Collective Memory. In: Lied und populäre Kultur / Song and Popular Culture. Jahrbuch des Zentrums für Populäre Kultur und Musik. Lieder/Songs als Medien des Erinnerns. Hrsg. von Michael Fischer und Tobias Widmaier. 59. Jg. Münster / New York 2014. S. 171–206. *[Über The Lords,* Poor Boy *und Sänger Ulli Günther.]*

Sharp, Johnny: Crap Lyrics. A Celebration of the Very Worst Pop Lyrics of All Time … Ever! London 2009. *[Ab S. 16 geht es um den Song* A Horse With No Name *von America.]*

Sick, Bastian: Happy Aua. Ein Bilderbuch aus dem Irrgarten der deutschen Sprache. Köln 2007. [16]2017. *[S. 56: Werbeschild eines Schützenvereins.]*

Verzeichnis der Künstler:innen, Bands und Personen

Verzeichnis der Songtitel

Danksagung

Ein großes Dankeschön an Ursula Schoenberg (für fachkundigen Support bei der Beurteilung englischsprachiger Lyrics), Harry Bannoehr (für einen kritischen Check des Gesamtmanuskripts), das Team des Reclam Verlags (insbesondere für den bereichernden fachlichen Austausch) sowie Günther Wildner, den besten Literaturagenten der Welt.

Dieses Werk wurde gefördert durch ein Arbeitsstipendium der Hessischen Kulturstiftung.